SUCCESS READING PROGRAM
FOR OLDER STUDENTS

Learn To Read English With Lessons In Haitian Creole
Textbook
Color Edition

ISBN 978-1-945738-51-7
©2022 – Wendy A. Charles & Alexander J. Charles
All Rights Reserved
Baldwin, New York
www.intellastic.com

All rights reserved. No portion of this book may be reproduced, stored in a retrieval system, or transmitted in any form or by any means – electronic, mechanical, photocopy, recording, video presentation, private instruction, scanning, or other – except for brief quotations in critical reviews or articles, without the prior written permission of the writers.

All Rights Reserved. Printed in the USA.

Table of Contents

Unit A

Lesson 1.0	Introduction of the Letter A/a	1
Lesson 1.1	Reading Words with the Letter A/a	1
Lesson 1.2	Reading Words with the Short Vowel "a" Sound	2
Lesson 1.3	Reading Words with the Long Vowel "a" Sound	6
Lesson 1.4	Reading Words with the "age" Letter Combination	10
Lesson 1.5	Reading Words with the "ai" Vowel Pair	11
Lesson 1.6	Reading Letter "a" Words with the Schwa Vowel Sound	12
Lesson 1.7	Reading Words with the "ar" Letter Combination	13
Bonus Lesson	Reading Words with the Vowel "a"	15
Lesson 1.8	Reading Words with a Silent Letter "a"	16
Lesson 1.9	Reading Multisyllable Words	17
Lesson 1.10	Proper and Common Nouns and Adjectives	18

Unit B

Lesson 2.0	Introduction of the Letter B/b	21
Lesson 2.1	Reading Words with the Letter B/b	21
Lesson 2.2	Reading Words with the "br" Letter Combination	23
Lesson 2.3	Reading Words with the "bl" and "ble" Letter Combinations	24
Lesson 2.4	Reading Words with the "mb" and "bt" Letter Combinations	25
Lesson 2.5	Reading Words with a Silent Letter "b"	26
Lesson 2.6	Reading Multisyllable Words	27
Lesson 2.7	Proper and Common Nouns and Adjectives	28

Unit C

Lesson 3.0	Introduction of the Letter C/c	31
Lesson 3.1	Reading Words with the Hard Letter "c"	31
Lesson 3.2	Reading Words with the Soft Letter "c"	33

Lesson 3.3	Reading Words with the "cr" Letter Combination	34
Lesson 3.4	Reading Words with the "cl" and "cle" Letter Combinations	35
Lesson 3.5	Reading Words with the "ct" Letter Combination	36
Lesson 3.6	Reading Soft Letter "c" Words	37
Lesson 3.7	Reading Words with the "ch" Letter Combination	38
Lesson 3.8	Reading Words with the "cc" Letter Combination	39
Lesson 3.9	Reading Words with a Silent Letter "c"	40
Lesson 3.10	Reading Multisyllable Words	41
Lesson 3.11	Proper and Common Nouns and Adjectives	42

Unit D

Lesson 4.0	Introduction of the Letter D/d	45
Lesson 4.1	Reading Words with the Letter D/d	45
Lesson 4.2	Reading Letter "d" Words with the /d/ Sound and /j/ Sound	47
Lesson 4.3	Reading Words with the "ed" Suffix/ Past Tense Verbs	48
Lesson 4.4	Reading Words with a Silent Letter "d"	49
Lesson 4.5	Reading Multisyllable Words	50
Lesson 4.6	Proper and Common Nouns and Adjectives	51

Unit E

Lesson 5.0	Introduction of the Letter E/e	53
Lesson 5.1	Reading Words with the Letter E/e	53
Lesson 5.2	Reading Words with the Short Vowel "e" Sound	54
Lesson 5.3	Reading Words with the Long Vowel "e" Sound	59
Bonus Lesson	Reading Words with the "age" Letter Combination	60
Lesson 5.4	Reading Words with Letter "e" Vowel Pairs	61
Lesson 5.5	Reading Words with the Final Letter "e"	63
Lesson 5.6	Reading Letter "e" Words with the Schwa Vowel Sound	64
Lesson 5.7	Reading Words with the "er" Letter Combination	65
Lesson 5.8	Reading Words with the "eu" and "ew" Letter Combinations	66
Lesson 5.9	Reading Words with the "ey" Letter Combination	67
Bonus Lesson	Reading Words with the Vowel "e"	67
Lesson 5.10	Reading Words with a Silent Letter "e"	68

| Lesson 5.11 | Reading Multisyllable Words | 69 |
| Lesson 5.12 | Proper and Common Nouns and Adjectives | 70 |

Unit F

Lesson 6.0	Introduction of the Letter F/f	73
Lesson 6.1	Reading Words with the Letter F/f	73
Lesson 6.2	Reading Words with the "fr" Letter Combination	75
Lesson 6.3	Reading Words with the "fl" and "fle" Letter Combinations	76
Lesson 6.4	Reading Words with the "ft," "lf" and "ff" Letter Combinations	77
Lesson 6.5	Reading Words with a Silent Letter "f"	77
Lesson 6.6	Reading Singular and Plural Forms of Words Ending in "f" and "fe"	78
Bonus Lesson	Exploring an Exception to the Letter "f"	78
Lesson 6.7	Reading Multisyllable Words	79
Lesson 6.8	Proper and Common Nouns and Adjectives	80

Unit G

Lesson 7.0	Introduction of the Letter G/g	83
Lesson 7.1	Reading Words with the Hard Letter "g"	83
Lesson 7.2	Reading Words with the Soft Letter "g"	85
Lesson 7.3	Reading Words with the "gr" Letter Combination	87
Lesson 7.4	Reading Words with the "gl" and "gle" Letter Combinations	88
Lesson 7.5	Reading Words with the "gh" Letter Combination	89
Lesson 7.6	Reading Words with the "gn" Letter Combination	90
Lesson 7.7	Reading Words with a Silent Letter "g"	91
Lesson 7.8	Reading Multisyllable Words	92
Lesson 7.9	Proper and Common Nouns and Adjectives	93

Unit H

Lesson 8.0	Introduction of the Letter H/h	95
Lesson 8.1	Reading Words with the Letter H/h	95
Lesson 8.2	Reading Words with the Letter "h" Combinations: "ch," "gh," "ph," "rh," "sch," "sh," "th" and "wh"	97

Bonus Lesson	The Position of the Letter "h"	98
Lesson 8.3	Reading Words with a Silent Letter "h"	99
Lesson 8.4	Reading Multisyllable Words	100
Lesson 8.5	Proper and Common Nouns and Adjectives	101

Unit I

Lesson 9.0	Introduction of the Letter I/i	103
Lesson 9.1	Reading Words with the Letter I/i	103
Lesson 9.2	Reading Words with the Short Vowel "i" Sound	104
Lesson 9.3	Reading Words with the Long Vowel "i" Sound	107
Lesson 9.4	Reading Words with Letter "i" Vowel Pairs	111
Lesson 9.5	Reading Words with the Final Letter "i"	113
Lesson 9.6	Reading Letter "i" Words with the Schwa Vowel Sound	114
Lesson 9.7	Reading Words with the "ir" Letter Combination	115
Lesson 9.8	Reading Letter "i" Words with the Long Vowel /ē/ Sound	116
Lesson 9.9	Reading Words with a Silent Letter "i"	117
Lesson 9.10	Reading Multisyllable Words	118
Lesson 9.11	Proper and Common Nouns and Adjectives	119

Unit J

Lesson 10.0	Introduction of the Letter J/j	121
Lesson 10.1	Reading Words with the Letter J/j	121
Lesson 10.2	Reading Multisyllable Words	123
Lesson 10.3	Proper and Common Nouns and Adjectives	124

Unit K

Lesson 11.0	Introduction of the Letter K/k	127
Lesson 11.1	Reading Words with the Letter K/k	127
Lesson 11.2	Reading Words with the Letter "k" and "ck" Letter Combination	129
Lesson 11.3	Reading Words with the "kle" Letter Combination	130
Lesson 11.4	Reading Words with a Silent Letter "k"	131
Lesson 11.5	Reading Multisyllable Words	132
Lesson 11.6	Proper and Common Nouns and Adjectives	133

Unit L

Lesson 12.0	Introduction of the Letter L/l	135
Lesson 12.1	Reading Words with the Letter L/l	135
Lesson 12.2	Reading Words with the Letter "l" Combinations: "bl," "cl," "fl," "gl," "pl" and "sl"	137
Lesson 12.3	Reading Words with a Silent Letter "l"	138
Lesson 12.4	Reading Multisyllable Words	139
Lesson 12.5	Proper and Common Nouns and Adjectives	140

Unit M

Lesson 13.0	Introduction of the Letter M/m	143
Lesson 13.1	Reading Words with the Letter M/m	143
Lesson 13.2	Reading Words with a Silent Letter "m"	145
Lesson 13.3	Reading Multisyllable Words	146
Lesson 13.4	Proper and Common Nouns and Adjectives	147

Unit N

Lesson 14.0	Introduction of the Letter N/n	149
Lesson 14.1	Reading Words with the Letter N/n	149
Lesson 14.2	Reading Words with the "ng" Letter Combination	151
Lesson 14.3	Reading Words with a Silent Letter "n"	152
Bonus Lesson	Reading Words with the Letter "n" Blends	152
Lesson 14.4	Reading Multisyllable Words	153
Lesson 14.5	Proper and Common Nouns and Adjectives	154

Unit O

Lesson 15.0	Introduction of the Letter O/o	157
Lesson 15.1	Reading Words with the Letter O/o	157
Lesson 15.2	Reading Words with the Short Vowel "o" Sound	158
Lesson 15.3	Reading Words with the Long Vowel "o" Sound	160
Lesson 15.4	Reading Words with Letter "o" Vowel Pairs	162
Lesson 15.5	Reading Words with the Final Letter "o"	164
Bonus Lesson	Reading Words with the "oll" and "ost" Letter Combinations	164

Lesson 15.6	Reading Letter "o" Words with the Schwa Vowel Sound	165
Bonus Lesson	Reading Words with the "ow" Letter Combination	165
Lesson 15.7	Reading Words with Vowel "o" Sounds: /ŏ/, /ō/ and /o͞o/	166
Bonus Lesson	Reading Letter "o" Words with the Short Vowel /ŭ/ Sound	166
Lesson 15.8	Reading Words with the "or" and "ore" Letter Combinations	167
Lesson 15.9	Reading Words with a Silent Letter "o"	168
Lesson 15.10	Reading Multisyllable Words	169
Lesson 15.11	Proper and Common Nouns and Adjectives	170

Unit P

Lesson 16.0	Introduction of the Letter P/p	173
Lesson 16.1	Reading Words with the Letter P/p	173
Lesson 16.2	Reading Words with the "ph" Letter Combination	175
Lesson 16.3	Reading Words with the "pr" Letter Combination	176
Lesson 16.4	Reading Words with the "pl" and "ple" Letter Combinations	177
Lesson 16.5	Reading Words with a Silent Letter "p"	178
Lesson 16.6	Reading Multisyllable Words	179
Lesson 16.7	Proper and Common Nouns and Adjectives	180

Unit Q

Lesson 17.0	Introduction of the Letter Q/q	183
Lesson 17.1	Reading Words with the Letter Q/q	183
Lesson 17.2	Reading Words with the Letter "q" and "qu" Letter Combination	185
Lesson 17.3	Reading Multisyllable Words	186
Lesson 17.4	Proper and Common Nouns and Adjectives	187

Unit R

Lesson 18.0	Introduction of the Letter R/r	189
Lesson 18.1	Reading Words with the Letter R/r	189
Bonus Lesson	Reading Words with a Silent Letter "r"	190
Lesson 18.2	Reading Words with the Letter "r" Combinations: "br," "cr," "fr," "gr," "pr" and "tr"	191

| Lesson 18.3 | Reading Multisyllable Words | 192 |
| Lesson 18.4 | Proper and Common Nouns and Adjectives | 193 |

Unit S

Lesson 19.0	Introduction of the Letter S/s	195
Lesson 19.1	Reading Words with the Letter S/s	195
Lesson 19.2	Reading Words with the "sion," "sial" and "scious" Suffixes	198
Lesson 19.3	Reading Words with the "sh" and "sch" Letter Combinations	199
Lesson 19.4	Reading Words with the "scr," "shr," "spl," "spr" and "str" Letter Combinations	200
Lesson 19.5	Reading Words with the "sl" and "sle" Letter Combinations	201
Lesson 19.6	Reading Words with the "sm" Letter Combination	202
Lesson 19.7	Reading Words with the "ss" Letter Combination	203
Bonus Lesson	Reading Words with the "st" and "sw" Letter Combinations	204
Lesson 19.8	Reading Words with a Silent Letter "s"	205
Lesson 19.9	Reading Multisyllable Words	206
Lesson 19.10	Proper and Common Nouns and Adjectives	207

Unit T

Lesson 20.0	Introduction of the Letter T/t	209
Lesson 20.1	Reading Words with the Letter T/t	209
Lesson 20.2	Reading Words with the "th" and "thm" Letter Combinations	211
Lesson 20.3	Reading Words with the "tion," "tial" and "tious" Suffixes	212
Bonus Lesson	Reading Words with the "tience" and "tient" Suffixes	212
Lesson 20.4	Reading Words with the "tr" Letter Combination	213
Lesson 20.5	Reading Words with the "tle" Letter Combination	214
Lesson 20.6	Reading Words with the Letter "t" Sounds	215
Lesson 20.7	Reading Words with a Silent Letter "t"	217
Lesson 20.8	Reading Multisyllable Words	218
Lesson 20.9	Proper and Common Nouns and Adjectives	219

Unit U

Lesson 21.0	Introduction of the Letter U/u	221
Lesson 21.1	Reading Words with the Letter U/u	221
Lesson 21.2	Reading Words with the Short Vowel "u" Sound	222
Bonus Lesson	Reading Letter "u" Words	225
Lesson 21.3	Reading Words with the Long Vowel "u" Sound	226
Bonus Lesson	Reading Letter "u" Words	229
Lesson 21.4	Reading Words with Letter "u" Vowel Pairs	230
Lesson 21.5	Reading Words with the Final Letter "u"	232
Lesson 21.6	Reading Letter "u" Words with the Schwa Vowel Sound	233
Lesson 21.7	Reading Words with the "ur" Letter Combination	234
Lesson 21.8	Reading Words with the "ure" Letter Combination	235
Bonus Lesson	Reading Letter "u" Words with the /w/ Sound	235
Lesson 21.9	Reading Words with a Silent Letter "u"	236
Lesson 21.10	Reading Multisyllable Words	237
Lesson 21.11	Proper and Common Nouns and Adjectives	238

Unit V

Lesson 22.0	Introduction of the Letter V/v	241
Lesson 22.1	Reading Words with the Letter V/v	241
Lesson 22.2	Reading Multisyllable Words	243
Lesson 22.3	Proper and Common Nouns and Adjectives	244

Unit W

Lesson 23.0	Introduction of the Letter W/w	247
Lesson 23.1	Reading Words with the Letter W/w	247
Lesson 23.2	Reading Words with a Vowel Before the Letter "w"	249
Lesson 23.3	Reading Words with a Silent "w" and "wr" Letter Combination	251
Bonus Lesson	Reading Words with the "wh" Letter Combination	251
Lesson 23.4	Reading Multisyllable Words	252
Lesson 23.5	Proper and Common Nouns and Adjectives	253

Unit X

Lesson 24.0	Introduction of the Letter X/x	255
Lesson 24.1	Reading Words with the Letter X/x	255
Bonus Lesson	Reading Words with a Silent Letter "x"	257
Lesson 24.2	Reading Multisyllable Words	258
Lesson 24.3	Proper and Common Nouns and Adjectives	259

Unit Y

Lesson 25.0	Introduction of the Letter Y/y	261
Lesson 25.1	Reading Words with the Letter Y/y	261
Lesson 25.2	Reading Words with a Vowel Before the Letter "y"	264
Lesson 25.3	Reading Words with the "cy" Letter Combination	265
Lesson 25.4	Reading Words with the Final Letter "y"	266
Lesson 25.5	Reading Words with the "yr" Letter Combination	267
Lesson 25.6	Reading Letter "y" Words with the Schwa Vowel Sound	268
Lesson 25.7	Reading Words with a Silent Letter "y"	269
Lesson 25.8	Reading Multisyllable Words	270
Lesson 25.9	Proper and Common Nouns and Adjectives	271

Unit Z

Lesson 26.0	Introduction of the Letter Z/z	273
Lesson 26.1	Reading Words with the Letter Z/z	273
Lesson 26.2	Reading Words with a Silent Letter "z"	275
Bonus Lesson	Exploring an Exception to the "zz" Letter Combination	275
Lesson 26.3	Reading Multisyllable Words	276
Lesson 26.4	Proper and Common Nouns and Adjectives	277

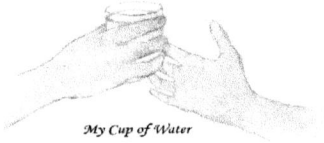
My Cup of Water

A/a

Lesson 1.0
Introduction of the Letter A/a

Lèt "a" se yon vwayèl. Li se premye lèt nan alfabè roman lang angle a. Lèt yo ekri kòm lèt majiskil ak miniskil.

	Uppercase Letter	Lowercase Letter
Print	A	a
Cursive	*A*	*a*
Computer Font	A	a

Lesson 1.1
Reading Words with the Letter A/a

Lèt "a" pwononse nan onz fason diferan.
- Li reprezante son vwayèl kout /ă/, tankou nan mo <u>a</u>pple.
- Li reprezante son vwayèl long /ā/, tankou nan mo c<u>a</u>ke.
- Li reprezante son vwayèl schwa /ə/, tankou nan mo sof<u>a</u>.
- Li reprezante son vwayèl /ô/, tankou nan mo b<u>a</u>ll.
- Li reprezante son vwayèl /ä/, tankou nan mo c<u>a</u>r.
- Li reprezante son vwayèl /â/, tankou nan mo c<u>a</u>re.
- Li reprezante son vwayèl kout /ĭ/, tankou nan mo vill<u>a</u>ge.
- Li reprezante son vwayèl kout /ĕ/, tankou nan mo s<u>a</u>ys.
- Li reprezante son vwayèl long /ō/, tankou nan mo m<u>au</u>ve.
- Li reprezante son vwayèl kout /ŏ/, tankou nan mo sw<u>a</u>mp.
- Li reprezante son vwayèl kout /ŭ/, tankou nan mo w<u>a</u>s.
- Pafwa li an silans, tankou nan mo bo<u>a</u>t.

High Frequency, One Syllable Letter "a" Words
Short vowel words: act, add, am, as, ask, back, bag, bat, cat, dad, fan, gas, has, jam, lab, man, maps, nap, pan, pat, ran, sad, tab, van
Long vowel words: ate, bake, cake, came, date, face, game, mail, page, pain, rain, rake, rate, save, stage, tape, tale, wage, wave, way

Learn To Read English With Lessons In Haitian Creole

Lesson 1.2
Reading Words with the Short Vowel "a" Sound

"a" represents the short vowel /ă/ sound

Nan kòmansman yon mo, lèt "a" anjeneral reprezante son vwayèl kout /ă/, tankou nan mo <u>apple</u>.

Lèt "a" anjeneral reprezante son vwayèl kout /ă/ lè li se sèl vwayèl nan yon mo oswa yon silab.

Lè yon konsòn vini anvan ak apre lèt "a," anjeneral li reprezante son vwayèl kout /ă/, tankou nan mo <u>cat</u>, <u>back</u> ak <u>crack</u>.

Beginning	Within	End
/ă/	/ă/	/ă/
apple	cat	

✎ Remak: Nan fen yon mo, lèt "a" pa reprezante son vwayèl kout /ă/.

✣ Short Vowel "a" Word Families

"ab" - "a" represents the short vowel /ă/ sound

Lèt "a" nan fanmi mo "ab" la reprezante son vwayèl kout /ă/, tankou nan mo <u>cab</u>.

Word Box	blab, crab, dab, drab, fab, flab, gab, grab, jab, lab, nab, scab, slab, stab, tab
	Multisyllable Words: backstab, confab, minicab, pedicab, Punjab, rehab, skylab, taxicab

Word Box	abdomen, abduct, abhor, abnormal, absence, absent, absolutely, abstract, blabber, cabbage, cabin, cabinet, collaborate, grabbing, habitat, rabbits

"ack" - "a" represents the short vowel /ă/ sound

Lèt "a" nan fanmi mo "ack" la reprezante son vwayèl kout /ă/, tankou nan mo <u>back</u>.

Word Box	back, black, clack, crack, flack, hack, jack, lack, pack, quack, rack, sack, shack, slack, smack, snack, stack, tack, track, whack
	Multisyllable Words: aback, attack, cutback, drawback, feedback, haystack, humpback, kickback

Word Box	acknowledge, background, crackers, crackle, hacker, hacking, jackal, jacket, lacking, mackerel, package, packed, packing, racket, shackled, snacking

"ad" - "a" represents the short vowel /ă/ sound

Lèt "a" nan fanmi mo "ad" la reprezante son vwayèl kout /ă/, tankou nan mo sad.

Word Box	ad, bad, Brad, cad, Chad, clad, dad, fad, glad, grad, had, lad, mad, pad, rad, sad, tad
	Multisyllable Words:
	Bagdad, footpad, granddad, helipad, ironclad, keypad, kneepad, mousepad, nomad, notepad, postgrad, Trinidad, unclad, undergrad

Word Box	administer, admit, admonish, advance, advent, adventured, adverb, advice, adviser, advises, advisor, advisory, advocacy, advocate, Daddy, gladly

"ag" - "a" represents the short vowel /ă/ sound

Lèt "a" nan fanmi mo "ag" la reprezante son vwayèl kout /ă/, tankou nan mo sag.

Word Box	bag, brag, crag, drag, flag, gag, hag, jag, lag, nag, rag, sag, shag, slag, snag, stag, swag, tag, wag, zag
	Multisyllable Words:
	airbag, beanbag, dishrag, handbag, hangtag, hashtag, jetlag, lollygag, moneybag, ragtag, saddlebag, zigzag

"am" - "a" represents the short vowel /ă/ sound

Lèt "a" nan fanmi mo "am" la reprezante son vwayèl kout /ă/, tankou nan mo jam.

Word Box	am, bam, cam, clam, cram, dam, dram, flam, gram, ham, jam, Pam, ram, scam, scram, sham, slam, spam, swam, tam, tram, wham, yam
	Multisyllable Words:
	exam, kilogram, mammogram, milligram, monogram, radiogram, telegram

☞ Eksepsyon: bedlam - /ă/ son

"amp" - "a" represents the short vowel /ă/ sound

Lèt "a" nan fanmi mo "amp" la reprezante son vwayèl kout /ă/, tankou nan mo camp.

Word Box	amp, camp, champ, clamp, cramp, damp, lamp, ramp, stamp, tamp, tramp, vamp

☞ Eksepsyon: swamp - /ŏ/ son oswa /ô/ son

"an" - "a" represents the short vowel /ă/ sound

Lèt "a" nan fanmi mo "an" la reprezante son vwayèl kout /ă/, tankou nan mo can.

Word Box	an, ban, bran, can, clan, Dan, fan, flan, Fran, man, Nan, pan, plan, ran, scan, span, Stan, tan, than, van
	Multisyllable Words:
	businessman, caravan, handyman, Japan, middleman, Milan, Pakistan, pecan, Sedan, Sudan, snowman, wingspan

☞ Eksepsyon: swan - /ŏ/ son

"and" - "a" represents the short vowel /ă/ sound

Lèt "a" nan fanmi mo "and" la reprezante son vwayèl kout /ă/, tankou nan mo land.

Word Box	and, band, bland, brand, gland, grand, hand, land, rand, sand, stand, strand
	Multisyllable Words:
	command, demand, expand, farmland, firsthand, mainland, offhand, quicksand, reprimand, Thailand, understand, wasteland

☞ Eksepsyons: Iceland, inland, Scotland - /ə/ son

"ank" - "a" represents the short vowel /ă/ sound

Lèt "a" nan fanmi mo "ank" la reprezante son vwayèl kout /ă/, tankou nan mo tank.

Word Box	bank, blank, clank, crank, dank, drank, flank, frank, hank, lank, plank, prank, rank, sank, shank, shrank, spank, swank, tank, thank, yank
	Multisyllable Words:
	embank, riverbank, sandbank

"ant" - "a" represents the short vowel /ă/ sound

Lèt "a" nan fanmi mo "ant" la reprezante son vwayèl kout /ă/, tankou nan mo slant.

Word Box	ant, cant, chant, grant, pant, plant, rant, scant, slant
	Multisyllable Words:
	eggplant, replant, transplant

☞ Eksepsyons: croissant - /ä/ son; want - /ŏ/ son oswa /ô/ son

"ap" - "a" represents the short vowel /ă/ sound

Lèt "a" nan fanmi mo "ap" la reprezante son vwayèl kout /ă/, tankou nan mo map

Word Box	cap, chap, clap, flap, gap, lap, map, nap, rap, sap, scrap, slap, snap, strap, tap, trap, wrap, yap, zap
	Multisyllable Words:
	bootstrap, burlap, catnap, entrap, enwrap, flytrap, handicap, icecap, kidnap, mayhap, mishap, overlap, skycap, snowcap, unwrap, whitecap

"ash" - "a" represents the short vowel /ă/ sound

Lèt "a" nan fanmi mo "ash" la reprezante son vwayèl kout /ă/, tankou nan mo cash.

Word Box	ash, bash, brash, cash, clash, crash, dash, flash, gash, hash, lash, mash, rash, sash, slash, smash, splash, stash, thrash, trash
	Multisyllable Words:
	abash, backlash, balderdash, eyelash, whiplash

☞ Eksepsyons: brainwash, carwash, squash, wash - /ŏ/ son oswa /ô/ son

"at" - "a" represents the short vowel /ă/ sound

Lèt "a" nan fanmi mo "at" la reprezante son vwayèl kout /ă/, tankou nan mo cat.

Word Box	at, bat, blat, brat, cat, chat, fat, flat, frat, hat, mat, pat, rat, sat, scat, slat, spat, splat, that, vat
	Multisyllable Words:
	acrobat, bureaucrat, democrat, diplomat, doormat, format, nonfat, thermostat

☞ Eksepsyons: somewhat, what - /ŏ/ son oswa /ŭ/ son oswa /ə/ son

"atch" - "a" represents the short vowel /ă/ sound

Lèt "an" nan fanmi mo "atch" la reprezante son vwayèl kout /ă/, tankou nan mo catch.

Word Box	batch, catch, hatch, latch, match, patch, scratch, snatch, thatch
	Multisyllable Words:
	crosshatch, dispatch, mismatch, unlatch

☞ Eksepsyons: swatch, watch - /ŏ/ son

Lesson 1.3
Reading Words with the Long Vowel "a" Sound

"a" represents the long vowel /ā/ sound

Lèt "a" a ka reprezante son vwayèl long /ā/, tankou nan mo <u>cake</u>. Yon vwayèl long pwononse pa non lèt li a.

Beginning	Within	End
/ā/	/ā/	/ā/
ape	cake	

✎ Remak: Nan fen yon mo, lèt "a" pa reprezante son vwayèl long /ā/.

✤ **"a" + consonant + silent "e" word families**

Son vwayèl long /ā/ a gen kat varyasyon modèl: VCe, CVCe, CCVCe ak CCCVCe. Modèl VCe a se nan fen anpil mo vwayèl long.

"vowel + consonant + silent e" patterns	Target Words
VCe	ape
CVCe	cake
CCVCe	brave
CCCVCe	scrape

"ace" - "a" represents the long vowel /ā/ sound

Lè modèl "a" + konsòn + "e" se nan fen yon mo, lèt "a" anjeneral reprezante son vwayèl long /ā/, konsòn nan reprezante son li pandan vwayèl "e" an silans, jan nan mo <u>pace</u>.

Word Box	ace, brace, face, grace, lace, mace, pace, place, race, space, trace
	Multisyllable Words:
	boldface, disgrace, displace, embrace, fireplace, interface, misplace, shoelace

☞ Eksepsyons: surface - /ə/ son; necklace, preface – /ĭ/ son

"ade" - "a" represents the long vowel /ā/ sound

Lè modèl "a" + konsòn + "e" se nan fen yon mo, lèt "a" anjeneral reprezante son vwayèl long /ā/, konsòn nan reprezante son li pandan vwayèl "e" an silans, jan nan mo <u>fade</u>.

Word Box	blade, fade, glade, grade, jade, made, shade, spade, trade, wade

"ake" - "a" represents the long vowel /ā/ sound

Lè modèl "a" + konsòn + "e" se nan fen yon mo, lèt "a" anjeneral reprezante son vwayèl long /ā/, konsòn nan reprezante son li pandan vwayèl "e" an silans, jan nan mo <u>cake</u>.

Word Box	bake, brake, cake, drake, fake, flake, Jake, lake, make, quake, rake, sake, shake, snake, stake, take, wake
	Multisyllable Words:
	awake, cheesecake, cupcake, earthquake, forsake, handshake, hotcake, intake, keepsake, milkshake, mistake, rattlesnake, retake, snowflake

"ale" - "a" represents the long vowel /ā/ sound

Lè modèl "a" + konsòn + "e" se nan fen yon mo, lèt "a" anjeneral reprezante son vwayèl long /ā/, konsòn nan reprezante son li pandan vwayèl "e" an silans, jan nan mo <u>sale</u>.

Word Box	ale, bale, Dale, gale, kale, male, pale, sale, scale, stale, tale, whale, vale, Yale
	Multisyllable Words:
	downscale, female, folktale, impale, inhale, resale, upscale, wholesale

"ame" - "a" represents the long vowel /ā/ sound

Lè modèl "a" + konsòn + "e" se nan fen yon mo, lèt "a" anjeneral reprezante son vwayèl long /ā/, konsòn nan reprezante son li pandan vwayèl "e" an silans, jan nan mo <u>same</u>.

Word Box	blame, came, fame, flame, frame, game, lame, name, same, shame, tame
	Multisyllable Words:
	aflame, defame, inflame, nickname, overcame, reframe, rename, surname

"ane" - "a" represents the long vowel /ā/ sound

Lè modèl "a" + konsòn + "e" se nan fen yon mo, lèt "a" anjeneral reprezante son vwayèl long /ā/, konsòn nan reprezante son li pandan vwayèl "e" an silans, jan nan mo <u>cane</u>.

Word Box	bane, cane, crane, Dane, Jane, lane, mane, pane, plane, sane, vane, wane

"ape" - "a" represents the long vowel /ā/ sound

Lè modèl "a" + konsòn + "e" se nan fen yon mo, lèt "a" anjeneral reprezante son vwayèl long /ā/, konsòn nan reprezante son li pandan vwayèl "e" an silans, jan nan mo <u>cape</u>.

Word Box	ape, cape, drape, gape, grape, nape, scrape, shape, tape

"ase" - "a" represents the long vowel /ā/ sound

Lè modèl "a" + konsòn + "e" se nan fen yon mo, lèt "a" anjeneral reprezante son vwayèl long /ā/, konsòn nan reprezante son li pandan vwayèl "e" an silans, jan nan mo <u>case</u>.

Word Box	base, case, chase, phase, phrase

☞ Eksepsyon: vase - /ā/ son oswa /ă/ son oswa /ä/ son

"ate" - "a" represents the long vowel /ā/ sound

Lè modèl "a" + konsòn + "e" se nan fen yon mo, lèt "a" anjeneral reprezante son vwayèl long /ā/, konsòn nan reprezante son li pandan vwayèl "e" an silans, jan nan mo <u>date</u>.

Word Box	ate, crate, date, fate, gate, grate, Kate, late, mate, plate, prate, rate, skate, state
	Multisyllable Words:
	advocate, classmate, debate, dilate, estate, generate, isolate, locate, mandate, migrate, negate, operate, populate, probate, rebate, rotate, vacate, vibrate

☞ Eksepsyons: accurate, climate, delicate, private - /ĭ/ son

"ave" - "a" represents the long vowel /ā/ sound

Lè modèl "a" + konsòn + "e" se nan fen yon mo, lèt "a" anjeneral reprezante son vwayèl long /ā/, konsòn nan reprezante son li pandan vwayèl "e" an silans, jan nan mo <u>cave</u>.

Word Box	brave, cave, crave, Dave, gave, grave, pave, rave, save, shave, slave, wave
	Multisyllable Words:
	aftershave, behave, concave, deprave, enclave, engrave, enslave, forgave, microwave, misbehave

☞ Eksepsyons: have - /ă/ son; octave - /ĭ/ son oswa /ā/ son

"ay" - "a" represents the long vowel /ā/ sound + silent "y"

Lè konbinezon lèt "ay" se nan fen yon mo, lèt "a" reprezante a vwayèl long /ā/ son pandan ke lèt "y"an silans, tankou nan mo <u>day</u>.

Word Box	away, bay, birthday, clay, decay, delay, display, everyday, expressway, gray, hay, highway, holiday, jay, lay, may, Monday, nay, okay, pay, play, pray, ray, relay, say, slay, spray, stay, stray, subway, sway, today, tray, way

"ay" - "a" represents the long vowel /ā/ sound + silent "y"

Lè konbinezon "ay" lèt la nan fen yon silab, lèt "a" reprezante son vwayèl long /ā/ pandan y ap lèt "y" a an silans, tankou nan mo <u>crayons</u>.

Word Box	bricklayer, decaying, delayed, displayed, layer, maybe, mayonnaise, payment, player, playing, rayon, spraying, staying, straying, swayback, taxpayers

☞ Eksepsyons: says -/ĕ/ son; kayak, bayou - /ī/ son

"ay" represents the vowel /ä/ + /y/ sounds

Lè konbinezon lèt "ay" divize an de silab, lèt "a" reprezante son vwayèl /ä/ ak lèt "y" reprezante son /y/, tankou nan mo <u>Mayan</u> ak <u>papaya</u>.

Lekti Evalyasyon
Devwa: Li fraz yo.

1. I donated a cake for the bake sale.
2. Dain has a small cage in the basement.
3. The black chair and the vase are on sale.
4. I saw Dave's plane flying above the cave.
5. Kate and I are afraid to walk up the stairs.

Long Vowel "a" Cards

"age"	"ake"	"ane"
cage	brake	cane
stage	flake	crane
wage	shake	plane

"ape"	"ate"	"ay"
drape	crate	gray
grape	plate	stay
shape	skate	way

Unit A Lesson 1.3

Lesson 1.4
Reading Words with the "age" Letter Combination

Nan konbinezon lèt "age", lèt "a" pwononse nan senk fason diferan.
- Li reprezante son vwayèl long /ā/, tankou nan mo <u>cage</u>
- Li reprezante son vwayèl kout /ĭ/, tankou nan mo <u>village</u>.
- Li reprezante son vwayèl /ä/, tankou nan mo <u>massage</u>.
- Li reprezante son vwayèl schwa /ə/, tankou nan mo <u>agenda</u>.
- Li reprezante son vwayèl kout /ă/, tankou nan mo <u>tragedy</u>.
- Pafwa li an silans, tankou nan mo <u>eager</u>.

"age" - "a" represents the long vowel /ā/ sound

Nan konbinezon lèt "age", lèt "a" ka reprezante son vwayèl long /ā/, tankou nan mo <u>cage</u>.

Word Box	age, backstage, cage, disengaged, engage, enrage, gage, mage, page, pager, rage, sage, stage, stagehand, teenage, teenager, upstage, wage, webpage

"age" - "a" represents the short vowel /ĭ/ sound

Lè konbinezon "age" lèt la nan fen yon mo plizyè silab, lèt "a" a ka reprezante son vwayèl kout /ĭ/, tankou nan mo <u>village</u>.

Word Box	average, advantage, bondage, cabbage, damage, encourage, hostage, image, linkage, manage, message, package, passage, percentage, usage, voyage

"age" - "a" represents the vowel /ä/ sound

Nan konbinezon lèt "age", lèt "a" ka reprezante son vwayèl /ä/, tankou nan mo <u>massage</u>.

Word Box	barrage, barraged, camouflage, Cartagena, collage, corsage, entourage, flagellate, fuselage, garage, lager, massage, mirage, sabotage, triage

"age" - "a" represents the schwa vowel /ə/ sound

Nan konbinezon lèt "age", lèt "a" ka reprezante vwayèl schwa /ə/ son an, tankou nan mo <u>agenda</u>.

Word Box	agenda, collagen, flagellum, magenta, mutagen

"age" - "a" represents the short vowel /ă/ sound

Lè konbinezon lèt "age" nan yon mo, lèt "a" ka reprezante son vwayèl kout /ă/, tankou nan mo <u>tragedy</u> ak <u>pageant</u>.

"age - "a" is silent

Nan konbinezon lèt "age", vwayèl "a" ka an silans, tankou nan mo <u>eager</u> ak <u>eagerly</u>.

Lesson 1.5
Reading Words with the "ai" Vowel Pair

Lè de vwayèl yo ansanm nan yon silab oswa yon mo, premye vwayèl la anjeneral reprezante son vwayèl long pandan y ap dezyèm vwayèl la an silans.

"aid" - "a" represents the long vowel /ā/ sound

Lè konbinezon vwayèl "ai" ansanm nan yon mo oswa yon silab, lèt "a" anjeneral reprezante son vwayèl long /ā/ pandan ke lèt "i" an silans, tankou nan mo <u>raid</u>.

Word Box	afraid, aid, barmaid, braid, braiding, bridesmaid, laid, maid, Medicaid, mermaid, mislaid, overpaid, paid, prepaid, raid, raiding, unpaid, waylaid

☞ Eksepsyons: plaid - /ă/ son; said - /ĕ/ son

"ail" - "a" represents the long vowel /ā/ sound

Lè konbinezon vwayèl "ai" ansanm nan yon mo oswa yon silab, lèt "a" anjeneral reprezante son vwayèl long /ā/ pandan ke lèt "i" an silans, tankou nan mo <u>sail</u>.

Word Box	ail, bail, brail, fail, frail, hail, jail, mail, nail, pail, quail, rail, snail, tail, wail *Multisyllable Words:* Abigail, ailment, assail, avail, available, availability, bobtail, cocktail, curtail, derail, detail, detailing, doornail, entail, fingernail, foxtail, handrail, monorail, oxtail, prevail, prevailing, retailing, sailboat, sailing, sailor, tailor

"ain" and "aint" - "a" represents the long vowel /ā/ sound

Lè konbinezon vwayèl "ai" ansanm nan yon mo oswa yon silab, lèt "a" anjeneral reprezante son vwayèl long /ā/ pandan ke lèt "i" an silans, tankou nan mo <u>rain</u> ak <u>paint</u>.

Word Box	brain, Cain, chain, drain, faint, gain, grain, main, pain, paint, plain, quaint, rain, saint, slain, Spain, sprain, stain, strain, taint, train, twain, vain, wain *Multisyllable Words:* attain, complain, constrain, constraint, contain, detain, detrain, domain, entertain, explain, ingrain, maintain, obtain, ordain, refrain, remain, retain

☞ Eksepsyons: porcelain - /ĭ/ son; again, against - /ĕ/ son

"ait" - "a" represents the long vowel /ā/ sound

Lè konbinezon vwayèl "ai" ansanm nan yon mo oswa yon silab, lèt "a" anjeneral reprezante son vwayèl long /ā/ pandan ke lèt "i" an silans, tankou nan mo <u>await</u>.

Word Box	await, awaiting, bait, faith, faithful, gait, interfaith, parfait, plait, strait, straiten, trait, traitor, unfaithful, wait, waiter, waiting, waitlist, waitress

☞ Eksepsyon: plait - /ā/ son oswa /ă/ son

Lesson 1.6
Reading Letter "a" Words with the Schwa Vowel Sound

"a" represents the schwa vowel /ə/ sound

Lèt "a" ka reprezante son vwayèl schwa /ə/, tankou nan mo sofa. Vwayèl schwa a son tankou vwayèl kout /ŭ/ + /h/.

Schwa it!

Beginning	Within	End
/ə/	/ə/	/ə/
about	local	sofa

Word Box	*First letter "a"* abandon, about, above, abroad, account, across, adopt, adult, afloat, alarm, alert, allow, amend, amuse, annoy, around, await, awake, aware, away *Letter "a" within a word* alphabet, animal, atlas, balloon, calypso, canal, chemical, dollar, emphasize, local, national, pleasant, relative, salad, separate, sugar, thousand, vitamin *Final letter "a"* Africa, China, cobra, data, Dora, Kenya, Libya, okra, omega, opera, magma, pasta, plaza, peninsula, puma, Yoruba, Rebecca, scuba, sofa, yucca, zebra

"ag" - "a" represents the schwa vowel /ə/ sound

Nan mo miltisilab, vwayèl "a" nan konbinezon lèt "ag" ka reprezante son vwayèl schwa /ə/, tankou nan mo <u>ago</u>.

Word Box	again, agape, agenda, aggression, aggressive, aggrieve, aghast, agleam, aglitter, aglow, agree, agreeable, agreement, hexagram, octagon, paragraph

"and" and "an" - "a" represents the schwa vowel /ə/ sound

Nan mo miltisilab, vwayèl "a" nan konbinezon lèt "a" ak konbinezon lèt "an" ka reprezante son vwayèl schwa /ə/, tankou nan mo <u>husband</u> ak <u>organ</u>.

Word Box	bellman, Canadian, cardigan, congressman, garland, husband, Iceland, organ, pelican, Scotland, slogan, turban, urban, vegan, veteran, woman

"ant" - "a" represents the schwa vowel /ə/ sound

Nan mo miltisilab, vwayèl "a" nan konbinezon lèt "ant" ka reprezante son vwayèl schwa /ə/, tankou nan mo <u>attendant</u>.

Word Box	applicant, assistant, defendant, distant, elegant, indignant, infant, infantry, informant, instant, jubilant, observant, participant, pleasant, relevant, servant, servants, significant, suppressant, tenant, unpleasant, vigilant

Lesson 1.7
Reading Words with the "ar" Letter Combination

Nan konbinezon lèt "ar", lèt "a" pwononse nan sis fason diferan.
- Li reprezante son vwayèl /ä/, tankou nan mo car.
- Li reprezante son vwayèl /ô/, tankou nan mo war.
- Li reprezante son vwayèl kout /ă/, tankou nan mo Paris.
- Li reprezante son vwayèl schwa /ə/, tankou nan mo dollar.
- Li reprezante son vwayèl /â/, tankou nan mo care.
- Li reprezante son vwayèl kout /ĕ/, tankou nan mo library.
- Pafwa li an silans, tankou nan mo board.

"ar" represents the vowel /ä/ + /r/ sounds

Konbinezon lèt "ar" la ka reprezante son vwayèl /ä/ + /r/, tankou nan mo car.

Word Box	arch, are, ark, arm, armor, art, artificial, artist, bar, car, carbon, carpet, cart, dark, disbar, seminar, shark, sharp, spark, star, start, starvation, starve, tar

"ar" represents the vowel /ô/ + /r/ sounds

Konbinezon lèt "ar" la ka reprezante son vwayèl /ô/ + /r/, tankou nan mo war.

Word Box	quarantine, quark, quarrel, quarter, quartz, war, warble, warbler, ward, warden, wardrobe, warm, warmth, warn, warning, warp, warrant, warranty

"ar" represents the short vowel /ă/ + /r/ sounds

Konbinezon lèt "ar" la ka reprezante son vwayèl kout /ă/ + /r/, tankou nan mo Paris.

Word Box	Arab, barrel, barren, Carib, caricature, carrot, carry, character, marry, narrate, narrative, narrow, parachute, paragraph, parakeet, parallel, paralyze, tariff

"ar" represents the schwa vowel /ə/ + /r/ sounds

Konbinezon "ar" lèt la ka reprezante son vwayèl schwa /ə/ + /r/, tankou nan mo dollar.

Word Box	altar, bursar, calendar, career, collar, curricular, declarative, forward, grammar, hangar, jeopardize, parade, particular, pillar, polar, regular

"are" - "a" represents the vowel /â/ sound

Nan konbinezon lèt "are", "ar" ka reprezante son vwayèl /â/ +/r/, tankou nan mo care.

Word Box	bare, barefoot, barely, blare, care, careful, carefully, dare, fare, flare, glare, hare, mare, pare, rare, rarely, scare, share, sparc, square, stare, tare, ware

"ari" - "a" represents the vowel /â/ sound

Nan konbinezon lèt "ari", vwayèl "a" ka reprezante vwayèl /â/ son an, tankou nan mo <u>caring</u>.

Word Box	Aries, baring, barite, barium, blaring, caring, daring, flaring, garish, scenario, sharing, sparing, taring, variable, variant, variation, various

"ari" - "a" represents the short vowel /ă/ sound

Nan konbinezon lèt "ari", vwayèl "a" ka reprezante son vwayèl kout /ă/, tankou nan mo <u>Paris</u>.

Word Box	arid, Arizona, chariot, charismatic, charitable, charity, clarify, clarity, irregularity, marinate, marital, maritime, Polaris, polarity, popularity, tariff

"ari" - "a" represents the schwa vowel /ə/ sound

Nan konbinezon lèt "ari", vwayèl "a" ka reprezante son vwayèl schwa /ə/, tankou nan mo <u>charisma</u>.

Word Box	arise, arisen, arising, arithmetic, burglarize, charisma, marine, nectarine, polarize, secularize, varietal, variety

"ari" - "a" represents the vowel /ä/ sound

Nan konbinezon lèt "ari", vwayèl "a" ka reprezante son vwayèl /ä/, tankou nan mo <u>parish</u>, <u>mariachi</u> ak <u>safari</u>.

"ary" represents the schwa vowel /ə/ + /r/ + /ē/ sounds

Konbinezon lèt "ary" a ka reprezante son vwayèl schwa /ə/ + /r/ + /ē/, tankou nan mo <u>contrary</u>, <u>glossary</u> ak <u>salary</u>.

"ary" represents the short vowel /ĕ/ + /r/ + /ē/ sounds

Konbinezon lèt "ary" a ka reprezante son vwayèl kout /ĕ/ + /r/ + /ē/, tankou nan mo <u>culinary</u>.

Word Box	adversary, commentary, dictionary, disciplinary, inflationary, hereditary, intermediary, library, necessary, secretary, solitary, temporary, voluntary

"oar" - "a" is silent

Nan konbinezon lèt "oar", vwayèl "a" an silans, tankou nan mo <u>board</u>.

board	⟷	border	/ô/ + /r/ sounds
oar	⟷	or	/ô/ + /r/ sounds

Bonus Lesson
Reading Words with the Variant Vowel "a"

"all" - "a" represents the vowel /ô/ sound
Nan konbinezon lèt "all", vwayèl "a" reprezante son vwayèl /ô/, tankou nan mo <u>ball</u>.

Word Box	all, ball, call, fall, gall, hall, mall, pall, small, squall, stall, tall, thrall, wall rainfall, recall, reinstall, seawall, softball, stonewall, uninstall, waterfall

"alt" - "a" represents the vowel /ô/ sound
Nan konbinezon lèt "alt", vwayèl "a" reprezante son vwayèl /ô/, tankou nan mo <u>salt</u>.

Word Box	alt, Balt, halt, malt, salt, altar, alter, alterative, altercate, alternate, although, altogether, asphalt, basalt, cobalt, exalt, exalts, gestalt, paltry, salty, unsalted

"au" represents the vowel /ô/ sound
Konbinezon vwayèl "au" a reprezante son vwayèl /ô/, tankou nan mo <u>pause</u>.

Word Box	audacity, daughter, daunt, exhaust, faucet, haul, inauguration, jaundice, laud, laundry, naughty, pauper, pause, sauce, sauna, sausage, slaughter

"aw" - "a" represents the vowel /ô/ sound
Nan konbinezon lèt "au", vwayèl "a" reprezante son vwayèl /ô/, tankou nan mo <u>crawl</u>.

Word Box	awful, hawk, jaw, jawbone, jigsaw, law, lawless, lawn, Lawrence, lawsuit, paw, pawl, pawn, Pawnee, raw, saw, sawfish, Sawyer, scrawl, scrawny

"a" represents the short vowel /ŏ/ sound
Lèt "a" a ka reprezante son vwayèl kout /ŏ/, tankou nan mo <u>what</u>.

Word Box	qualify, quality, quantity, quarrel, quarry, squad, squash, squat, swab, swamp, swan, swap, swat, tightwad, waffle, wallet, wallop, wander, want

"a" represents the vowel /ä/ sound
Lèt "a" ka reprezante son vwayèl /ä/, tankou nan mo <u>car</u>.

Word Box	alarm, ark, art, artist, Bahamas, dark, depart, farm, father, garbage, garden, garlic, garnish, guard, guitar, harm, hard, harp, large, start

Learn To Read English With Lessons In Haitian Creole

Lesson 1.8
Reading Words with a Silent Letter "a"

"ai" - "a" is silent

Lè konbinezon vwayèl "ai" la ansanm nan yon mo oswa yon silab, vwayèl "a" ka an silans, tankou nan mo <u>aisle</u>.

Word Box	aisle, bonsai, Dubai, haiku, Mumbai, naira, Nairobi, porcelain, renaissance, samurai, Shanghai, Sinai, Tai, Taigo, Taipei, Taiwan, Taiwanese

"ea" - "a" is silent

Lè konbinezon vwayèl "ea" ansanm nan yon mo oswa yon silab, vwayèl "a" an silans, tankou nan mo <u>eat</u>.

Word Box	bead, beat, bread, cease, cheap, cheat, cream, deal, dream, each, east, eat, feast, feather, head, health, healthy, heavier, heavy, instead, leach, lead, league, leaf, leak, lean, leap, least, leave, mean, meant, meat, neat, read, ready, sea, seal, seat, spread, spreading, sweater, tea, teaching, treat, zeal

"oa" - "a" is silent

Lè konbinezon vwayèl "oa" la ansanm nan yon mo oswa yon silab, vwayèl "a" an silans, tankou nan mo <u>goat</u>.

Word Box	boat, boar, broad, charcoal, coat, float, freeload, gloat, goad, goal, goalie, goat, groan, hoax, Joan, load, loaded, loaf, loam, loan, loath, loathing, moan

Silent Letter "a" at a Glance

Letter	Sounds	Anchor Words
"a"	silent "a"	aisle
"a"	silent "a"	boat

Silent Letter "a" Cards

"ead"	"eap"	"eat"
lead	cheap	heat
read	leap	meat
spread	reap	seat

"oach"	"oan"	"oat"
coach	Joan	boat
poach	loan	coat
roach	moan	float

Learn To Read English With Lessons In Haitian Creole

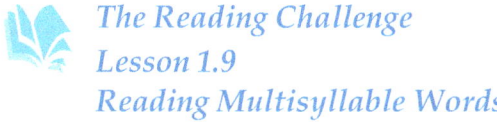

*The Reading Challenge
Lesson 1.9
Reading Multisyllable Words*

Ou ka li yon mo long lè w divize l an ti pati ki rele silab. Chak silab gen yon son vwayèl epi anjeneral youn oswa plizyè son konsòn.

Three Ways to Divide Words into Syllables

1. Yon silab fèmen fini ak yon konsòn. Lè yon silab fèmen gen yon vwayèl, anjeneral li gen yon vwayèl kout.
   Egzanp: dragon - drag + on

   Lè yon silab fèmen gen de vwayèl, premye vwayèl la se nòmalman yon vwayèl long pandan dezyèm vwayèl la an silans.
   Egzanp: painting - paint + ing

2. Yon silab louvri fini ak yon vwayèl. Vwayèl "a" nan fen yon silab louvri kapab yon vwayèl long.
   Egzanp: cable - ca + ble

   Vwayèl "a" nan fen yon silab louvri ka vwayèl schwa la.
   Egzanp: banana - ba + na + na

3. Silab "vwayèl + konsòn + e" se nan fen yon mo. Premye vwayèl nan modèl silab sa a se nòmalman yon vwayèl long pandan y ap "e" final la an silans.
   Egzanp: blockade - block + ade

Multisyllable Word Lists

2 syllable words	3 syllable words	4 syllable words
abase	abandon	ability
above	absolute	absolution
accept	abundant	adaptation
access	acidic	adversity
acting	addressing	agitation
actor	adopting	alternative
adhere	adulthood	alligator
adjust	advancement	allocation
admire	Africa	aluminum
admit	agreement	amphibian
affirm	alignment	apology
afford	Amazon	Avocado

Lesson 1.10
Reading Proper and Common Nouns and Adjectives
Capitalization Rules

Mo yo ekri ak lèt majiskil ak/oswa miniskil. Non pwòp ak adjektif apwopriye kòmanse ak lèt majiskil. Non komen ak adjektif komen kòmanse ak lèt miniskil.

Yon **non pwòp** se yon mo ki nonmen yon moun espesifik, yon kote, yon bagay oswa yon konsèp.

Yon **non komen** se yon mo ki nonmen yon moun jeneral, kote, bagay oswa konsèp.

	Proper Noun	Common Noun
Person	Anderson	astronaut
Place	Austria	arena
Thing	Apple, Inc.	apple
Concept		aspiration

Yon **adjektif apwopriye** se yon mo ki dekri yon moun espesifik, yon kote, yon bagay oswa yon konsèp.

Yon **adjektif komen** se yon mo ki dekri yon moun jeneral, kote, bagay oswa konsèp.

Proper Adjective:	Common Adjective:
Person: Australian citizen	Person: attractive person
Thing: Apple computer	Thing: ambitious goals

Capitalization Rules

Uppercase Letter – "A"

- Premye lèt mo ki kòmanse yon fraz ap ekri majiskil.

- Premye lèt mo ki bay non yon moun, yon kote, yon bagay oswa yon konsèp espesifik yo ekri majiskil.

- Premye lèt tit yon moun nan lèt majiskil.

- Premye lèt chak mo nan yon tit oswa yon sous-tit yo ekri majiskil.

- Kòm yon pwonon, lèt "I" nan lèt majiskil.

✎ Nòt: Lèt miniskil yo jeneralman itilize pou tout lòt mo.

Lowercase Letter – "a"

- Premye lèt yon mo ki pa nonmen yon moun espesifik, yon kote, yon bagay oswa konsèp ekri ak yon lèt miniskil.

- Premye lèt yon mo ki pa kòmanse yon fraz ekri ak yon lèt miniskil.

- Tout lèt ki anndan ak nan fen mo yo ekri ak lèt miniskil.

Lekti Evalyasyon
Devwa: Li fraz yo.

1. In April, my aunt is going to Australia.
2. Anna said, "Africa is a large continent."
3. Mr. Ace Anderson is reading about Asia.
4. My sister, Annie, attends Acme Academy.
5. Alaska is located on the North American continent.

The Letter "a" at a Glance		
Letters	**Sounds**	**Anchor Words**
"a"	/ă/	apple
"a"	/ā/	cake
"a"	/ə/	sofa
"a"	/ô/	ball
"a"	/ä/	car
"a"	/â/	care
"a"	/ĭ/	village
"a"	/ĕ/	says
"au"	/ō/	mauve
"a"	/ŏ/	swamp
"a"	/ŭ/ or /ŏ/ or /ə/	was
"a"	silent "a"	boat

Unit B

B/b

Lesson 2.0
Introduction of the Letter B/b

Lèt "b" se yon konsòn. Li se 2yèm lèt nan alfabè roman lang angle a. Lèt yo ekri kòm lèt majiskil ak miniskil.

	Uppercase Letter	Lowercase Letter
Print	B	b
Cursive	*B*	*b*

Lesson 2.1
Reading Words with the Letter B/b

Lèt "b" pwononse nan yon sèl fason.
- Li reprezante son /b/, tankou nan mo <u>bat</u> la.
- Pafwa li an silans, tankou nan mo <u>comb</u> la.

High Frequency Letter "b" Words
baby, back, bad, ball, band, bath, be, bean, bear, because, become, bee, before, bell, best, big, bike, black, blue, board, boat, book, bone, born, both, box, boy, breathe, bring, brother, but, buy, by

Nan kòmansman an, nan ak nan fen yon mo, lèt "b" reprezante son /b/, tankou nan mo <u>bat</u>, <u>number</u> ak <u>tab</u>.

Beginning	Within	End
/b/	/b/	/b/
bat	assembly	absorb
better	keyboard	bathtub
billing	library	club
bottle	number	disturb
boxer	portable	proverb
broken	possible	superb
bronze	umbrella	tab
burger	website	verb

Word Box	bib, Bob, bulb, cab, carb, climb, club, cob, crab, crib, cub, fib, grab, herb, hub, jab, job, lab, mob, nab, rib, rob, rub, scrub, sob, stub, sub, tab, tub, verb, web

Learn To Read English With Lessons In Haitian Creole

Reading Words with the Letter B/b

Short Vowel Blending Table for the Letter B/b

/ă/ apple	/ĕ/ egg	/ĭ/ insect	/ŏ/ octopus	/ŭ/ up
b a g	b e t	b i t	b o p	b u g
ba g	be t	bi t	bo p	bu g
bag	bet	bit	bop	bug

Long Vowel Blending Table for the Letter B/b

/ā/ ape	/ē/ eagle	/ī/ ice	/ō/ open	/yōō/ cube
b a k e	b ee p	b i k e	b oa t	b u g l e
ba ke	bee p	bi ke	boa t	bu gle
bake	beep	bike	boat	bugle

Lekti Evalyasyon
Devwa: Li fraz yo.

1. The baby's bib is blue.
2. The boy has big blocks.
3. Brad has a baseball bat.
4. Ben baked banana bread.
5. Bob and Bill are in a blue cab.

Letter "b" Parts of Speech Table

Nouns	Verbs	Adjectives
baby	babysit	backward
baboon	baked	bad
bachelor	beat	bold
back	become	barefoot
background	beautify	barren
badger	believe	bashful
bag	belong	basic
ball	bend	becoming
balcony	biting	best
ballet	blame	better
balloon	blocking	big
beaver	blow	bimonthly
biceps	boiling	binary
bookmark	bounce	biweekly

Lesson 2.2
Reading Words with the "br" Letter Combination

"br" represents the /b/ + /r/ sounds

Nan konbinezon lèt "br", lèt "b" reprezante son /b/e lèt "r" reprezante son /r/, tankou nan mo brat la.

Short Vowel Blending Table for the "br" Letter Combination

/ă/ apple	/ĕ/ egg	/ĭ/ insect	/ŏ/ octopus	/ŭ/ up
br a n d	Br e n t	br i m	br o n ze	br u n t
bra nd	Bre nt	bri m	bro nze	bru nt
brand	Brent	brim	bronze	brunt

Long Vowel Blending Table for the "br" Letter Combination

/ā/ ape	/ē/ eagle	/ī/ ice	/ō/ open	/o͞o/ glue
br ai n	br ee ch	br i de	br o ke	br u te
brai n	bree ch	bri de	bro ke	bru te
brain	breech	bride	broke	brute

Word Box: brace, brag, braid, brain, brake, bran, branch, brand, brass, brave, brawl, brazen, bread, break, breakage, breast, breathe, breed, breeze, brew, bribe, brick, bridal, bride, bridge, brief, briefing, brim, bring, brisk, broad, broil, broke, brook, broom, bronze, broom, brother, brow, brown, bruise, brush

Letter "br" Parts of Speech Table

Nouns	Verbs	Adjectives
bracelet	brag	brash
brainwash	bragging	brave
brake	braid	bravery
branches	braise	bridal
brass	brake	brief
Brazil	break	bright
bread	breathe	brilliant
breeze	breed	brisk
brick	brew	British
Britain	brighten	broad
brochure	bruise	brutal
Brooklyn	bruising	brute

Learn To Read English With Lessons In Haitian Creole

Lesson 2.3
Reading Words with the "bl" and "ble" Letter Combinations

"bl" represents the /b/ + /l/ sounds

Nan konbinezon "bl" lèt la, lèt "b" reprezante son /b/ e lèt "l" reprezante son /l/, tankou nan mo black.

Word Box	black, bladder, blame, blanch, bland, blank, blanket, blare, blast, blaze, blight, blimp, blind, blink, blinker, blip, bliss, blister, blitz, blizzard, block, blockage, blog, blood, bloom, blooper, blossom, blotch, blowing, blue, bluff, blunder

"ble" represents the /b/ + /l/ + /ĕ/ sounds

Konbinezon lèt "ble" a ka reprezante son /b/ + /l/ + /ĕ/, tankou nan mo blemish la.

Word Box	bled, blemish, blend, blender, blending, blessed, blessings, sublet, subletting

"ble" represents the /b/ + /l/ + /ē/ sounds

Konbinezon lèt "ble" a ka reprezante son /b/ + /l/ + /ē/, tankou nan mo bleed la.

Word Box	bleach, bleachers, bleak, bleakly, bleed, bleeder, bleeding, bleep, bleeping

"ble" represents the /b/ + /l/ + /ə/ sounds

Lè konbinezon "ble" lèt la nan yon mo, li ka reprezante son /b/ + /l/ + /ə/, tankou nan mo problem.

Word Box	emblem, emblematic, emblematically, problem, problematic

"ble" represents the /b/ + /ə/ + /l/ sounds + silent "e"

Lè konbinezon "ble" lèt la nan fen yon mo, li reprezante son /b/ + /ə/ + /l/ + silans "e", tankou nan mo table.

Word Box	able, accessible, assemble, bubble, cable, disable, double, edible, fable, feeble, fumble, humble, incredible, noble, possible, ramble, stable, taxable, trouble

"bler" represents the /b/ + /ə/ + /l/ + /ə/ + /r/ sounds

Lè konbinezon "bler" lèt la nan fen yon mo, li reprezante son /b/ + /ə/ + /l/ + /ə/ + /r/, tankou nan mo enabler la.

Word Box	assembler, babbler, cobbler, dribbler, enabler, gambler, nimbler, rambler, scrambler, troubler, tumbler

Lesson 2.4
Reading Words with the "mb" and "bt" Letter Combinations

"mb" represents the /m/ sound + silent "b"

Lè konbinezon lèt "mb" la ansanm nan yon sèl silab, lèt "m" reprezante son /m/ pandan lèt "b" an silans, tankou nan mo <u>comb</u> la. Konbinezon lèt "mb" anjeneral jwenn nan fen yon mo oswa yon silab.

Word Box	catacomb, climb, climber, climbing, comb, combing, combs, crumb, dumb, entomb, lamb, limb, numb, numbness, plumb, plumber, thumb, tomb, womb

"mb" represents the /m/ + /b/ sounds

Lè konbinezon lèt "mb" divize an de silab, lèt "m" reprezante son /m/ ak lèt "b" reprezante son /b/, tankou nan mo <u>number</u>. Lèt "m" nan yon silab ak lèt "b" nan lòt silab la.

Word Box	ambition, ambivalence, amble, ambulance, assemble, bombard, combine, crumble, gumbo, jumbo, number, remember, slumber, symbol, thrombus

"bt" has a silent "b" + /t/ sound

Lè konbinezon lèt "bt" la ansanm nan yon sèl silab, lèt "b" an silans pandan ke lèt "t" reprezante son /t/, tankou nan mo <u>debt</u>. Konbinezon lèt "bt" anjeneral jwenn nan fen yon mo oswa yon silab.

Word Box	debt, debtor, doubt, doubting, indebted, subtle, subtleness, subtlety, subtly

"bt" represents the /b/ + /t/ sounds

Lè konbinezon lèt "bt" divize an de silab, lèt "b" reprezante son /b/ ak lèt "t" reprezante son /t/, tankou nan mo <u>obtain</u>. Lèt "b" nan yon silab ak lèt "t" nan lòt silab la.

Word Box	bobtail, obtain, obtained, obtrude, obtrusively, obtuse, subterranean, subtext, subtitles, subtotal, subtract, subtracting, subtraction, subtrahend, subtropics

Lekti Evalyasyon
Devwa: Li fraz yo.

1. Student loan debt is accelerating at a fast pace.
2. The ambulance drove by my house at a high speed.
3. The subtitles clearly indicate the key ideas of the text.
4. My students are learning to subtract three-digit numbers.
5. The skilled plumber installs, maintains and repairs our pipes.

Lesson 2.5
Reading Words with a Silent Letter "b"

Lèt "b" la ka an silans, tankou nan mo <u>subpoena</u>.

✦ *Reading Words with the "mb" and "bt" Letter Combinations*

Lè konbinezon lèt "mb" oswa konbinezon lèt "bt" ansanm nan yon sèl silab, lèt "b" an silans, tankou nan mo <u>comb</u> ak <u>debt</u>.

Word Box	climb, comb, combs, crumb, debt, debtor, doubt, dumb, dumbbell, entomb, lamb, limb, plumb, plumber, subtle, subtleness, subtly, thumb, tomb, womb

"mb" represents the /m/ sound + silent "b"	
comb	climb
crumb	lamb
limb	womb

"bt" has a silent "b" + /t/ sound	
debt	debtor
doubt	doubting
indebted	subtle

✦ *Reading Words with the "bb" Letter Combination*

"bb" represents the /b/ sound + silent "b"

Lè konbinezon lèt "bt" la ansanm nan yon sèl silab, premye lèt "b" reprezante son /b/ pandan dezyèm lèt "b" an silans, tankou nan mo <u>rabbit</u> la.

Word Box	babble, blubber, bubble, cabbage, chubby, dabble, dribble, ebb, gobble, grubby, hobble, hobby, jabber, lobby, nibble, rabbit, ribbon, shabby, stubborn

"bb" represents the /b/ + /b/ sounds

Lè konbinezon lèt "bb" divize an de silab, premye lèt "b" reprezante son /b/ ak dezyèm lèt "b" reprezante tou son /b/, tankou nan mo <u>subbasement</u>.

Word Box	subbase, subbasement, subbranch

Silent Letter "b" at a Glance		
Letter(s)	Sound	Anchor Words
"b"	silent "b"	subpoena
"mb"	silent "b"	comb
"bt"	silent "b"	debt
"bb"	/b/ + silent "b"	rabbit

Learn To Read English With Lessons In Haitian Creole

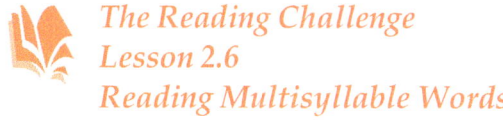

*The Reading Challenge
Lesson 2.6
Reading Multisyllable Words*

Ou ka li yon mo long lè w divize l an ti pati ki rele silab. Chak silab gen yon son vwayèl epi anjeneral youn oswa plizyè son konsòn.

Three Ways to Divide Words into Syllables

1. Yon silab fèmen fini ak yon konsòn. Lè yon silab fèmen gen yon vwayèl, anjeneral li gen yon vwayèl kout.
   Egzanp: bedbug - bed + bug

   Lè yon silab fèmen gen de vwayèl, premye vwayèl la se nòmalman yon vwayèl long pandan dezyèm vwayèl la an silans.
   Egzanp: beading - bead + ing

2. Yon silab louvri fini ak yon vwayèl. Vwayèl nan fen silab la se nòmalman yon vwayèl long.
   Egzanp: behind - be + hind

3. Silab "vwayèl + konsòn + e" se nan fen yon mo. Premye vwayèl nan modèl silab sa a se nòmalman yon vwayèl long pandan y ap "e" final la an silans.
   Egzanp: beehive - bee + hive

Multisyllable Word Lists

2 syllable words	3 syllable words	4 syllable words
backdrop	bakery	bacterium
balance	Bahamas	ballerina
bedroom	balcony	barometer
beehive	baritone	beautifully
below	beautify	belligerent
birdie	becoming	benevolent
blackout	behavior	bicarbonate
bobsled	Bermuda	bilateral
bringing	bicycle	biography
British	bimonthly	biology
broaden	blogosphere	bodybuilder
broker	bravery	brokenhearted
bulky	bulletin	bureaucracy

Lesson 2.7
Reading Proper and Common Nouns and Adjectives
Capitalization Rules

Mo yo ekri ak lèt majiskil ak/oswa miniskil. Non pwòp ak adjektif apwopriye kòmanse ak lèt majiskil. Non komen ak adjektif komen kòmanse ak lèt miniskil.

Yon **non pwòp** se yon mo ki nonmen yon moun espesifik, yon kote, yon bagay oswa yon konsèp.

Yon **non komen** se yon mo ki nonmen yon moun jeneral, kote, bagay oswa konsèp.

	Proper Noun	Common Noun
Person	Bobby	barber
Place	Barbados	beach
Thing	Barbie doll	beagle
Concept	Buddhism	beauty

Yon **adjektif apwopriye** se yon mo ki dekri yon moun espesifik, yon kote, yon bagay oswa yon konsèp.

Yon **adjektif komen** se yon mo ki dekri yon moun jeneral, kote, bagay oswa konsèp.

Proper Adjective:	Common Adjective:
Person: Brazilian citizen Thing: British literature	Person: bold speaker Thing: big bags

Capitalization Rules

Uppercase Letter – "B"

- Premye lèt yon mo ki kòmanse yon fraz ap ekri majiskil.

- Premye lèt yon mo ki bay non yon moun espesifik, yon kote, yon bagay oswa yon konsèp ekri majiskil.

- Premye lèt tit yon moun nan lèt majiskil.

- Premye lèt chak mo nan yon tit oswa yon sous-tit yo ekri majiskil.

- Kòm yon pwonon, lèt "I" nan lèt majiskil.

✎ Nòt: Lèt miniskil yo jeneralman itilize pou tout lòt mo.

Lowercase Letter – "b"

- Premye lèt yon mo ki pa nonmen yon moun espesifik, yon kote, yon bagay oswa konsèp ekri ak yon lèt miniskil.

- Premye lèt yon mo ki pa kòmanse yon fraz ekri ak yon lèt miniskil.

- Tout lèt ki anndan ak nan fen mo yo ekri ak lèt miniskil.

Lekti Evalyasyon
Devwa: Li fraz yo.

1. Bruce is a brave boy.
2. The bikers are at the bay.
3. Bess is busy baking loaves of bread.
4. Bobby's baseball bat is in the basket.
5. Benjamin is the best basketball player.

The Letter "b" at a Glance

Letter	Sound	Anchor Words
"b"	/b/	bat
"b"	silent "b"	comb

Unit C

C/c

Lesson 3.0
Introduction of the Letter C/c

Lèt "c" la se yon konsòn. Li se 3yèm lèt nan alfabè roman lang angle a. Lèt yo ekri kòm lèt majiskil ak miniskil.

	Uppercase Letter	Lowercase Letter
Print	C	c
Cursive	𝒞	𝒸

Lesson 3.1
Reading Words with the Hard Letter "c"

Lèt "c" la pa gen son pwòp li yo. Li prete son /k/ nan lèt "k" ak son /s/ nan lèt "s".

Lèt "c" pwononse nan kat fason diferan.
- Li reprezante son /k/, tankou nan mo <u>c</u>at.
- Li reprezante son /s/, tankou nan mo <u>c</u>ity.
- Li reprezante son /ch/, tankou nan mo <u>c</u>ello.
- Li reprezante son /sh/, tankou nan mo o<u>c</u>ean.
- Pafwa li an silans, tankou nan mo ba<u>c</u>k la.

High Frequency Letter "c" Words
call, called, came, can, can't, car, care, carry, cat, catch, certain, chair, change, child, children, city, class, clean, clock, close, clothes, cloud, cold, come, coming, complete, could, country, couple, cozy

Lèt "c" reprezante son "c" difisil ak son mou "c".

The hard "c" represents <u>one</u> sound.	The soft "c" represents <u>three</u> sounds.
• /k/ sound	• /s/ sound • /sh/ sound • /ch/ sound

Learn To Read English With Lessons In Haitian Creole

✤ *Reading Words with the Hard Letter "c"*

"c" represents the /k/ sound

"c" difisil la reprezante son /k/. Lè lèt "c" la devan vwayèl "a", "o" oswa "u," anjeneral li reprezante son /k/, tankou nan mo <u>cap</u>, <u>cop</u> ak <u>cup</u>.

Short Vowel Blending Table for the Hard C/c

/ă/ apple	/ĕ/ egg	/ĭ/ insect	/ŏ/ octopus	/ŭ/ up
c a p			c o p	c u p
ca p			co p	cu p
cap			cop	cup

Long Vowel Blending Table for the Hard C/c

/ā/ ape	/ē/ eagle	/ī/ ice	/ō/ open	/yōō/ cube
c a k e			c o a t	c u t e
ca ke			coa t	cu te
cake			coat	cute

"ca" - "c" represents the /k/ sound

Nan konbinezon lèt "ca", lèt "c" reprezante son /k/, tankou nan mo <u>cast</u> la.

Word Box	cab, cage, cake, call, camp, candle, cane, cap, cape, car, cart, case, cask, cat, catch, application, duplicate, education, historical, local, significant, technical

"co" - "c" represents the /k/ sound

Nan konbinezon lèt "co", lèt "c" reprezante son /k/, tankou nan mo <u>cold</u> la.

Word Box	account, coach, coat, coast, cob, code, come, con, cop, corn, cost, cot, country, cow, decode, ecology, income, mascot, peacock, scope, secondly, welcome

"cu" - "c" represents the /k/ sound

Nan konbinezon lèt "cu", lèt "c" reprezante son /k/, tankou nan mo <u>cute</u> la.

Word Box	cub, cube, cubic, cue, cuff, cup, curb, cure, curl, curves, custom, cut, cute, cuts, acute, difficult, discuss, incur, focus, locust, occupy, occur, scuba, secure, talcum

"c" represents the /k/ sound

Lè lèt "c" nan fen yon mo, li reprezante son /k/, tankou nan mo <u>basic</u>, <u>panic</u> ak <u>zinc</u>.

Lesson 3.2
Reading Words with the Soft Letter "c"

"c" represents the /s/ sound

Lè lèt "c" la devan vwayèl "e", "i" oswa "y," anjeneral li reprezante son /s/, tankou nan mo selil, <u>city</u> ak <u>cyst</u>.

Mou "c" la pwononse nan twa fason diferan.
- Li reprezante son /s/, tankou nan mo <u>city</u>.
- Li reprezante son /ch/, tankou nan mo <u>cello</u>.
- Li reprezante son /sh/, tankou nan mo <u>chef</u>.

Short Vowel Blending Table for the Soft C/c

/ă/ apple	/ĕ/ egg	/ĭ/ insect	/ŏ/ octopus	/ŭ/ up	/ĭ/ gym
	c e ll	c i t y			c y st
	ce ll	ci t y			cy st
	cell	city			cyst

Long Vowel Blending Table for the Soft C/c

/ā/ ape	/ē/ eagle	/ī/ ice	/ō/ open	/ōō/ glue	/ī/ cycle
	c ea se	c i te			c y cle
	cea se	ci te			cy cle
	cease	cite			cycle

"ce" - "c" represents the /s/ sound

Nan konbinezon lèt "ce", lèt "c" reprezante son /s/, tankou nan mo <u>face</u> la.

Word Box	ace, announce, celery, cell, censure, center, cents, cereal, dance, face, grace, ice, incense, lace, peace, place, price, process, race, receive, rice, stance, tolerance

"ci" - "c" represents the /s/ sound

Nan konbinezon lèt "ci", lèt "c" reprezante son /s/, tankou nan mo <u>acid</u> la.

Word Box	accident, acid, cider, cinch, cinema, circle, circuit, circus, cite, citizen, city, civil, excited, facility, incident, incite, pacific, participant, pencil, recipe, society

"cy" - "c" represents the /s/ sound

Nan konbinezon "cy" lèt la, lèt "c" reprezante son /s/, tankou nan mo <u>icy</u> la.

Word Box	accuracy, agency, bicycle, currency, cycle, cyst, dependency, discrepancy, icy, emergency, fancy, frequency, literacy, policy, tendency, urgency, vacancy

Learn To Read English With Lessons In Haitian Creole

Lesson 3.3
Reading Words with the "cr" Letter Combination

"cr" represents the /k/ + /r/ sounds

Nan konbinezon lèt "cr", lèt "c" reprezante son /k/ ak lèt "r" reprezante son /r/, tankou nan mo <u>cross</u> la.

Short Vowel Blending Table for the "cr" Letter Combination

/ă/ apple	/ĕ/ egg	/ĭ/ insect	/ŏ/ octopus	/ŭ/ up
cr a b	cr e p t	cr i b	cr o p	cr u m b
cra b	cre p t	cri b	cro p	cru mb
crab	crept	crib	crop	crumb

Long Vowel Blending Table for the "cr" Letter Combination

/ā/ ape	/ē/ eagle	/ī/ ice	/ō/ open	/o͞o/ glue
cr a ne	cr ee p	cr i me	cr oa k	cr ue l
cra ne	cree p	cri me	croa k	crue l
crane	creep	crime	croak	cruel

"cr" represents the /k/ + /r/ sounds

Lè konbinezon "cr" lèt la nan kòmansman yon mo, li reprezante son /k/ + /r/, tankou nan mo <u>crush</u>.

Word Box	crab, crack, craft, cream, create, creative, credence, credential, credit, creep, crew, crime, crisis, crisp, crispy, critic, cross, crucial, crumble, crunch, crust

"cr" represents the /k/ + /r/ sounds

Lè konbinezon lèt "cr" nan yon mo, li reprezante son /k/ + /r/, tankou nan mo <u>concrete</u>.

Word Box	across, ascribe, decrease, discretion, discrimination, hypocrite, increase, microbe, prescription, recreation, secret, secretary, subscription, transcript

✓ **Lekti Evalyasyon**
Devwa: Li fraz yo.

1. I have a craving for candy.
2. The cats ate the bread crumbs.
3. My baby crawls on the carpet.
4. We like to drink cranberry juice.
5. Cindy's ice cream cone is very sweet.

Lesson 3.4
Reading Words with the "cl" and "cle" Letter Combinations

"cl" represents the /k/ + /l/ sounds

Nan konbinezon "cl" lèt la, lèt "c" reprezante son /k/ ak lèt "l" reprezante son /l/, tankou nan mo <u>club</u> la.

Short Vowel Blending Table for the "cl" Letter Combination

/ă/ apple	/ĕ/ egg	/ĭ/ insect	/ŏ/ octopus	/ŭ/ up
cl a p	cl e f	cl i p	cl o p	cl u b
cla p	cle f	cli p	clo p	clu b
clap	clef	clip	clop	club

Long Vowel Blending Table for the "cl" Letter Combination

/ā/ ape	/ē/ eagle	/ī/ ice	/ō/ open	/oō/ glue
cl ai m	cl ea n	cl ie nt	cl o se	cl u e
clai m	clea n	clie nt	clo se	cl ue
claim	clean	client	close	clue

"cle" represents the /k/ + /l/ + /ĕ/ sounds

Lè konbinezon "cle" lèt la nan kòmansman oswa nan yon mo, li reprezante son /k/ + /l/ + /ĕ/, tankou nan mo <u>cleft</u>.

Word Box	cleanliness, cleanse, cleansed, cleanser, cleansing, clef, clemency, clement, clench, cleric, clerical, clever, clevis, inclemency, inclement, inclemently

"cle" represents the /k/ + /l/ + /ē/ sounds

Lè konbinezon "cle" lèt la nan kòmansman oswa nan yon mo, li reprezante son /k/ + /l/ + /ē/, tankou nan mo <u>clean</u>.

Word Box	clean, cleaned, cleaner, cleanest, cleanly, cleans, cleats, cleavage, cleave, cleaver, nuclear, nucleate, nucleic acid, nucleolus, nucleon, nucleus

☞ Eksepsyons: clergy - /k/+/l/+/û/ son; circlet - /k/+/l/+/ĭ/ son; clear - /k/+/l/+/î/ son

"cle" represents the /k/ + /ə/ + /l/ sounds + silent "e"

Lè konbinezon "cle" lèt la nan fen yon mo, li reprezante /k/ + /ə/ + /l/ son + silans "e", tankou nan mo <u>bicycle</u> la. Li enpòtan pou sonje son vwayèl schwa /ə/ antre ant son /k/ ak /l/.

Word Box	article, chronicle, circle, cubicle, cycle, follicle, icicle, miracle, obstacle, pinnacle, particle, spectacle, tabernacle, tentacle, tubercle, uncle, vehicle, ventricle

Learn To Read English With Lessons In Haitian Creole

Lesson 3.5
Reading Words with the "ct" Letter Combination

"ct" represents the /k/ + /t/ sounds

Nan konbinezon lèt "ct" la, lèt "cle" reprezante son /k/ pandan ke lèt "t" ka reprezante son /t/, tankou nan mo <u>fact</u>.

Word Box	actor, adjunct, cactus, compact, conjunct, conflict, conflictive, connect, connective, contact, contract, effective, expect, expectancy, fact, factor, pact

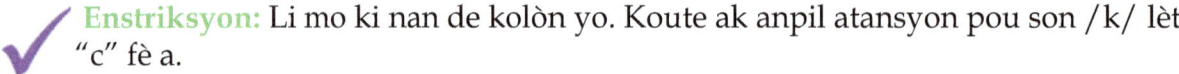

Enstriksyon: Li mo ki nan de kolòn yo. Koute ak anpil atansyon pou son /k/ lèt "c" fè a.

Letter "t" represents /t/ sound	"ct" letter combination represents /k/ + /t/ sounds
pat	compact, impact, pact
fat	fact, factor, factory
jet	object, deject, inject
let	collect, electric, electricity
pet	aspect, inspect, respect
lit	afflict, conflict, inflict

"ct" has a silent "c" + /t/ sound

Nan konbinezon lèt "ct" la, lèt "c" ka an silans pandan ke lèt "t" reprezante son /t/, tankou nan mo <u>indict</u> la.

Word Box	Connecticut, indict, indictable, indicted, indictee, indictment, victual, victuals

"ct" represents the /k/ + /ch/ sounds

Lè konbinezon lèt "ct" la devan vwayèl "u", lèt "c" reprezante son /k/ ak lèt "t" reprezante son /ch/, tankou nan mo <u>picture</u>.

Word Box	actual, actuality, actualize, actuary, actuate, conjectural, conjecture, contractual, effectual, factual, fluctuate, lecture, manufacture, puncture, structure

"ct" represents the /k/ + /sh/ sounds

Lè konbinezon lèt "ction" divize an de silab, lèt "c" reprezante son /k/ ak sifiks "tion" reprezante sons /sh/ + /ə/ + /n/, tankou nan mo <u>action</u>.

Word Box	abstraction, action, conjunction, connection, contraction, diction, dictionary, fraction, induction, intersection, reaction, satisfaction, section, transaction

Lesson 3.6
Reading Soft Letter "c" Words

"c" represents the /sh/ sound

Lè lèt "c" la devan vwayèl "e" oswa "i", li ka reprezante son /sh/, tankou nan mo <u>ocean</u> ak <u>glacier</u>.

"cean" represents the /sh/ + /ə/ + /n/ sounds

Nan konbinezon lèt "cean", lèt "c" reprazante son /sh/, tankou nan mo <u>ocean</u>.

Word Box	caducean, cetacean, crustacean, gallinacean, ocean, oceanic, oceanarium

"cian" represents the /sh/ + /ə/ + /n/ sounds

Nan konbinezon lèt "cian", lèt "c" reprazante son /sh/, tankou nan mo <u>musician</u>.

Word Box	beautician, clinician, cosmetician, dietician, electrician, logician, magician, musician, optician, pediatrician, physician, politician, statistician, technician

"cial" represents the /sh/ + /ə/ + /l/ sounds

Nan konbinezon "cial" lèt la, lèt "c" reprazante son /sh/, tankou nan mo <u>crucial</u> la.

Word Box	artificial, commercial, crucial, crucially, especially, facial, financial, interracial, official, provincial, racial, social, special, specialist, specialization, superficial

"cious" represents the /sh/ + /ə/ + /s/ sounds

Nan konbinezon lèt "cious", lèt "c" reprazante son /sh/, tankou nan mo <u>capricious</u> la.

Word Box	capricious, capriciously, capriciousness, conscious, delicious, ferocious, judicious, precious, spacious, specious, unconscious, unconsciously

"cient" represents the /sh/ + /ə/ + /n/ + /t/ sounds

Nan konbinezon lèt "cient", lèt "c" reprazante son /sh/, tankou nan mo <u>efficient</u>.

Word Box	ancient, ancients, coefficient, deficient, deficiently, efficient, efficiently, insufficient, omniscient, proficient, proficiently, sufficient, sufficiently

☞ Eksepsyons: scientific, scientist – silent "c"

Lesson 3.7

Reading Words with the "ch" Letter Combination

Konbinezon "ch" lèt la pwononse nan kat fason diferan.
- Li reprezante son /ch/, tankou nan mo chicken.
- Li reprezante son /k/, tankou nan mo ache.
- Li reprezante son /sh/, tankou nan mo chef.
- Li reprezante son /k/ + /w/, tankou nan mo choir.
- Pafwa li an silans, tankou nan mo yacht.

"ch" – Pronunciation Table

"ch" - /ch/ chicken	"ch" - /k/ chaos	"ch" - /sh/ chef	"ch" - silent yacht
couch	chasm	brochure	fuchsia
voucher	anchor	chic	yachting
chance	school	Chicago	yachtsman

"ch" represents the /ch/ sound

Konbinezon lèt "ch" anjeneral reprezante son /ch/, tankou nan mo chicken.

Word Box	*"ch" at the beginning of a word* chain, chair, chalk, chance, change, chapter, charge, chart, chatter, cheap, cheat, check, cherry, chess, chest, chicken, child, children, chin, chip, chose, chosen
	"ch" at the end of a word bench, branch, clinch, crunch, each, inch, lunch, peach, pinch, porch, punch

"ch" represents the /k/ sound

Konbinezon "ch" lèt la ka reprezante son /k/, tankou nan mo ache.

Word Box	ache, anchor, chameleon, chaos, character, charisma, chemical, chemist, chemistry, chord, chorus, echo, echogram, orchestra, psych, school, stomach

"ch" represents the /sh/ sound

Konbinezon "ch" lèt la ka reprezante son /sh/, tankou nan mo chef la.

Word Box	brochure, cache, champagne, chef, chic, Chicago, chiffon, chute, crochet, machine, machinery, machines, parachute, parachutes, parachutist, ricochet

"ch" represents the /k/ + /w/ sounds

Konbinezon "ch" lèt la ka reprezante son /k/ + /w/, tankou nan mo choir.

"ch" is silent

Konbinezon "ch" lèt la ka an silans, tankou nan mo yacht ak fuchsia.

Lesson 3.8
Reading Words with the "cc" Letter Combination

"cc" represents the /k/ sound + silent "c"

Lè konbinezon "cc" lèt la ansanm nan yon sèl silab, premye lèt "c" reprezante son /k/ pandan dezyèm lèt "c" an silans, tankou nan mo <u>occupy</u>.

Word Box	acclaim, accommodate, accomplished, account, accountant, accustom, broccoli, hiccup, Morocco, occasion, occur, occurrence, raccoon, soccer, stucco, yucca

"cc" represents the /sh/ sound or /ch/ sound

Lè konbinezon "cc" lèt la ansanm nan yon sèl silab, li ka reprezante son /sh/, tankou nan mo pasticcio oswa son /ch/, tankou nan mo <u>carpaccio</u>.

Word Box	/sh/ sound – pasticcio /ch/ sound – capriccio, carpaccio, fettuccine

"cc" represents the /k/ + /s/ sounds

Lè konbinezon lèt "cc" divize an de silab, premye lèt "c" reprezante son /k/ ak dezyèm lèt "c" reprezante son /s/, tankou nan mo <u>accept</u>.

Word Box	accede, accelerant, accelerate, accelerator, accent, accentuate, accept, acceptable, acceptance, accepted, access, accessible, accessory, accident, accidental, occiput, succeed, successfully, succinct, vaccinate, vaccination

Letter "cc" Parts of Speech Table

Nouns	Verbs	Adjectives
accelerant	accede	acceptable
acceptance	accelerate	accepted
accessory	accept	accessible
broccoli	acclaim	accidental
hiccup	acclimate	accurate
occasion	accommodate	accusative
soccer	accompany	accustomed
success	occupied	occasional
successful	occupy	occipital
succession	occur	successive
successor	succeed	succinct
yucca	succumb	succulent

Lesson 3.9
Reading Words with a Silent Letter "c"

"c" is silent

Lèt "c" la ka an silans, tankou nan mo czar ak Tucson.

"cc" represents the /k/ sound + silent "c"

Lè konbinezon "cc" lèt la ansanm nan yon sèl silab, premye lèt "c" reprezante son /k/ pandan dezyèm lèt "c" an silans, tankou nan mo occupy.

Word Box	acclaim, accommodate, accomplished, account, accountant, accustom, broccoli, hiccup, Morocco, occasion, occur, raccoon, soccer, stucco, yucca

"ck" has a silent "c" + /k/ sound

Nan konbinezon lèt "ck", lèt "c" an silans, tankou nan mo sack.

Word Box	back, black, deck, dock, docket, duck, jack, kick, lack, lock, luck, lucky, neck, pack, padlock, pick, pocket, quick, rack, rock, rocket, rocky, sick, stock, ticket

"ct" has a silent "c" + /t/ sound

Nan konbinezon lèt "ct" la, lèt "c" ka an silans pandan ke lèt "t" reprezante son /t/, tankou nan mo indict.

Word Box	Connecticut, indict, indictable, indicted, indictee, indictment, victual, victuals

"acqu" - "c" is silent

Nan konbinezon "acqu" lèt la, lèt "c" an silans, tankou nan mo acquit la.

Word Box	acquaint, acquaintance, acquiesce, acquiescence, acquire, acquired, acquirement, acquisition, acquisitive, acquit, acquittal, acquitted, acquitting

"sc" represents the /s/ sound + silent "c"

Nan konbinezon "sc" lèt la, lèt "c" ka an silans, tankou nan mo science.

Word Box	ascend, ascendant, ascent, ascertain, fascinate, miscellaneous, obscene, scenario, scene, scenery, scenography, scent, scepter, scientist, sci-fi, scissors

"ch" is silent

"ch" konbinezon lèt la an silans, tankou nan mo fuchsia ak yacht.

"scle" – "c" is silent

Nan konbinezon lèt "scle", lèt "c" an silans, tankou nan mo muscle ak corpuscle.

*The Reading Challenge
Lesson 3.10
Reading Multisyllable Words*

Ou ka li yon mo long lè w divize l an ti pati ki rele silab. Chak silab gen yon son vwayèl epi anjeneral youn oswa plizyè son konsòn.

Three Ways to Divide Words into Syllables

1. Yon silab fèmen fini ak yon konsòn. Lè yon silab fèmen gen yon vwayèl, anjeneral li gen yon vwayèl kout.
   Egzanp: catnap - cat + nap

   Lè yon silab fèmen gen de vwayèl, premye vwayèl la se nòmalman yon vwayèl long pandan dezyèm vwayèl la an silans.
   Egzanp: cleaning - clean + ing

2. Yon silab louvri fini ak yon vwayèl. Vwayèl nan fen silab la se nòmalman yon vwayèl long.
   Egzanp: cement - ce + ment

3. Silab "vwayèl + konsòn + e" se nan fen yon mo. Premye vwayèl nan modèl silab sa a se nòmalman yon vwayèl long pandan y ap "e" final la an silans.
   Egzanp: combine - com + bine

Multisyllable Word Lists

2 syllable words	3 syllable words	4 syllable words
cabin	calendar	calculator
cable	camera	caterpillar
cadet	Canada	cauliflower
camping	capital	celebration
cellar	celebrate	ceremony
chamber	cellular	circulation
changing	cereal	community
chaplain	character	concentration
China	chemical	conceptual
climate	citizen	consequences
cricket	clinical	constellation
concrete	coloring	criminalize
corner	cultivate	criterion
culture	cucumber	custodian
cutting	cylinder	customary

Lesson 3.11
Reading Proper and Common Nouns and Adjectives
Capitalization Rules

Mo yo ekri ak lèt majiskil ak/oswa miniskil. Non pwòp ak adjektif apwopriye kòmanse ak lèt majiskil. Non komen ak adjektif komen kòmanse ak lèt miniskil.

Yon **non pwòp** se yon mo ki nonmen yon moun espesifik, yon kote, yon bagay oswa yon konsèp.

Yon **non komen** se yon mo ki nonmen yon moun jeneral, kote, bagay oswa konsèp.

	Proper Noun	Common Noun
Person	Mr. Carson	commuter
Place	Canada	café
Thing	Cadbury	cabinet
Concept	Christianity	compassion

Yon **adjektif apwopriye** se yon mo ki dekri yon moun espesifik, yon kote, yon bagay oswa yon konsèp.

Yon **adjektif komen** se yon mo ki dekri yon moun jeneral, kote, bagay oswa konsèp.

Proper Adjective:	Common Adjective:
Person: Canadian citizen Thing: Christian music	Person: clever student Thing: clean cabinets

Capitalization Rules

Uppercase Letter – "C"

- Premye lèt yon mo ki kòmanse yon fraz ap ekri majiskil.

- Premye lèt yon mo ki bay non yon moun espesifik, yon kote, yon bagay oswa yon konsèp ekri majiskil.

- Premye lèt tit yon moun nan lèt majiskil.

- Premye lèt chak mo nan yon tit oswa yon sous-tit yo ekri majiskil.

- Kòm yon pwonon, lèt "I" nan lèt majiskil.

✎ Nòt: Lèt miniskil yo jeneralman itilize pou tout lòt mo.

Lowercase Letter – "c"

- Premye lèt yon mo ki pa nonmen yon moun espesifik, yon kote, yon bagay oswa konsèp ekri ak yon lèt miniskil.

- Premye lèt yon mo ki pa kòmanse yon fraz ekri ak yon lèt miniskil.

- Tout lèt ki anndan ak nan fen mo yo ekri ak lèt miniskil.

Lekti Evalyasyon
Devwa: Li fraz yo.

1. Cleveland is not a capital city.
2. The Clement Circus does not have clowns.
3. Chad is a member of the Celtic Football Club.
4. The cougar is commonly known as a catamount.
5. Central America is a subcontinent of the Americas.

The Letter "c" at a Glance

Letter(s)	Sounds	Anchor Words
"c"	/k/	cat
"c"	/s/	city
"c"	/sh/	ocean
"c"	/ch/	cello
"c"	silent "c"	czar
"cc"	silent "c"	occupy
"ck"	silent "c"	back
"ct"	silent "c"	Connecticut
"acqu"	silent "c"	acquit
"sc"	silent "c"	science
"ch"	silent "c"	yacht
"scle"	silent "c"	muscle

Unit D

D/d

Lesson 4.0
Introduction of the Letter D/d

Lèt "d" se yon konsòn. Li se 4yèm lèt nan alfabè Roman lang angle a. Lèt yo ekri kòm lèt majiskil ak miniskil.

	Uppercase Letter	Lowercase Letter
Print	D	d
Cursive	𝒟	𝒹

Lesson 4.1
Reading Words with the Letter D/d

Lèt "d" pwononse nan twa fason diferan.
- Li reprezante son /d/, tankou nan mo <u>dog</u>.
- Li reprezante son /j/, tankou nan mo <u>schedule</u>.
- Li reprezante son /t/, tankou nan mo <u>walked</u>.
- Pafwa li an silans, tankou nan mo <u>judge</u> la.

High Frequency, One Syllable Letter "d" Words
dad, dance, dark, date, day, dear, deck, deep, deer, den, dent, desk, did, dip, dish, disk, do, does, dog, doll, done, dot, dove, down, drag, dream, dress, drink, drive, drop, drum, dry, duck

Nan kòmansman an, nan ak nan fen yon mo, lèt "d" reprezante son /d/, tankou nan mo <u>dog</u>, <u>adapt</u> ak <u>bed</u>.

Beginning	Within	End
/d/	/d/	/d/
dog	adapt	bed
dish	order	bend
duck	medal	card
dance	model	sand
dream	wedding	seed

Learn To Read English With Lessons In Haitian Creole

✤ *Reading Words with the Letter D/d*

Short Vowel Blending Table for the Letter D/d

/ă/ apple	/ĕ/ egg	/ĭ/ insect	/ŏ/ octopus	/ŭ/ up
d a d	d e ck	d i g	d o t	d u g
da d	de ck	di g	do t	du g
dad	deck	dig	dot	dug

Long Vowel Blending Table for the Letter D/d

/ā/ ape	/ē/ eagle	/ī/ ice	/ō/ open	/o͞o/ glue
d a y	d ee p	d i m e	d o m e	d u n e
da y	dee p	di me	do me	du ne
day	deep	dime	dome	dune

"d" represents the /d/ sound

Lèt "d" anjeneral reprezante son /d/, tankou nan mo <u>dog</u>.

Word Box	dad, daily, damp, dance, dark, dash, date, dawn, day, dear, deep, deer, den, dent, desk, did, dig, dill, dime, dirt, disk, dock, doll, door, down, dump, dusk

Lekti Evalyasyon
Devwa: Li fraz yo.

1. The ditch is deep and dark.
2. The driver drove to Denmark.
3. Donna ate a donut for dessert.
4. David drew doves, dogs and ducks.
5. After dinner, Dan drove to the store.

Letter "d" Parts of Speech Table

Nouns	Verbs	Adjectives
daffodil	dabble	daffy
deacon	daring	daily
decimal	dealing	dainty
detergent	debate	damp
directory	decay	degenerate
domino	decided	different
dragon	decorate	discrete
drifter	driving	dressy

Lesson 4.2
Reading Letter "d" Words with the /d/ Sound and /j/ Sound

"d" represents the /j/ sound

Lèt "d" a ka reprezante son /j/, tankou nan mo cordially.

Word Box	cordial, cordiality, educate, education, gradually, graduation, grandeur, modulation, modulator, pendulous, procedure, soldier, undulant, undulation

"du" - "d" represents the /d/ sound or /j/ sound

Nan konbinezon lèt "du", lèt "d" ka reprezante son /d/, tankou nan mo kanna oswa son /j/, tankou nan mo schedule.

"du" "d" represents the /d/ sound	"du" "d" represents the /j/ sound
dump	educate
duct	gradual
dug	undulate

Lè konbinezon "du" lèt la nan kòmansman yon mo oswa yon silab, lèt "d" anjeneral reprezante son /d/, tankou nan mo duck.

Word Box	"du" at the beginning of a word dual, due, dug, duke, dull, duly, dump, dunk, duplex, during, dusk, dust, duty "du" within a word adult, conduct, conduit, deduct, induce, induct, indulge, kudu, product, reduce

Lè konbinezon lèt "du" nan yon mo, lèt "d" ka reprezante son /j/, tankou nan mo schedule.

Word Box	educable, educated, education, educative, glandular, graduate, individual, modulate, module, nodule, pendular, pendulum, procedure, verdure

"dure" - "d" represents the /d/ sound or /j/ sound

Nan konbinezon lèt "dure", lèt "d" ka reprezante son /d/, tankou nan mo endure oswa son /j/, tankou nan mo procedure.

"dure" "d" represents the /d/ sound	"dure" "d" represents the /j/ sound
duress	verdure
endure	procedure

Lesson 4.3
Reading Words with the "ed" Suffix/ Past Tense Verbs

"ed" represents the short vowel /ĭ/ + /d/ sounds

Lè yo ajoute sifiks "ed" nan yon vèb ki fini ak son /d/ oswa /t/, li reprezante son vwayèl kout /ĭ/ + /d/.

Word Box	attended, blended, confounded, connected, decided, departed, ended, exploded, halted, handed, intended, knitted, landed, melted, nested, nodded

"ed" has a silent "e" + /d/ sound

Lè yo ajoute sifiks "ed" nan yon vèb ki fini ak /b/, /g/, /ī/, /j/, /l/, /m/, /n/, /ng/ oswa /ō/., li gen yon silans "e" + /d/ son. Règ sa a aplike tou pou son sa yo: /ou/, /r/, /v/ ak /z/.

Word Box		
	/b/:	absorbed, ascribed, described, disturbed, grabbed, robbed, robed, stubbed
	/g/:	begged, bragged, bugged, clogged, defogged, hugged, nagged, tugged
	/ī/:	amplified, cried, denied, fried, glorified, multiplied, notified, tied, tried
	/j/:	dodged, encouraged, exchanged, judged, merged, paged, purged, staged
	/l/:	assembled, called, chilled, circled, drilled, filed, filled, settled, stilled
	/m/:	alarmed, blamed, combed, entombed, framed, named, numbed, tamed
	/n/:	abandoned, attained, cleaned, declined, defined, earned, fanned, gained
	/ng/:	banged, belonged, challenged, changed, clanged, hanged, prolonged
	/ō/:	bestowed, flowed, mowed, rowed, shadowed, sowed, snowed, towed
	/ou/:	allowed, avowed, bowed, endowed, meowed, plowed, vowed, wowed
	/r/:	acquired, allured, answered, cared, delivered, hammered, purred, tired
	/v/:	achieved, arrived, loved, perceived, relieved, saved, served, shelved
	/z/:	actualized, agonized, amazed, burglarized, criticized, gazed, raised

"ed" has a silent "e" + /t/ sound

Lè yo ajoute sifiks "ed" a nan yon vèb ki fini ak /ch/, /f/, /k/, /k/+/s/, /p/, /s/ oswa /sh/ son, li gen yon "e" an silans + /t/ son.

Word Box		
	/ch/:	approached, attached, launched, matched, pinched, reached, watched
	/f/:	bluffed, coughed, fluffed, huffed, laughed, sniffed, staffed, surfed
	/k/:	asked, baked, blocked, checked, cooked, kicked, liked, picked, ticked
	/k/+/s/	axed, deflexed, fixed, inflexed, mixed, relaxed, remixed, taxed, vexed
	/p/:	beeped, capped, cropped, dropped, equipped, hopped, mapped
	/s/:	advised, advanced, bused, dressed, exercised, faced, glimpsed
	/sh/:	accomplished, crashed, dashed, finished, mashed, polished, washed

Lesson 4.4
Reading Words with a Silent Letter "d"

"d" is silent

Lèt "d" la ka an silans, tankou nan mo <u>handsome</u>.

Word Box	handkerchief, han<u>d</u>some, We<u>d</u>nesday, Windsor

"dge" - "d" is silent

Nan konbinezon lèt "dge", lèt "d" an silans, tankou nan mo <u>judge</u>.

Word Box	acknowledge, badge, bridge, cartridge, dislodge, dodge, drawbridge, drudge, edge, fledge, fridge, fudge, hedge, judge, knowledge, ledge, lodge, misjudge, nudge, nudged, porridge, ridge, sedge, sledge, wedge

"adj" - "d" is silent

Nan konbinezon lèt "adj", lèt "d" an silans, tankou nan mo <u>adjust</u>.

Word Box	adjacent, adjacency, adjective, adjectives, adjoin, adjourn, adjournment, adjudge, adjudicate, adjunct, adjunctive, adjuration, adjure, adjured, adjuring, adjust, adjusted, adjusting, adjustment, adjustments, adjusts, adjutancy

✤ *Reading Words with the "dd" Letter Combination*

"dd" represents the /d/ sound + silent "d"

Lè konbinezon "dd" lèt la ansanm nan yon sèl silab, premye lèt "d" reprezante son /d/ pandan dezyèm lèt "d" an silans, tankou nan mo <u>add</u>.

Word Box	add, adds, addend, addendum, adder, addict, addiction, addition, address, adduce, backslidden, bidding, bladder, bobsledding, buddy, cuddle, downtrodden, fiddle, forbidden, hidden, huddle, griddle, ladder, meddle, muddle, nodding, oddball, oddly, odds, paddock, paddle, pudding, puddle, riddle, saddle, shredding, sudden, swaddle, toddler, trodden, wedding

"dd" represents the /d/ + /d/ sounds

Lè konbinezon lèt "dd" divize an de silab, premye lèt "d" reprezante son /d/ ak dezyèm lèt "d" reprezante tou son /d/, tankou nan mo <u>granddad</u>.

Word Box	granddad, granddaughter, headdress, midday

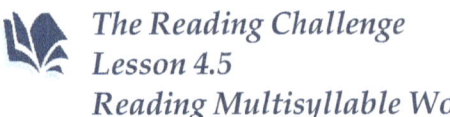

The Reading Challenge
Lesson 4.5
Reading Multisyllable Words

Ou ka li yon mo long lè w divize l an ti pati ki rele silab. Chak silab gen yon son vwayèl epi anjeneral youn oswa plizyè son konsòn.

Three Ways to Divide Words into Syllables

1. Yon silab fèmen fini ak yon konsòn. Lè yon silab fèmen gen yon vwayèl, anjeneral li gen yon vwayèl kout.
   Egzanp: discuss - dis + cuss

   Lè yon silab fèmen gen de vwayèl, premye vwayèl la se nòmalman yon vwayèl long pandan dezyèm vwayèl la an silans.
   Egzanp: deeply - deep + ly

2. Yon silab louvri fini ak yon vwayèl. Vwayèl nan fen silab la se nòmalman yon vwayèl long.
   Egzanp: debug - de + bug

3. Silab "vwayèl + konsòn + e" se nan fen yon mo. Premye vwayèl nan modèl silab sa a se nòmalman yon vwayèl long pandan y ap "e" final la an silans.
   Egzanp: debate - de + bate

Multisyllable Word Lists

2 syllable words	3 syllable words	4 syllable words
daisy	dangerous	declaration
damage	decimal	dedication
damper	demanding	delivery
dancing	dentistry	democracy
danger	diamond	denotation
debate	diminish	destination
decal	diploma	development
dreaming	disconnect	dictionary
dressy	donations	discovery
drinking	downwardly	disposable
drying	dreadfulness	disappointment
dual	duplicate	diversity
dumping	dynamic	dormitory
dwelling	dynasty	duplicity

Lesson 4.6
Reading Proper and Common Nouns and Adjectives
Capitalization Rules

Mo yo ekri ak lèt majiskil ak/oswa miniskil. Non pwòp ak adjektif apwopriye kòmanse ak lèt majiskil. Non komen ak adjektif komen kòmanse ak lèt miniskil.

Yon **non pwòp** se yon mo ki nonmen yon moun espesifik, yon kote, yon bagay oswa yon konsèp.

Yon **non komen** se yon mo ki nonmen yon moun jeneral, kote, bagay oswa konsèp.

	Proper Noun	Common Noun
Person	Dad (when used as a name)	dad (not when used as a name)
Place	Denmark	dorm
Thing	Danish	diamond
Concept		determination

Yon **adjektif apwopriye** se yon mo ki dekri yon moun espesifik, yon kote, yon bagay oswa yon konsèp.

Yon **adjektif komen** se yon mo ki dekri yon moun jeneral, kote, bagay oswa konsèp.

Proper Adjective:	Common Adjective:
Person: Danish citizens	Person: delightful children
Thing: Dutch language	Thing: delicious donuts

Capitalization Rules

Uppercase Letter – "D"

- Premye lèt yon mo ki kòmanse yon fraz ap ekri majiskil.

- Premye lèt yon mo ki bay non yon moun espesifik, yon kote, yon bagay oswa yon konsèp ekri majiskil.

- Premye lèt tit yon moun nan lèt majiskil.

- Premye lèt chak mo nan yon tit oswa yon sous-tit yo ekri majiskil.

- Kòm yon pwonon, lèt "I" nan lèt majiskil.

✎ Nòt: Lèt miniskil yo jeneralman itilize pou tout lòt mo.

Lowercase Letter – "d"

- Premye lèt yon mo ki pa nonmen yon moun espesifik, yon kote, yon bagay oswa konsèp ekri ak yon lèt miniskil.

- Premye lèt yon mo ki pa kòmanse yon fraz ekri ak yon lèt miniskil.

- Tout lèt ki anndan ak nan fen mo yo ekri ak lèt miniskil.

Lekti Evalyasyon
Devwa: Li fraz yo.

1. My duplex is next to Denny's Diner.
2. Last December, I drove to Delaware.
3. The diagram was drawn by the doctor.
4. Dr. Dan Douglas has a degree in dentistry.
5. Dr. Dennis lives in Copenhagen, Denmark.

The Letter "d" at a Glance

Letter	Sounds	Anchor Words
"d"	/d/	dog
"d"	/j/	schedule
"d"	/t/	walked
"d"	silent "d"	judge

Unit D
Lesson 4.6

E/e

Lesson 5.0
Introduction of the Letter E/e

Lèt "e" a se yon vwayèl. Li se 5yèm lèt nan alfabè roman lang angle a. Lèt yo ekri kòm lèt majiskil ak miniskil.

	Uppercase Letter	Lowercase Letter
Print	E	e
Cursive	$\mathcal{E}$	e

Lesson 5.1
Reading Words with the Letter E/e

Lèt "e" a pwononse nan katòz fason diferan.
- Li reprezante son vwayèl kout /ĕ/, tankou nan mo egg.
- Li reprezante son vwayèl long /ē/, tankou nan mo me.
- Li reprezante son vwayèl schwa /ə/, tankou nan mo item.
- Li reprezante son vwayèl long /ā/, tankou nan mo beta.
- Li reprezante son vwayèl kout /ĭ/, tankou nan mo pretty.
- Li reprezante son vwayèl long /yo͞o/, tankou nan mo few.
- Li reprezante son vwayèl /û/, tankou nan mo diversion.
- Li reprezante son vwayèl /o͞o/, tankou nan mo screw.
- Li reprezante son vwayèl /ä/, tankou nan mo genre.
- Li reprezante son vwayèl /î/, tankou nan mo peer.
- Li reprezante son vwayèl /â/, tankou nan mo where.
- Li reprezante son vwayèl long /ō/, tankou nan mo sew.
- Li reprezante sons vwayèl /y/+/ĕ/, tankou nan mo vignette.
- Li reprezante son vwayèl kout /ŏ/, tankou nan mo ensemble.
- Pafwa li an silans, tankou nan mo great.

High Frequency, One Syllable Letter "e" Words
Short vowel words: bed, bent, bet, den, egg, fed, fence, gem, get, hen, jet, leg, let, men, met, neck, pen, red, rent, set, ten, vet, yet, wet
Long vowel words: beat, bee, beef, cheese, deal, deep, each, east, eat, fee, feel, feet, free, green, keep, leaf, sea, see, street, tea, these, wheat

Learn To Read English With Lessons In Haitian Creole

Lesson 5.2
Reading Words with the Short Vowel "e" Sound

"e" represents the short vowel /ĕ/ sound

Nan kòmansman yon mo, lèt "e" anjeneral reprezante son vwayèl kout /ĕ/, tankou nan mo egg.

Lè yon konsòn vini anvan ak apre lèt "e", anjeneral li reprezante son vwayèl kout /ĕ/, tankou nan mo bed ak press.

Beginning	Within	End
/ĕ/	/ĕ/	/ĕ/
egg	bed	

✎ Remak: Nan fen yon mo, lèt "e" a pa reprezante son vwayèl kout /ĕ/.

✤ **Short Vowel "e" Word Families**

"eck" - "e" represents the short vowel /ĕ/ sound

Vwayèl "e" nan fanmi mo "eck" reprezante son vwayèl kout /ĕ/, tankou nan mo neck.

Word Box	beck, check, deck, neck, peck, speck, wreck
	Multisyllable Words: paycheck, shipwreck, turtleneck

"ed" - "e" represents the short vowel /ĕ/ sound

Vwayèl "e" nan fanmi mo "ed" reprezante son vwayèl kout /ĕ/, tankou nan mo wed.

Word Box	bed, bled, bred, fed, fled, Fred, led, red, sled, sped, Ted, wed

Word Box	bedlam, bedroom, educate, educating, federal, federate, federation, ledge, medical, pedal, peddle, pedicure, redwood, sediment, sledding, wedding

fed
⇩
federal
⇩
federalist

"edge" - "e" represents the short vowel /ĕ/ sound

Premye vwayèl "e" nan fanmi mo "edge" reprezante son vwayèl kout /ĕ/, tankou nan mo <u>ledge</u>.

Word Box	dredge, edge, fledge, hedge, ledge, pledge, sedge, sledge, wedge

"eg" - "e" represents the short vowel /ĕ/ sound

Vwayèl "e" nan fanmi mo "eg" reprezante son vwayèl kout /ĕ/, tankou nan mo <u>nutmeg</u>.

Word Box	beg, keg, leg, Meg, peg

Word Box	legacy, legend, legging, leghorn, legible, legislate, legwork, mega, megabit, pregnancy, pregnant, regimen, register, regular, segment, segregate, segue

"ell" - "e" represents the short vowel /ĕ/ sound

Vwayèl "e" nan fanmi mo "ell" reprezante son vwayèl kout /ĕ/, tankou nan mo <u>cell</u>.

Word Box	bell, cell, dell, dwell, fell, sell, shell, smell, spell, swell, tell, well, yell *Multisyllable Words:* doorbell, eggshell, farewell, foretell, indwell, inkwell, misspell, nutshell, retell, seashell, stairwell

"elt" - "e" represents the short vowel /ĕ/ sound

Vwayèl "e" nan fanmi mo "elt" reprezante son vwayèl kout /ĕ/, tankou nan mo <u>melt</u>.

Word Box	belt, Celt, dwelt, felt, knelt, melt, pelt *Multisyllable Words:* heartfelt, indwelt, Roosevelt, snowmelt, Sunbelt

"em" - "e" represents the short vowel /ĕ/ sound

Vwayèl "e" nan fanmi mo "em" reprezante son vwayèl kout /ĕ/, tankou nan mo <u>hem</u>.

Word Box	gem, hem, stem, them

"en" - "e" represents the short vowel /ĕ/ sound

Vwayèl "e" nan fanmi mo "en" reprezante son vwayèl kout /ĕ/, tankou nan mo <u>men</u>.

Word Box	Ben, den, hen, Ken, men, pen, ten, then, when, wren, yen

"end" - "e" represents the short vowel /ĕ/ sound

Vwayèl "e" nan fanmi mo "end" reprezante son vwayèl kout /ĕ/, tankou nan mo <u>lend</u> la.

Word Box	bend, blend, end, fend, lend, mend, rend, send, spend, tend, trend, wend
	Multisyllable Words:
	amend, append, attend, commend, comprehend, depend, expend, extend, intend, offend, pretend, recommend, stipend, subtend, suspend

Reading Multisyllable Words

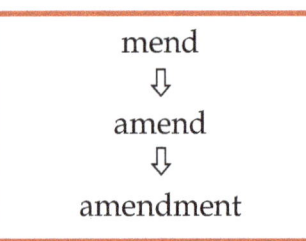
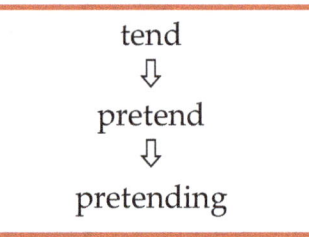

"ent" - "e" represents the short vowel /ĕ/ sound

Vwayèl "e" nan fanmi mo "ent" reprezante son vwayèl kout /ĕ/, tankou nan mo <u>dent</u> la.

Word Box	bent, Brent, cent, dent, lent, pent, rent, scent, sent, spent, tent, vent, went
	Multisyllable Words:
	accident, agent, cement, comment, consent, content, event, indent, invent, prevent, recent, relent, repent, resent

Reading Multisyllable Words

govern ⇩ government ⇩ governmental

depart ⇩ department ⇩ departmental

"esh" - "e" represents the short vowel /ĕ/ sound

Vwayèl "e" nan fanmi mo "esh" reprezante son vwayèl kout /ĕ/, tankou nan mo <u>refresh</u>.

Word Box	flesh, fresh, mesh, thresh

"ess" - "e" represents the short vowel /ĕ/ sound

Vwayèl "e" nan fanmi mo "ess" ka reprezante son vwayèl kout /ĕ/, tankou nan mo <u>mess</u>.

Word Box	Bess, bless, chess, cress, dress, fess, guess, Jess, less, mess, press, stress, Tess access, address, compress, depress, excess, nevertheless, success, oppress

"ess" - "e" represents the short vowel /ĭ/ sound

Vwayèl "e" nan fanmi mo "ess" ka reprezante son vwayèl kout /ĭ/, tankou nan mo <u>endless</u>.

Word Box	actress, brightness, congress, endless, eyewitness, faceless, fadeless, fitness, mattress, regardless, seamstress, speechless, weightless, wilderness, witness

Reading Multisyllable Words

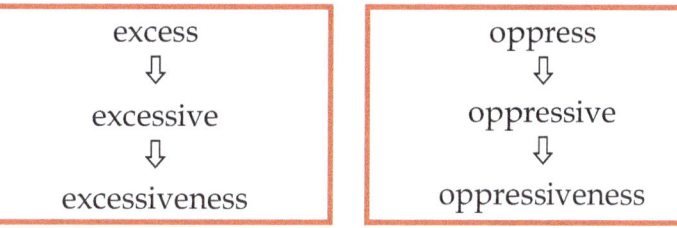

excess ⇩ excessive ⇩ excessiveness

oppress ⇩ oppressive ⇩ oppressiveness

"est" - "e" represents the short vowel /ĕ/ sound

Vwayèl "e" nan fanmi mo "est" reprezante son vwayèl kout /ĕ/, tankou nan mo <u>rest</u>.

Word Box	best, chest, crest, jest, nest, pest, quest, rest, test, vest, west, zest

Reading Multisyllable Words

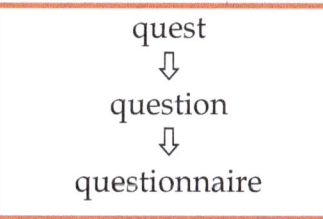 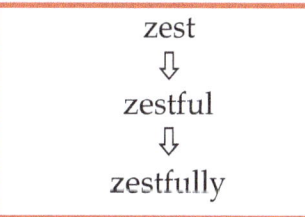

quest ⇩ question ⇩ questionnaire

zest ⇩ zestful ⇩ zestfully

✤ Reading Words with the "et" Letter Combination

Nan konbinezon lèt "et", lèt "e" pwononse nan twa fason diferan.
- Li reprezante son vwayèl kout /ĕ/, tankou nan mo set.
- Li reprezante son vwayèl kout /ĭ/, tankou nan mo ticket la.
- Li reprezante son vwayèl long /ā/, tankou nan mo buffet la.

"et" represents the short vowel /ĕ/ + /t/ sounds

Lè konbinezon "et" lèt la nan fen yon mo yon sèl silab, lèt "e" reprezante son vwayèl kout /ĕ/ ak lèt "t" reprezante son /t/, tankou nan mo set.

Word Box	bet, get, jet, let, met, net, pet, set, vet, wet, yet

"et" represents the short vowel /ĭ/ + /t/ sounds

Lè konbinezon "et" lèt la nan fen yon mo miltisilab, lèt "e" ka reprezante son vwayèl kout /ĭ/ ak lèt "t" reprezante son /t/, tankou nan mo ticket.

Word Box	anklet, basket, blanket, booklet, bucket, bullet, cabinet, carpet, casket, closet, couplet, covet, cricket, docket, doublet, driblet, droplet, facet, fidget, goblet, market, nugget, planet, pocket, secret, thicket, trumpet, velvet, violet

"et" represents the long vowel /ā/ sound + silent "t"

Lè konbinezon "et" lèt la nan fen yon mo miltisilab, lèt "e" ka reprezante son vwayèl long /ā/ pandan lèt "t" an silans, tankou nan mo buffet.

Word Box	ballet, buffet, cachet, crochet, filet, gourmet, sorbet, valet

"et" represents the long vowel /ā/ + /t/ sounds

Lè konbinezon lèt "et" nan yon mo, lèt "e" ka reprezante vwayèl long /ā/ son an epi lèt "t" reprezante son /t/, tankou nan mo beta ak betatron.

Lekti Evalyasyon
Devwa: Li fraz yo.

1. I have a ticket to the ballet.
2. The crickets are in the bucket.
3. The five-page booklet has crochet tips.
4. The vet tells Shelly how to care for her pets.
5. Brett read a dynamic account of Harriet Tubman.

Lesson 5.3
Reading Words with the Long Vowel "e" Sound

"e" represents the long vowel /ē/ sound

Lèt "e" a ka reprezante son vwayèl long /ē/, tankou nan mo eat. Yon vwayèl long pwononse pa non lèt li a.

Beginning	Within	End
/ē/	/ē/	/ē/
eat	cheap	bee

✤ "e" + consonant + silent "e" word families

Son vwayèl long /ē/ gen kat varyasyon modèl: VCe, CVCe, CCVCe ak CCCVCe. Modèl CVCe a se nan fen anpil mo vwayèl long.

"vowel + consonant + silent e" patterns	Target Words
VCe	Eve
CVCe	Pete
CCVCe	theme
CCCVCe	scheme

"ede" - "e" represents the long vowel /ē/ sound

Lè modèl "e" + konsòn + "e" se nan fen yon mo, premye vwayèl "e" anjeneral reprezante son vwayèl long /ē/, konsòn nan reprezante son li pandan vwayèl final la "e" an silans, tankou nan mo Swede la.

Word Box	Bede, cede, Mede, Swede
	Multisyllable Words: accede, centipede, concede, impede, intercede, millipede, precede, recede, secede, stampede, supersede

"eme" - "e" represents the long vowel /ē/ sound

Lè modèl "e" + konsòn + "e" se nan fen yon mo, premye vwayèl "e" anjeneral reprezante son vwayèl long /ē/, konsòn nan reprezante son li pandan vwayèl final la "e" an silans, tankou nan mo supreme la.

Word Box	scheme, theme
	Multisyllable Words: academe, blaspheme, extreme, morpheme, phoneme, supreme

"ene" - "e" represents the long vowel /ē/ sound

Lè modèl "e" + konsòn + "e" se nan fen yon mo, premye vwayèl "e" anjeneral reprezante son vwayèl long /ē/, konsòn nan reprezante son li pandan vwayèl final la "e" an silans, tankou nan mo <u>scene</u> ak <u>gene</u>.

Word Box	*Multisyllable Words:* benzene, carotene, convene, ethylene, gangrene, intervene, Irene, kerosene, obscene, reconvene, Pentene, scalene, serene, supervene

"ese" - "e" represents the long vowel /ē/ sound

Lè modèl "e" + konsòn + "e" se nan fen yon mo, premye vwayèl "e" anjeneral reprezante son vwayèl long /ē/, konsòn nan reprezante son li pandan vwayèl final la "e" an silans, tankou nan mo <u>cheese</u> ak <u>these</u>.

Word Box	*Multisyllable Words:* Bengalese, Bhutanese, Burmese, Cantonese, Chinese, Congolese, diocese, Guyanese, Japanese, Lebanese, legalese, Maltese, manganese, Nepalese, obese, Portuguese, Senegalese, Sinhalese, Siamese, Sudanese, Taiwanese, Togolese, Vietnamese

"ete" - "e" represents the long vowel /ē/ sound

Lè modèl "e" + konsòn + "e" se nan fen yon mo, premye vwayèl "e" anjeneral reprezante son vwayèl long /ē/, konsòn nan reprezante son li pandan vwayèl final la "e" an silans, tankou nan mo <u>Pete</u> la.

Word Box	*Multisyllable Words:* athlete, compete, complete, concrete, delete, deplete, discrete, excrete, incomplete, obsolete, replete, secrete

Bonus Lesson
Reading Words with the "age" Letter Combination

Lè konbinezon "age" lèt la nan kòmansman yon mo, lèt "e" a pa an silans.

Nan konbinezon lèt "age", lèt "e" pwononse nan twa fason diferan.
- Li reprezante son vwayèl kout /ĭ/, tankou nan mo <u>aged</u> la.
- Li reprezante son vwayèl schwa /ə/, tankou nan mo <u>agent</u> la.
- Li reprezante son vwayèl kout /ĕ/, tankou nan mo <u>agenda</u>.

"age" letter combination	Sounds
aged, agedly	/ā/ + /j/ + /ĭ/ sounds
agency, agent	/ā/ + /j/ + /ə/ sounds
agenda, agendas	/ə/ + /j/ + /ĕ/ sounds

Lesson 5.4
Reading Words with Letter "e" Vowel Pairs

Lè de vwayèl yo ansanm nan yon silab oswa yon mo, premye vwayèl la anjeneral reprezante son vwayèl long pandan y ap dezyèm vwayèl la an silans.

"ea" represents the long vowel /ē/ sound + silent "a"

Lè konbinezon vwayèl "ea" ansanm nan yon mo oswa yon silab, lèt "e" anjeneral reprezante son vwayèl long /ē/ pandan ke lèt "a" an silans, tankou nan mo eat.

Word Box	bead, beat, cease, cheap, cheat, cream, deal, dream, each, east, eat, feast, grease, heal, heap, heat, heave, leach, lead, league, leaf, leak, lean, leap, least, leave, mean, meat, neat, read, sea, seal, seat, tea, teach, treat, zeal
	Multisyllable Words: beacon, creamer, decrease, defeat, disease, easy, feature, increase, leader, leaving, peacock, peanut, repeat, reason, revealing, season, speaker, teachers

"ea" represents the short vowel /ĕ/ sound + silent "a"

Lè konbinezon vwayèl "ea" ansanm nan yon mo oswa yon silab, lèt "e" ka reprezante son vwayèl kout /ĕ/ pandan lèt "a" an silans, tankou nan mo head.

Word Box	bread, feather, head, header, health, healthy, heavier, heavy, instead, leather, meant, read, ready, spread, spreading, sweater, thread, wealth, wealthy

"ea" has a silent "e" + long vowel /ā/ sound

Lè konbinezon vwayèl "ea" a ansanm nan yon mo oswa yon silab, lèt "e" a ka rete an silans pandan ke lèt "a" reprezante son vwayèl long /ā/, tankou nan mo break ak great.

"ee" represents the long vowel /ē/ sound + silent "e"

Lè konbinezon vwayèl "ee" ansanm nan yon mo oswa yon silab, premye lèt "e" anjeneral reprezante son vwayèl long /ē/ pandan dezyèm lèt "e" an silans, tankou nan mo feet.

Word Box	bee, breed, cheese, creep, deed, deem, deep, fee, feed, feel, feet, flee, fleet, free, greed, Greek, green, greet, heel, jeep, keep, keen, Lee, meet, need, peep, queen, reef, reel, screen, see, seed, seek, seem, seen, sheep, sheet, sleep, sleeps, speed, spleen, squeeze, steel, street, sweet, tee, three, tree, wheel
	Multisyllable Words: agree, between, coffee, esteem, freedom, freely, needle, proceed, redeem, referee, refugee, seeing, seeking, sleepy, speeding, succeed, teenager, toffee

✤ *Reading Words with Letter "ei" Vowel Pair*

"ei" represents the long vowel /ē/ sound + silent "i"

Lè konbinezon vwayèl "ei" ansanm nan yon mo oswa yon silab, lèt "e" ka reprezante son vwayèl long /ē/ pandan lèt "i" an silans, tankou nan mo ceiling.

Word Box	caffeine, ceiling, conceive, deceit, deceitful, deceive, deceiving, either, leisure, leisurely, neither, perceive, protein, receive, receiving, seize, seizure

"ei" has a silent "e" + long vowel /ā/ sound

Lè konbinezon vwayèl "ei" ansanm nan yon mo oswa yon silab, li ka reprezante son vwayèl long /ā/, tankou nan mo eight.

Word Box	beige, Beijing, Beirut, deign, eighteen, eighty, freight, freighter, neighbor, reign, reindeer, surveillance, veil, vein, weigh, weight, weighty, unveil

"ei" has a silent "e" + long vowel /ī/ sound

Lè konbinezon vwayèl "ei" ansanm nan yon mo oswa yon silab, lèt "e" a ka rete an silans pandan ke lèt "i" reprezante son vwayèl long /ī/, tankou nan mo height ak heighten.

✤ *Reading Words with Letter "eo" Vowel Pair*

"eo" represents the long vowel /ē/ sound + silent "o"

Lè konbinezon vwayèl "eo" ansanm nan yon mo oswa yon silab, lèt "e" ka reprezante son vwayèl long /ē/ pandan ke lèt "o" an silans, tankou nan mo people.

"eo" represents the short vowel /ĕ/ sound + silent "o"

Lè konbinezon vwayèl "eo" ansanm nan yon mo oswa yon silab, lèt "e" ka reprezante son vwayèl kout /ĕ/ pandan ke lèt "o" an silans, tankou nan mo jeopardize ak jeopardy.

"eo" represents the long vowel /ē/ + /ō/ sounds

Lè konbinezon vwayèl "eo" divize an de silab, lèt "e" ka reprezante son vwayèl long /ē/ ak lèt "o" reprezante son vwayèl long /ō/, tankou nan mo stereo ak video.

✤ *Reading Words with Letter "ie" Vowel Pair*

"ie" has a silent "i" + long vowel /ē/ sound

Lè konbinezon vwayèl "ie" ansanm nan yon mo oswa yon silab, li ka reprezante son vwayèl long /ē/, tankou nan mo cookies.

Word Box	babies, belief, believe, believing, berries, besiege, brief, brownie, chief, cities, outfield, parties, pennies, relief, siege, shield, shielding, thief, yielding

Lesson 5.5
Reading Words with the Final Letter "e"

"e" represents the long vowel /ē/ sound

Lè lèt "e" nan fen yon mo, li ka reprezante son vwayèl long /ē/, tankou nan mo me.

Word Box	acne, be, he, me, she, we

"e" represents the schwa vowel /ə/ sound

Lè lèt "e" nan fen yon mo, li ka reprezante son vwayèl schwa /ə/, tankou nan mo genre ak the.

"e" represents the long vowel /ē/ sound

Lè lèt "e" nan fen premye silab la, li ka reprezante son vwayèl long /ē/, tankou nan mo hero.

Word Box	debar, decaffeinated, decelerate, department, detox, detrain, devitalize, preamble, preapproved, precept, precinct, preempt, preexist, prefix, react, reactor, reassure, rebate, rebirth, rebound, recap, region, secret, zero

"e" represents the short vowel /ĭ/ sound

Lè lèt "e" nan fen premye silab la, li ka reprezante son vwayèl kout /ĭ/, tankou nan mo become.

Word Box	became, becloud, becoming, before, began, begin, behind, below, cement, depend, devise, devoted, prefer, prepare, prescribe, rebel, rebuff, rebuke, recalling, recant, records, recover, recruiting, refer, refresh, reverse, secure

"e" is silent

Lè "vwayèl + konsòn + e" modèl la nan fen yon mo, vwayèl final "e" an silans, tankou nan mo cake.

Word Box	ate, bone, brake, fine, have, hide, mice, note, pane, pine, pipe, plane, rate, rice, ripe, robe, rope, sale, site, slide, slope, snake, state, stone, there, tone, twice, use

Silent Letter "e" Cards

"ake"	"ete"	"ice"	"ope"	"ute"
make	complete	nice	hope	chute
rake	concrete	price	rope	flute
take	delete	slice	slope	mute

Lesson 5.6
Reading Letter "e" Words with the Schwa Vowel Sound

"e" represents the schwa vowel /ə/ sound

Vwayèl "e" a ka reprezante son vwayèl schwa /ə/, tankou nan mo <u>i**e**tem</u>. Vwayèl schwa a son tankou vwayèl kout/ŭ/ + /h/.

Schwa it!

Beginning	Within	End
/ə/	/ə/	/ə/
	item	the

Word Box	*Letter "e" within a word* ben*e*fit, calendar, cel*e*brate, cinema, elephant, enemy, peninsula, tel*e*phone *Final letter "e"* the, genre

"em" – "e" represents the schwa vowel /ə/ sound

Nan fen yon mo miltisilab, vwayèl "e" nan fanmi mo "em" ka reprezante son vwayèl schwa /ə/, tankou nan mo <u>system</u>.

Word Box	anthem, Bethlehem, diadem, ecosystem, emblem, Harlem, item, mayhem, modem, poem, problem, system, tandem, theorem, totem

"en" – "e" represents the schwa vowel /ə/ sound

Nan fen yon mo miltisilab, vwayèl "e" nan fanmi mo "en" ka reprezante son vwayèl schwa /ə/, tankou nan mo <u>chicken</u>.

Word Box	blacken, broken, children, chicken, chosen, dozen, estrogen, fasten, forgiven, happen, hydrogen, ibuprofen, mistaken, nitrogen, proven, quicken

"el" – "e" represents the schwa vowel /ə/ sound

Nan fen yon mo miltisilab, vwayèl "e" nan fanmi mo "el" ka reprezante son vwayèl schwa /ə/, tankou nan mo <u>bagel</u>.

Word Box	angel, bagel, barrel, bowel, camel, easel, gavel, hazel, jewel, label, level, marvel, navel, novel, panel, pixel, revel, sorrel, tassel, towel, vowel

"er" – "e" represents the schwa vowel /ə/ sound

Nan fen yon mo miltisilab, vwayèl "e" nan fanmi mo "er" ka reprezante son vwayèl schwa /ə/, tankou nan mo <u>fever</u>.

Word Box	after, baker, bigger, buffer, cover, enter, fiber, later, lower, marker, meter, never, offer, other, order, layer, liver, paper, power, river, tiger, water

Lesson 5.7
Reading Words with the "er" Letter Combination

Nan konbinezon lèt "er", lèt "e" pwononse nan sis fason diferan.
- Li reprezante son vwayèl /û/, tankou nan mo perks.
- Li reprezante son vwayèl kout /ĕ/, tankou nan mo peril.
- Li reprezante son vwayèl schwa /ə/, tankou nan mo letter.
- Li reprezante son vwayèl /î/, tankou nan mo superior.
- Li reprezante son vwayèl kout /ĭ/, tankou nan mo berate.
- Li reprezante son vwayèl kout /â/, tankou nan mo where.

"e" + "r" sounds	Word Box
"er" represents the /û/ + /r/	certain, certainly, certification, certified, certify, cervix, clerk, ferment, germ, her, infer, infernal, inferno, infertile, merge, were
"er" represents the /ĕ/ + /r/	berry, beryl, cerebral, ceremony, ferry, ferret, perigee, peril, periscope, perish, perishable, peristalsis, peristyle, periwig, Perry
"er" represents the /ə/ + /r/	baker, driver, her, hotter, intercept, interval, lawyer, letter, number, offer, opera, packer, ponder, teacher, toaster, wider
"er" represents the /î/ + /r/	anterior, Bering Sea, cereal, exterior, feral, inferior, interior, period, periodic, periodical, posterior, superior, ulterior

"ever" represents the short vowel /ĕ/ + /v/ + /ə/ + /r/ sounds

Lè konbinezon lèt "ever" nan fen yon mo, premye lèt "e" ka reprezante son vwayèl kout /ĕ/, lèt "v" reprezante son /v/ ak lèt "e" ak "r" reprezante son vwayèl schwa /ə/ + /r/, tankou nan mo never.

Word Box	clever, ever, forever, however, lever, never, sever, whatever, whenever, whoever, whomever

☞ Eksepsyon: fever – /ē/ + /v/ + /ə/ + /r/ sons

"ere" represents the /î/ + /r/ sounds + silent "e"

Lè konbinezon "ere" lèt la nan fen yon mo, li ka reprezante vwayèl /î/ + /r/ son + silans "e", tankou nan mo here.

Word Box	adhere, atmosphere, biosphere, cashmere, hemisphere, interfere, mere, microsphere, persevere, revere, severe, sincere, sphere, there, troposphere

"ere" represents the /â/ + /r/ sounds + silent "e"

Lè konbinezon "ere" lèt la nan fen yon mo, li ka reprezante vwayèl /â/ + /r/ son + silans "e", tankou nan mo where.

Word Box	elsewhere, everywhere, nowhere, somewhere, there, therefore, where

Lesson 5.8
Reading Words with the "eu" and "ew" Letter Combinations

♣ "eu" Letter Combination

"eu" represents the long vowel /yo͞o/ sound

Lè konbinezon vwayèl "eu" ansanm nan yon mo oswa yon silab, li ka reprezante son vwayèl long /yo͞o/ oswa son /o͞o/, tankou nan mo maneuver.

Word Box	eucalyptus, eugenics, Eugene, eulogize, eulogy, euphemism, euphoria, maneuver, neuter, neutral, neutron, therapeutic

"eu" represents the vowel /yo͝o/ sound

Lè konbinezon vwayèl "eu" ansanm nan yon mo oswa yon silab, li ka reprezante son vwayèl /yo͝o/, tankou nan mo Europe la.

Word Box	Eurasia, eureka, Euripides, euro, Eurocentric, Eurocurrency, Eurodollar, Europa, Europe, European, europium, Eurydice, neuron, neurosis, neurotic

♣ "ew" Letter Combination

"ew" represents the long vowel /o͞o/ sound

Lè konbinezon "ew" lèt la ansanm nan yon mo oswa yon silab, li ka reprezante son vwayèl long /o͞o/, tankou nan mo new.

Word Box	blew, brew, cashew, chew, chewing, crew, dew, drew, grew, jewel, jewelry, knew, mildew, new, newly, newlywed, renew, screw, stew, threw, withdrew

"ew" represents the long vowel /yo͞o/ sound

Lè konbinezon "ew" lèt la ansanm nan yon mo oswa yon silab, li ka reprezante son vwayèl long /yo͞o/, tankou nan mo few.

Word Box	curfew, dew, few, fewer, knew, mildew, nephew, new, newly, newlywed, renew, renewal, renewing, renews, stew, steward, stewardship

"ew" represents the long vowel /ō/ sound

Lè konbinezon "ew" lèt la ansanm nan yon mo oswa yon silab, li ka reprezante son vwayèl long /ō/, tankou nan mo sew, sewing ak sewn.

✓ **Lekti Evalyasyon**
Devwa: Li fraz yo.

1. The airplane flew directly over Europe.
2. Yes, Newton ate his slice of streusel cake.
3. My dog, Eugene, likes to chew old shoes.
4. The neutron does not have an electrical charge.
5. Matthew has strong views about that political issue.

Lesson 5.9
Reading Words with the "ey" Letter Combination

"ey" represents the long vowel /ē/ sound

Lè konbinezon "ey" lèt la nan fen yon mo, lèt "e" a ka reprezante son vwayèl long /ē/ pandan y ap lèt "y" an silans, tankou nan mo <u>key</u>.

Word Box	alley, attorney, barley, chimney, donkey, honey, jersey, jockey, journey, key, kidney, medley, money, monkey, pricey, pulley, trolley, valley, volley

"ey" represents the long vowel /ā/ sound

Lè konbinezon "ey" lèt la nan fen yon mo oswa yon silab, li ka reprezante son vwayèl long /ā/, tankou nan mo <u>they</u>.

Word Box	convey, conveyance, conveying, disobey, grey, greyhound, hey, heyday, obey, obeyed, obeying, prey, purvey, survey, surveyor, they, trey, whey

Lekti Evalyasyon
Devwa: Li fraz yo.

1. Jeffery did not obey Audrey's rules.
2. Shirley cooks with fresh parsley and cheese.
3. It is difficult to climb out of the steep valley.
4. Sydney is eating kidney beans and rice for dinner.
5. My attorney deposits money into a bank account.

Bonus Lesson
Reading Words with the Vowel "e"

"e" represents the short vowel /ŏ/ sound

Nan kòmansman yon mo, lèt "e" a ka reprezante son vwayèl kout /ŏ/, tankou nan mo <u>ensemble</u>.

Word Box	encore, en masse, ensemble, entente, entourage, entrée, entrepreneur

"e" represents the short vowel /ĭ/ sound

Nan kòmansman yon mo, lèt "e" ka reprezante son vwayèl kout /ĭ/, tankou nan mo <u>example</u>.

Word Box	eclipse, effect, efficient, eject, elective, electric, electron, eleven, elicit, eliminate, ellipse, elusive, elute, emancipate, emergency, emotion, England, English, equate, equation, equator, equip, equipment, errant, erupt, escape

Lesson 5.10
Reading Words with a Silent Letter "e"

"e" is silent

Vwayèl "e" a ka an silans, tankou nan mo <u>forfeit</u>.

Word Box	feud, feudal, feudalism, forfeit, forfeiture, great, greater, greatest, greatly, greatness, height, heighten, heist, neutron, neutrons, yeoman, yeomanry

"e" is silent

Dezyèm vwayèl nan yon pè vwayèl anjeneral an silans, tankou nan mo <u>ties</u>.

Word Box	allied, argue, blue, cried, cries, die, does, dried, dries, flies, fries, goes, hue, lied, lies, pie, relied, relies, shoe, spied, spies, tie, toe, tried, tries, true, Tuesday

"ed" - "e" is silent

Lè konbinezon "ed" lèt la nan fen yon vèb, lèt "e" a ka an silans, tankou nan mo <u>saved</u>.

Word Box	absorbed, allowed, checked, circled, cleaned, clogged, confused, deplaned, deposed, fried, impaired, laughed, merged, named, prolonged, relaxed, refused, removed, saved, served, staged, towed, tried, washed, watched

"vowel + consonant + silent e"

Lè modèl "vwayèl + konsòn + e" se nan fen yon mo, vwayèl final "e" an silans, tankou nan mo <u>cake</u>.

Word Box	*"a" + consonant + silent "e"* ate, bake, base, cage, came, date, fade, game, lake, lane, late, pale, rake, snake *"e" + consonant + silent "e"* athlete, complete, concrete, delete, extreme, intercede, Pete, scene, supreme *"i" + consonant + silent "e"* bike, bite, fire, five, hide, hike, hive, kite, life, lime, mile, mine, pile, side, slide *"o" + consonant + silent "e"* bone, code, cone, hole, hose, mole, nose, note, poke, robe, role, rope, stone *"u" + consonant + silent "e"* brute, cube, cute, dude, duke, fluke, fume, huge, minute, mule, rule, tune *"y" + consonant + silent "e"* byte, enzyme, gigabyte, hype, megabyte, rhyme, style, terabyte, thyme, type

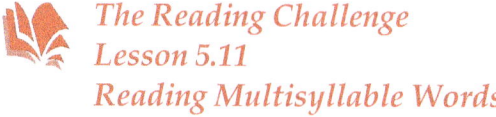

The Reading Challenge
Lesson 5.11
Reading Multisyllable Words

Ou ka li yon mo long lè w divize l an ti pati ki rele silab. Chak silab gen yon son vwayèl epi anjeneral youn oswa plizyè son konsòn.

Three Ways to Divide Words into Syllables

1. Yon silab fèmen fini ak yon konsòn. Lè yon silab fèmen gen yon vwayèl, anjeneral li gen yon vwayèl kout.
   Egzanp: bedbug - bed + bug

   Lè yon silab fèmen gen de vwayèl, premye vwayèl la se nòmalman yon vwayèl long pandan dezyèm vwayèl la an silans.
   Egzanp: seedlings - seed + lings

2. Yon silab louvri fini ak yon vwayèl. Vwayèl nan fen silab la se nòmalman yon vwayèl long.
   Egzanp: behind - be + hind

3. Silab "vwayèl + konsòn + e" se nan fen yon mo. Premye vwayèl nan modèl silab sa a se nòmalman yon vwayèl long pandan y ap "e" final la an silans.
   Egzanp: stampede - stam + pede

Multisyllable Word Lists

2 syllable words	3 syllable words	4 syllable words
eardrum	edible	ecology
earful	elastic	ecosystem
earthly	elephant	educated
easel	eleven	elevator
eastward	emotions	embroidery
easy	endangered	emergency
eating	energy	emotional
eject	envelope	entertainer
elbow	ethical	engineering
elect	equipment	everlasting
elope	everything	environment
email	example	exacerbate
embark	excellence	experiment
embrace	exercise	explanation
emerge	excitement	evasively
every	expression	evolution

Lesson 5.12
Reading Proper and Common Nouns and Adjectives
Capitalization Rules

Mo yo ekri ak lèt majiskil ak/oswa miniskil. Non pwòp ak adjektif apwopriye kòmanse ak lèt majiskil. Non komen ak adjektif komen kòmanse ak lèt miniskil.

Yon **non pwòp** se yon mo ki nonmen yon moun espesifik, yon kote, yon bagay oswa yon konsèp.

Yon **non komen** se yon mo ki nonmen yon moun jeneral, kote, bagay oswa konsèp.

	Proper Noun	Common Noun
Person	Mr. Eastward	engineer
Place	England	eatery
Thing	Exxon Mobil	elephant
Concept		excitement

Yon **adjektif apwopriye** se yon mo ki dekri yon moun espesifik, yon kote, yon bagay oswa yon konsèp.

Yon **adjektif komen** se yon mo ki dekri yon moun jeneral, kote, bagay oswa konsèp.

Proper Adjective:	Common Adjective:
Person: English citizen Thing: English tea	Person: educational specialist Thing: eagle eyes

Capitalization Rules
Uppercase Letter – "E"

- Premye lèt mo ki kòmanse yon fraz ap ekri majiskil.

- Premye lèt mo ki bay non yon moun, yon kote, yon bagay oswa yon konsèp espesifik yo ekri majiskil.

- Premye lèt tit yon moun nan lèt majiskil.

- Premye lèt chak mo nan yon tit oswa yon sous-tit yo ekri majiskil.

- Kòm yon pwonon, lèt "I" nan lèt majiskil.

✎ Nòt: Lèt miniskil yo jeneralman itilize pou tout lòt mo.

Lowercase Letter – "e"

- Premye lèt yon mo ki pa nonmen yon moun espesifik, yon kote, yon bagay oswa konsèp ekri ak yon lèt miniskil.

- Premye lèt yon mo ki pa kòmanse yon fraz ekri ak yon lèt miniskil.

- Tout lèt ki anndan ak nan fen mo yo ekri ak lèt miniskil.

The Letter "e" at a Glance

Letter(s)	Sounds	Anchor Words
"e"	/ĕ/	egg
"e"	/ē/	me
"e"	/ə/	item
"ue"	/ā/	beta
"e"	/ĭ/	pretty
"ew"	/yōō/	few
"e"	/û/	diversion
"e"	/ōō/	screw
"e"	/ä/	g<u>e</u>nre
"e"	/î/	peer
"e"	/ō/	sew
"e"	/â/	wh<u>e</u>re
"e"	/ŏ/	<u>e</u>nsemble
"e"	/y/+/ĕ/	vign<u>e</u>tte
"e"	silent "e"	great

*Unit E
Lesson 5.12*

Unit F

F/f

Lesson 6.0
Introduction of the Letter F/f

Lèt "f" se yon konsòn. Li se 6yèm lèt nan alfabè roman lang angle a. Lèt yo ekri kòm lèt majiskil ak miniskil.

	Uppercase Letter	Lowercase Letter
Print	F	f
Cursive	𝓕	𝓯

Lesson 6.1
Reading Words with the Letter F/f

Lèt "f" pwononse nan de fason diferan.
- Li reprezante son /f/, tankou nan mo <u>fan</u>.
- Li reprezante son /v/, sèlman nan mo <u>of</u>.
- Pafwa li an silans, tankou nan mo <u>coffee</u>.

High Frequency, One Syllable Letter "f" Words
face, fact, fall, false, fan, far, farm, fast, fat, fee, feel, few, field, fig, fight, fill, fire, firm, fish, fist, fit, five, fix, flag, flame, flesh, flip, flour, flow, flute, fly, food, fool, for, form, friend, from, front, frost, fruit, fund, fur, fuse

Nan kòmansman an, nan ak nan fen yon mo, lèt "f" reprezante son /f/, tankou nan mo <u>fox</u>, <u>often</u> ak <u>leaf</u>.

Beginning	Within	End
/f/	/f/	/f/
false	afford	chef
family	before	leaf
flesh	office	myself
flush	suffer	proof
fruit	wafer	yourself

Learn To Read English With Lessons In Haitian Creole

❖ Reading Words with the Letter F/f

Short Vowel Blending Table for the Letter F/f

/ă/ apple	/ĕ/ egg	/ĭ/ insect	/ŏ/ octopus	/ŭ/ up
f a t	f e ll	f i g	f o g	f u n
fa t	fe ll	fi g	fo g	fu n
fat	fell	fig	fog	fun

Long Vowel Blending Table for the Letter F/f

/ā/ ape	/ē/ eagle	/ī/ ice	/ō/ open	/yōō/ cube
f a c e	f ee t	f i r e	f o c u s	f u m e
fa ce	fee t	fi re	foc u s	fu me
face	feet	fire	focus	fume

Lekti Evalyasyon
Devwa: Li fraz yo.

1. Fish cannot fly.
2. The fruit is very fresh.
3. Fred is my best friend.
4. The fox is a fast runner.
5. Fred said, "The frog is fat."

Letter "f" Parts of Speech Table

Nouns	Verbs	Adjectives
fabric	facilitate	fabulous
factory	faded	factual
family	failed	faithful
fence	farming	fearful
festival	fasten	festive
fever	feasting	fervent
fingerprint	featured	fictional
fixture	feeding	figurative
florist	finished	Finnish
footstep	fishing	flaky
fraction	fitting	flowery
function	flourished	foolish
funnel	forgiving	formative
furnace	freezing	frosty
furniture	fussing	futuristic

Unit F
Lesson 6.1

Learn To Read English With Lessons In Haitian Creole

Lesson 6.2
Reading Words with the "fr" Letter Combination

"fr" represents the /f/ + /r/ sounds

Nan konbinezon lèt "fr", lèt "f" reprezante son /f/ ak lèt "r" reprezante son /r/, tankou nan mo <u>frog</u>.

Short Vowel Blending Table for the "fr" Letter Combination

/ă/ apple	/ĕ/ egg	/ĭ/ insect	/ŏ/ octopus	/ŭ/ up
fr a t	fr e t	fr i ll	fr o g	fr um p
fra t	fre t	fri ll	fro g	fru mp
frat	fret	frill	frog	frump

Long Vowel Blending Table for the "fr" Letter Combination

/ā/ ape	/ē/ eagle	/ī/ ice	/ō/ open	/o͞o/ glue
fr a m e	fr ee z e	fr i ght	fr o z en	fr ui t
fra me	free ze	fri ght	fro ze n	frui t
frame	freeze	fright	frozen	fruit

Word Box	frail, fragment, frame, France, frank, free, freeze, French, fresh, Friday, friend, frill, frizz, frock, frog, from, front, frosty, frown, frozen, fruit, frustrated, fry

Letter "fr" Parts of Speech Table

Nouns	Verbs	Adjectives
fraction	freeload	fragile
fragment	freeze	frail
freckle	freezing	frank
freestyle	frighten	free
friends	frizzle	French
fruits	frozen	fresh

✓ **Lekti Evalyasyon**
Devwa: Li fraz yo.

1. Frantz was born in France.
2. My friends are very funny.
3. I fried fish in a deep frying pan.
4. On Friday, I am traveling to Finland.
5. The fruits in the bowl are fresh and juicy.

Lesson 6.3
Reading Words with the "fl" and "fle" Letter Combinations

"fl" represents the /f/ + /l/ sounds

Nan konbinezon lèt "fl", lèt "f" reprezante son /f/ ak lèt "l" reprezante son /l/, tankou nan mo <u>flag</u>.

Short Vowel Blending Table for the "fl" Letter Combination

/ă/ apple	/ĕ/ egg	/ĭ/ insect	/ŏ/ octopus	/ŭ/ up
fl a g	fl e sh	fl i p	fl o g	fl u ff
fla g	fle sh	fli p	flo g	flu ff
flag	flesh	flip	flog	fluff

Long Vowel Blending Table for the "fl" Letter Combination

/ā/ ape	/ē/ eagle	/ī/ ice	/ō/ open	/ōō/ glue
fl a r e	fl ee t	fl i gh t	fl o a t	fl u k e
fla re	flee t	fli ght	floa t	flu ke
flare	fleet	flight	float	fluke

Word Box	flag, flame, flat, flee, fleet, flesh, fling, flint, flip, flock, flog, flop, florist, floss, flossy, flounce, flounder, flour, flow, flower, fluff, fluid, fluke, flung, flush

"fle" represents the /f/ + /l/ + /ĕ/ sounds

Lè konbinezon "fle" lèt la nan kòmansman oswa nan yon mo, li ka reprezante son /f/ + /l/ + /ĕ/, tankou nan mo <u>flex</u>.

Word Box	circumflex, deflected, deflector, fleck, fledging, flesh, fleshly, flex, flexible, flexure, inflect, inflection, inflexible, reflect, reflection, reflector, reflex

"fle" represents the /f/ + /l/ + /ē/ sounds

Lè konbinezon "fle" lèt la nan kòmansman yon mo, li ka reprezante son /f/ + /l/ + /ē/, tankou nan mo <u>flee</u>.

Word Box	flea, fleas, flee, fleece, fleeced, fleecing, fleeing, fleet, fleeting, fleets

"fle" represents the /f/ + /ə/ + /l/ sounds + silent "e"

Lè konbinezon "fle" lèt la nan fen yon mo, li reprezante son /f/ + /ə/ + /l/ + silans "e", tankou nan mo <u>raffle</u>.

Word Box	baffle, duffle, muffle, raffle, riffle, rifle, ruffle, scuffle, shuffle, sniffle, stifle, trifle, truffle, waffle

Lesson 6.4
Reading Words with the "ft," "lf" and "ff" Letter Combinations

"ft" represents the /f/ + /t/ sounds

Nan konbinezon lèt "ft", lèt "f" reprezante son /f/ ak lèt "t" reprezante son /t/, tankou nan mo <u>craft</u>.

Short Vowel Blending Table for the "ft" Letter Combination

/ă/ apple	/ĕ/ egg	/ĭ/ insect	/ŏ/ octopus	/ŭ/ up
r a f t	l e f t	l i f t	l o f t	t u f t
ra f t	le f t	li f t	lo f t	tu f t
raft	left	lift	loft	tuft

Word Box	after, afterward, aircraft, airlift, aloft, cleft, craft, craftsmanship, draft, drift, fifteen, fifth, fifty, forklift, gift, graft, halftime, left, lift, loft, often, raft, shaft, shift, shifts, shoplift, sift, soft, softly, software, swift, theft, thrift, thrifty

"lf" represents the /l/ + /f/ sounds

Nan konbinezon "lf" lèt la, lèt "l" reprezante son /l/ ak lèt "f" reprezante son /f/, tankou nan mo <u>golf</u>.

Word Box	bookshelf, elf, fulfill, fulfillment, golf, gulf, malformed, malfunction, myself, olfaction, olfactory, pelf, self, shelf, sulfate, sulfur, sulfuric, wolf, yourself

"ff" represents the /f/ sound + silent "f"

Nan konbinezon lèt "ff", lèt "f" reprezante son /f/, tankou nan mo <u>off</u>.

Word Box	affirm, affix, affluent, afford, bluff, buffalo, buffet, chiffon, cliff, coffee, differ, different, difficult, diffuse, effort, fluffy, jiffy, offer, puff, scoff, staff, stuff

Lesson 6.5
Reading Words with a Silent Letter "f"

"ff" represents the /f/ sound + silent "f"

Nan konbinezon lèt "ff", premye lèt "f" reprezante son /f/ pandan dezyèm lèt "f" an silans, tankou nan mo <u>cliff</u>.

Word Box	affiliates, buffalo, buffer, buffet, caffeine, cliff, daffodils, different, effect, effective, effort, graffiti, off, official, raffle, ruffle, staff, stiff, suffer, suffocate

Lesson 6.6
Reading Singular and Plural Forms of Words Ending in "-f" and "-fe"

Lè yon mo sengilye fini ak "-f" oswa "-fe", fen a ka chanje nan "-ves" pou fè mo pliryèl la.

Word Box	Singular words ending in "-f" and "-fe"	Plural words ending in "-ves"
	calf	calves
	half	halves
	knife	knives
	life	lives
	loaf	loaves
	self: himself	selves: themselves
	herself	themselves
	yourself	yourselves
	shelf	shelves
	thief	thieves
	wife	wives

Lè yon mo sengilye fini ak "-f" oswa "-fe", lèt "-s" ka ajoute pou fè mo pliryèl la.

Word Box	Singular words ending in "-f" and "-fe"	Plural words ending in "-s"
	roof	roofs
	dwarf	dwarfs
	safe	safes

Lekti Evalyasyon
Devwa: Li fraz yo.

1. Wolves are dangerous animals.
2. The five wives have fancy dresses.
3. Elves are small, imaginary people.
4. During the flight, the boys sat by themselves.
5. The fans were placed on two wooden shelves.

Bonus Lesson
Exploring an Exception to the Letter "f"

Lèt "f" reprezante son /v/, sèlman nan mo <u>of</u> la.

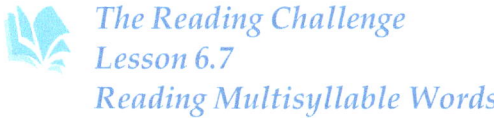

The Reading Challenge
Lesson 6.7
Reading Multisyllable Words

Ou ka li yon mo long lè w divize l an ti pati ki rele silab. Chak silab gen yon son vwayèl epi anjeneral youn oswa plizyè son konsòn.

Three Ways to Divide Words into Syllables

1. Yon silab fèmen fini ak yon konsòn. Lè yon silab fèmen gen yon vwayèl, anjeneral li gen yon vwayèl kout.
   Egzanp: finish - fin + ish

   Lè yon silab fèmen gen de vwayèl, premye vwayèl la se nòmalman yon vwayèl long pandan dezyèm vwayèl la an silans.
   Egzanp: feasting - feast + ing

2. Yon silab louvri fini ak yon vwayèl. Vwayèl nan fen silab la se nòmalman yon vwayèl long.
   Egzanp: female - fe + male

3. Silab "vwayèl + konsòn + e" se nan fen yon mo. Premye vwayèl nan modèl silab sa a se nòmalman yon vwayèl long pandan y ap "e" final la an silans.
   Egzanp: fertile - fer + tile

Multisyllable Word Lists

2 syllable words	3 syllable words	4 syllable words
fable	factory	fabulously
fading	family	facility
famous	fanatic	facsimile
fencing	fatally	fashionable
ferry	fervently	favorable
fertile	fibula	favoritism
festive	fictitious	festivity
fiber	filament	fettuccine
figure	filtration	flagellation
filing	fingerprint	flamboyantly
finger	flabbergast	fluctuation
foothill	flatulent	fluoridation
forgive	focusing	foreseeable
fortress	foliage	formality
fracture	forensics	fortunately
future	functional	fragmentary

Lesson 6.8
Reading Proper and Common Nouns and Adjectives Capitalization Rules

Mo yo ekri ak lèt majiskil ak/oswa miniskil. Non pwòp ak adjektif apwopriye kòmanse ak lèt majiskil. Non komen ak adjektif komen kòmanse ak lèt miniskil.

Yon **non pwòp** se yon mo ki nonmen yon moun espesifik, yon kote, yon bagay oswa yon konsèp.

Yon **non komen** se yon mo ki nonmen yon moun jeneral, kote, bagay oswa konsèp.

	Proper Noun	Common Noun
Person	Frederick	father
Place	Finland	farm
Thing	February	festival
Concept		freedom

Yon **adjektif apwopriye** se yon mo ki dekri yon moun espesifik, yon kote, yon bagay oswa yon konsèp.

Yon **adjektif komen** se yon mo ki dekri yon moun jeneral, kote, bagay oswa konsèp.

Proper Adjective:	Common Adjective:
Person: French citizens Thing: Finnish language	Person: funny friends Thing: flat surface

Capitalization Rules

Uppercase Letter – "F"

- Premye lèt yon mo ki kòmanse yon fraz ap ekri majiskil.

- Premye lèt yon mo ki bay non yon moun espesifik, yon kote, yon bagay oswa yon konsèp ekri majiskil.

- Premye lèt tit yon moun nan lèt majiskil.

- Premye lèt chak mo nan yon tit oswa yon sous-tit yo ekri majiskil.

- Kòm yon pwonon, lèt "I" nan lèt majiskil.

? Nòt: Lèt miniskil yo jeneralman itilize pou tout lòt mo.

Lowercase Letter – "f"

- Premye lèt yon mo ki pa nonmen yon moun espesifik, yon kote, yon bagay oswa konsèp ekri ak yon lèt miniskil.

- Premye lèt yon mo ki pa kòmanse yon fraz ekri ak yon lèt miniskil.

- Tout lèt ki anndan ak nan fen mo yo ekri ak lèt miniskil.

The Letter "f" at a Glance

Letter	Sounds	Anchor Words
"f"	/f/	fan
"f"	/v/	of
"f"	silent "f"	coffee

Unit G

G/g

Lesson 7.0
Introduction of the Letter G/ g

Lèt "g" se yon konsòn. Li se 7yèm lèt nan alfabè Women lang angle a. Lèt yo ekri kòm lèt majiskil ak miniskil.

	Uppercase Letter	Lowercase Letter
Print	G	g
Cursive	*G*	*g*

Lesson 7.1
Reading Words with the Hard Letter "g"

Lèt "g" pwononse nan kat fason diferan.
- Li reprezante son /g/, tankou nan mo <u>gum</u>.
- Li reprezante son /j/, tankou nan mo <u>gem</u>.
- Li reprezante son /zh/, tankou nan mo <u>massage</u>.
- Li reprezante son /f/, tankou nan mo <u>laugh</u>.
- Pafwa li an silans, tankou nan mo <u>light</u> la.

High Frequency, One Syllable Letter "g" Words

gain, game, gang, gap, garb, gate, gem, gene, get, gift, girl, give, glance, globe, glow, glue, go, goal, goat, gold, golf, grade, grand, grant, grape, great, gross, ground, group, grow, grows, guest, guide

Lèt "g" reprezante son "g" difisil oswa son "g" mou.

The hard "g" represents <u>one</u> sound.	The soft "g" represents <u>two</u> sounds.
• /g/ sound	• /j/ sound • /zh/ sound

Learn To Read English With Lessons In Haitian Creole

✣ Reading Words with the Hard Letter "g"

"g" difisil la reprezante son /g/. Lè lèt "g" la devan vwayèl "a," "o" oswa "u," anjeneral li reprezante son /g/, tankou nan mo <u>gate</u>, <u>goat</u> ak <u>gum</u>.

Short Vowel Blending Table for the Hard G/g

/ă/ apple	/ĕ/ egg	/ĭ/ insect	/ŏ/ octopus	/ŭ/ up
g a s			g o b	g u m
ga s			go b	gu m
gas			gob	gum

Long Vowel Blending Table for the Hard G/g

/ā/ ape	/ē/ eagle	/ī/ ice	/ō/ open	/ōō/ glue
g a t e			g o a t	gr ue l
ga t e			goa t	gr uel
gate			goat	gruel

"ga" - "g" represents the /g/ sound

Nan konbinezon lèt "ga", lèt "g" reprezante son /g/, tankou nan mo <u>mega</u>.

Word Box	congregation, extravagant, gab, gain, galaxy, game, gang, gap, gas, gash, gasp, gate, gave, gaze, investigate, legal, magazine, organize, regards, segregation

"go" - "g" represents the /g/ sound

Nan konbinezon lèt "go", lèt "g" reprezante son /g/, tankou nan mo <u>bingo</u>.

Word Box	category, flamingo, forgot, go, goal, goat, goes, gold, golf, gone, gong, good, goose, got, gown, negotiate, outgoing, pentagon, scapegoat, vigorous, wagon

"gu" - "g" represents the /g/ sound

Nan konbinezon lèt "gu", lèt "g" reprezante son /g/, tankou nan mo <u>guide</u>.

Word Box	ambiguous, configure, distinguish, extinguish, guard, guess, guest, guide, guilt, gulf, gulp, gum, gush, gust, guy, inauguration, language, regular, yogurt

"g" represents the /g/ sound

Lè lèt "g" nan fen yon mo, li reprezante son /g/, tankou nan mo <u>bag</u>.

Lesson 7.2
Reading Words with the Soft Letter "g"

Lè lèt "g" la devan vwayèl "e", "i" oswa "y", anjeneral li reprezante son /j/, tankou nan mo <u>gel</u>, <u>gin</u> ak <u>gym</u>.

Mou "g" pwononse nan de fason diferan.
- Li reprezante son /j/, tankou nan mo <u>gem</u>.
- Li reprezante son /zh/, tankou nan mo <u>regime</u>.

Short Vowel Blending Table for the Soft G/g

/ă/ apple	/ĕ/ egg	/ĭ/ insect	/ŏ/ octopus	/ŭ/ up	"y" - /ĭ/ gym
	g e l	g i n			g y m
	ge l	gi n			gy m
	gel	gin			gym

Long Vowel Blending Table for the Soft G/g

/ā/ ape	/ē/ eagle	/ī/ ice	/ō/ open	/ōō/ glue	"y" - /ī/ gyro
	g e n e	g i a n t			g y r o
	ge ne	gia n t			gy ro
	gene	giant			gyro

"ge" - "g" represents the /j/ sound

Nan konbinezon lèt "ge", lèt "g" reprezante son /j/, tankou nan mo <u>gem</u>.

Word Box	age, agency, agenda, contingency, digest, edge, emerge, garage, gem, general, genetics, genius, gentle, geometry, ingested, intelligent, judge, large, rage, stage

"gi" - "g" represents the /j/ sound

Nan konbinezon lèt "gi", lèt "g" reprezante son /j/, tankou nan mo <u>gin</u>.

Word Box	apologize, cardiologist, changing, digital, eligible, engine, fragile, giant, giblets, gigantic, gin, ginger, giraffe, imagine, logical, register, registry, vigil, vigilant

"gy" - "g" represents the /j/ sound

Nan konbinezon lèt "gy", lèt "g" reprezante son /j/, tankou nan mo <u>gym</u>.

Word Box	allergy, analogy, apology, biology, clergy, energy, gym, gymnastics, gypsum, gypsy, gyrate, ideology, liturgy, psychology, stingy, technology, trilogy, zoology

"dge" – "g" represents the /j/ sound

Lè konbinezon "dge" lèt la nan fen yon mo, lèt "g" reprezante son /j/ pandan lèt "d" ak "e" yo an silans, tankou nan mo judge.

Word Box	badge, bridge, cartridge, dodge, edge, fudge, grudge, judge, ledge, lodge, nudge, pledge, porridge, prejudge, ridge, sedge, sledge, sludge, smudge, wedge

"ge" – "g" represents the /zh/ sound

Nan konbinezon lèt "ge", lèt "g" ka reprezante son /zh/, tankou nan mo massage.

Word Box	beige, camouflage, collage, concierge, corsage, cortege, entourage, fuselage, garage, loge, massage, mirage, rouge, sabotage, triage

"ge" – "g" represents the /zh/ sound

Nan konbinezon lèt "ge", lèt "g" ka reprezante son /zh/, tankou nan mo genre.

✦ Exceptions to the hard "g" and soft "g" rules

Lèt "g" nan konbinezon lèt "ge" ak "gi" ka reprezante son /g/, tankou nan mo get ak girl.

Letter Combinations	Words	Sound
"ge"	gear geese	/g/
"gi"	gill give gift	/g/

✦ Reading Words with the "ger" Letter Combination

"ger" – "g" represents the /g/ sound

Lè konbinezon lèt "ger" la nan fen yon mo, lèt "g" ka reprezante son /g/, tankou nan mo burger.

Word Box	anger, bigger, blogger, chigger, defogger, digger, eager, finger, jogger, hamburger, linger, slugger, stagger, stronger, swagger, tiger, trigger

"ger" – "g" represents the /j/ sound

Lè konbinezon "ger" lèt la nan fen yon mo, lèt "g" ka reprezante son /j/, tankou nan mo passenger.

Word Box	astrologer, challenger, charger, danger, encourager, exchanger, ginger, larger, ledger, messenger, plunger, ranger, scavenger, teenager, villager

Lesson 7.3
Reading Words with the "gr" Letter Combination

"gr" represents the /g/ + /r/ sounds

Nan konbinezon lèt "gr", lèt "g" reprezante son /g/ ak lèt "r" reprezante son /r/, tankou nan mo <u>grass</u>.

Short Vowel Blending Table for the "gr" Letter Combination

/ă/ apple	/ĕ/ egg	/ĭ/ insect	/ŏ/ octopus	/ŭ/ up
gr a b		gr i n		gr u b
gra b		gri n		gru b
grab		grin		grub

Long Vowel Blending Table for the "gr" Letter Combination

/ā/ ape	/ē/ eagle	/ī/ ice	/ō/ open	/ōō/ glue
gr a pe	gr ee n	gr i p e	gr o w	gr ue l
gra pe	gree n	gri pe	gr ow	grue l
grape	green	gripe	grow	gruel

Letter "gr" Parts of Speech Table

Nouns	Verbs	Adjectives
grace	grabbed	gracious
grackle	grading	gradual
graduation	graduate	grand
grade	granulate	grandiose
graffiti	graphing	granular
grain	grasp	graphic
grammar	greet	greedy
grandstand	grieve	green
grease	grill	grizzly
groups	grinding	gross

Lekti Evalyasyon
Devwa: Li fraz yo.

1. Our English grammar class is great.
2. My grandchild is going to Grenada.
3. This cereal is made with whole grains.
4. The flowers are growing in the garden.
5. The new group of students will pass my class.

Lesson 7.4
Reading Words with the "gl" and "gle" Letter Combinations

"gl" represents the /g/ + /l/ sounds

Nan konbinezon lèt "gl", lèt "g" reprezante son /g/ ak lèt "l" reprezante son /l/, tankou nan mo glue.

Short Vowel Blending Table for the "gl" Letter Combination

/ă/ apple	/ĕ/ egg	/ĭ/ insect	/ŏ/ octopus	/ŭ/ up
gl a ss	Gl e nn	gl i nt	gl o ss	gl u t
gla ss	Gle nn	gli nt	glo ss	glu t
glass	Glenn	glint	gloss	glut

Long Vowel Blending Table for the "gl" Letter Combination

/ā/ ape	/ē/ eagle	/ī/ ice	/ō/ open	/o͞o/ glue
gl a z e	gl ea n	gl i d e	gl o b e	gl u e
gla ze	glea n	gli de	glo be	gl ue
glaze	glean	glide	globe	glue

"gle" represents the /g/ + /l/ + /ĕ/ sounds

Lè konbinezon "gle" lèt la nan kòmansman oswa nan yon mo, li ka reprezante son /g/ + /l/ + /ĕ/, tankou nan mo glen ak neglectful.

"gle" represents the /g/ + /l/ + /ē/ sounds

Lè konbinezon "gle" lèt la nan kòmansman oswa nan yon mo, li ka reprezante son /g/ + /l/ + /ē/, tankou nan mo agleam ak glean.

"gle" represents the /g/ + /ə/ + /l/ sounds + silent "e"

Lè konbinezon "gle" lèt la nan fen yon mo, li reprezante /g/ + /ə/ + /l/ son + silans "e", tankou nan mo Google.

Word Box	angle, bangle, beagle, cringle, dangle, disentangle, eagle, entangle, giggle, goggle, jingle, jungle, mingle, rectangle, single, struggle, tangle, triangle

Lekti Evalyasyon
Devwa: Li fraz yo.

1. Gloria has reading glasses.
2. I saw a glimpse of a gazelle.
3. Grace glued the box together.
4. When it's cold, I wear gloves.
5. Glenn's triangle has three equal angles.

Lesson 7.5
Reading Words with the "gh" Letter Combination

Konbinezon "gh" lèt la pwononse nan de fason diferan.
- Li reprezante son /g/, tankou nan mo ghetto.
- Li reprezante son /f/, tankou nan mo laugh.
- Pafwa li an silans, tankou nan mo sigh.

"gh" represents /g/ sound as in the word ghetto	"gh" represents /f/ sound as in the word laugh	"gh" is silent as in the word sigh
Ghana gherkin ghost ghastly ghetto	cough enough laughter rough tough	sigh thigh thought through weigh

"gh" represents the /g/ sound + silent "h"

Nan konbinezon lèt "gh", lèt "g" ka reprezante son /g/ pandan ke lèt "h" an silans, tankou nan mo ghetto.

Word Box	Ghana, Ghanaian, ghastly, gherkin, ghetto, ghost, ghostly, ghoul, spaghetti

"gh" represents the /f/ sound

Konbinezon "gh" lèt la ka reprezante son /f/, tankou nan mo laugh.

Word Box	cough, coughed, coughing, coughs, enough, laugh, laughing, laughs, laughter, rough, roughly, tough, trough

"gh" is silent

Konbinezon "gh" lèt la ka an silans, tankou nan mo sigh.

Word Box	although, breakthrough, dough, high, higher, neighborhood, slough, thigh, though, thoroughbred, thoroughly, through, throughout, weigh, weighed

"ght" - "gh" is silent

Nan konbinezon lèt "ght", lèt "g" ak "h" yo an silans pandan ke lèt "t" reprezante son /t/, tankou nan mo light.

Word Box	bought, bright, caught, daughter, eight, fight, knight, light, might, night, ought, plight, right, sight, slightly, straight, taught, thought, tight, weight, weighty

Lesson 7.6
Reading Words with the "gn" Letter Combination

Konbinezon "gn" lèt la pwononse nan de fason diferan.
- Li reprezante son /g/ + /n/, tankou nan mo <u>ignite</u>.
- Li reprezante son /n/, tankou nan mo <u>sign</u>.

"gn" represents the /g/ + /n/ sounds

Lè konbinezon lèt "gn" divize an de silab, lèt "g" reprezante son /g/ ak lèt "n" reprezante son /n/, tankou nan mo <u>ignite</u>. Lèt "g" nan yon silab ak lèt "n" nan lòt silab la.

Word Box	cognitive, diagnosed, dignify, dignitary, dignity, ignites, ignition, ignore, magnetic, magnify, pregnant, recognition, recognized, signal, signature

"gn" has a silent "g" + /n/ sound

Lè konbinezon lèt "gn" la ansanm nan yon mo oswa yon silab, lèt "g" an silans pandan ke lèt "n" reprezante son /n/, tankou nan mo <u>sign</u>.

Word Box	align, benign, champagne, cologne, design, designer, designing, foreign, foreigner, malign, realign, realigned, reign, resign, resigning, resigns, vignette

Letter "gn" Parts of Speech Table

Nouns	Verbs	Adjectives
magnet	designing	cognate
magnitude	diagnose	cognitive
ignition	dignify	diagnostic
pregnancy	dignified	diamagnetic
cognition	dignifying	igneous
diagnosis	ignite	ignoble
dignitary	ignited	ignorant
dignity	igniting	magnetic
recognition	ignore	magnificent
signal	recognize	pregnable
signature	recognized	recognizable
signet	recognizing	recognizant
vignette	signals	signatory
designer	signalize	signatories
willingness	signify	significant

Lesson 7.7
Reading Words with a Silent Letter "g"

"g" is silent
Lèt "g" ka an silans, tankou nan mo <u>diaphragm</u> ak <u>phlegm</u>.

"gg" represents the /g/ sound + silent "g"
Lè konbinezon "gg" lèt la ansanm nan yon silab, premye lèt "g" ka reprezante son /g/ pandan dezyèm lèt "g" an silans, tankou nan mo <u>goggle</u>.

Word Box	aggregate, aggressive, boggle, clogged, dagger, egg, giggle, goggle, hugged, jiggle, joggle, juggle, logged, nugget, plugged, plugging, sluggard, smuggle, snuggle, straggle, struggle, toboggan, toggle, tugged, wiggle, unplugged

"gg" represents the /j/ sound + silent "g"
Lè konbinezon "gg" lèt la ansanm nan yon silab, premye lèt "g" ka reprezante son /j/ pandan dezyèm lèt "g" an silans, tankou nan mo <u>suggest</u>.

Word Box	exaggerate, exaggeration, suggest, suggested, suggestion, suggestive, suggests

"gg" represents the /g/ + /j/ sounds
Lè konbinezon lèt "gg" divize an de silab, premye lèt "g" reprezante son /g/ ak dezyèm lèt "g" reprezante son /j/, tankou nan mo <u>suggest</u> ak <u>suggestive</u>.

"ght" - "gh" is silent
Nan konbinezon lèt "ght", lèt "g" ak "h" an silans, tankou nan mo <u>light</u>.

Word Box	bought, bright, caught, daughter, eight, fight, knight, light, might, night, ought, plight, right, sight, slightly, straight, taught, thought, tight, weight, weighty

"gn" has a silent "g" + /n/ sound
Nan konbinezon lèt "gn", lèt "g" ka an silans, tankou nan mo <u>sign</u>.

Word Box	align, aligning, alignment, assign, assigned, bologna, campaign, design, designer, foreign, gnash, gnat, gnaw, gnome, gnu, malign, reign, reigned

Reading Multisyllable Words

assign ⇩ assignment	design ⇩ designer

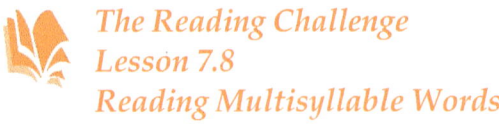

The Reading Challenge
Lesson 7.8
Reading Multisyllable Words

Ou ka li yon mo long lè w divize l an ti pati ki rele silab. Chak silab gen yon son vwayèl epi anjeneral youn oswa plizyè son konsòn.

Three Ways to Divide Words into Syllables

1. Yon silab fèmen fini ak yon konsòn. Lè yon silab fèmen gen yon vwayèl, anjeneral li gen yon vwayèl kout.

   Egzanp: ginger - gin + ger

   Lè yon silab fèmen gen de vwayèl, premye vwayèl la se nòmalman yon vwayèl long pandan dezyèm vwayèl la an silans.

   Egzanp: goalie - goal + ie

2. Yon silab louvri fini ak yon vwayèl. Vwayèl nan fen silab la se nòmalman yon vwayèl long.

   Egzanp: giant - gi + ant

3. Silab "vwayèl + konsòn + e" se nan fen yon mo. Premye vwayèl nan modèl silab sa a se nòmalman yon vwayèl long pandan y ap "e" final la an silans.

   Egzanp: zygote - zy + gote

Multisyllable Word Lists

2 syllable words	3 syllable words	4 syllable words
gainful	galaxy	generation
gallant	gallbladder	generator
gallop	gallery	geranium
gamer	gasoline	glaciation
garage	gathering	gladiator
garbage	gazebo	glamorizer
garden	generous	gloriously
garland	genesis	glycogenic
ghetto	genetics	gradually
giblets	gentleman	graduation
gimmick	gingerly	grammatical
grateful	glorious	graphically
greatly	grasshopper	gravitation
greedy	gravity	Guatemala

Lesson 7.9
Reading Proper and Common Nouns and Adjectives
Capitalization Rules

Mo yo ekri ak lèt majiskil ak/oswa miniskil. Non pwòp ak adjektif apwopriye kòmanse ak lèt majiskil. Non komen ak adjektif komen kòmanse ak lèt miniskil.

Yon **non pwòp** se yon mo ki nonmen yon moun espesifik, yon kote, yon bagay oswa yon konsèp.

Yon **non komen** se yon mo ki nonmen yon moun jeneral, kote, bagay oswa konsèp.

	Proper Noun	Common Noun
Person	Grandmother (when used as a name)	grandmother (not when used as a name)
Place	Germany	ground
Thing	Google, LLC	goat
Concept	Gnosticism	generosity

Yon **adjektif apwopriye** se yon mo ki dekri yon moun espesifik, yon kote, yon bagay oswa yon konsèp.

Yon **adjektif komen** se yon mo ki dekri yon moun jeneral, kote, bagay oswa konsèp.

Proper Adjective:	Common Adjective:
Person: German citizens Thing: Greek root words	Person: generous parents Thing: gigantic bag of chips

Capitalization Rules
Uppercase Letter – "G"

- Premye lèt yon mo ki kòmanse yon fraz ap ekri majiskil.

- Premye lèt yon mo ki bay non yon moun espesifik, yon kote, yon bagay oswa yon konsèp ekri majiskil.

- Premye lèt tit yon moun nan lèt majiskil.

- Premye lèt chak mo nan yon tit oswa yon sous-tit yo ekri majiskil.

- Kòm yon pwonon, lèt "I" nan lèt majiskil.

✎ Nòt: Lèt miniskil yo jeneralman itilize pou tout lòt mo.

Lowercase Letter – "g"

- Premye lèt yon mo ki pa nonmen yon moun espesifik, yon kote, yon bagay oswa konsèp ekri ak yon lèt miniskil.

- Premye lèt yon mo ki pa kòmanse yon fraz ekri ak yon lèt miniskil.

- Tout lèt ki anndan ak nan fen mo yo ekri ak lèt miniskil.

The Letter "g" at a Glance		
Letter(s)	Sound	Anchor Words
"g"	/g/	gum
"g"	/j/	gem
"g"	/zh/	massage
"gh"	/f/	laugh
"g"	silent "g"	light

H/h

Lesson 8.0
Introduction of the Letter H/h

Lèt "h" se yon konsòn. Li se 8yèm lèt nan alfabè Women lang angle a. Lèt yo ekri kòm lèt majiskil ak miniskil.

	Uppercase Letter	Lowercase Letter
Print	H	h
Cursive	*H*	*h*

Lesson 8.1
Reading Words with the Letter H/h

Lèt "h" pwononse nan yon sèl fason.
- Li reprezante son /h/, tankou nan mo <u>h</u>at.
- Pafwa li an silans, tankou nan mo cheeta<u>h</u>.

High Frequency, One Syllable Letter "h" Words
had, hail, hair, half, hall, ham, hand, hang, hard, hat, hatch, have, he, head, heal, heart, heat, help, hen, her, here, hide, high, hike, hill, hit, hits, hold, hole, home, hop, hope, horn, horse, hose, hot, hut

Nan kòmansman an ak nan yon mo, lèt "h" reprezante son /h/, tankou nan mo <u>h</u>at ak a<u>h</u>ead.

Beginning	Within	End
/h/	/h/	/h/
hat	ahead	

Short Vowel Blending Table for the Letter H/h

/ă/ apple	/ĕ/ egg	/ĭ/ insect	/ŏ/ octopus	/ŭ/ up
h a ck	h e l p	h i t c h	h o g	h u g
ha ck	hel p	hi tch	ho g	hu g
hack	help	hitch	hog	hug

✤ *Reading Words with the Letter H/h*

Long Vowel Blending Table for the Letter H/h

/ā/ ape	/ē/ eagle	/ī/ ice	/ō/ open	/yōō/ cube
h ai l	h ee l	h i d e	h o l e	h u g e
hai l	hee l	hi de	ho le	hu ge
hail	heel	hide	hole	huge

Letter "h" Parts of Speech Table

Nouns	Verbs	Adjectives
hammer	hacked	hairy
hardship	hampered	half
headache	harbored	happy
headquarter	healed	harsh
helicopter	helped	healthy
highway	hesitates	helpful
historian	hiding	herbal
holiday	hiking	hidden
hopscotch	hitting	hilarious
hospital	holding	holistic
humanist	honored	homesick
hunger	hopping	honest
hustler	humbled	huge
hybrid	hurdled	husky
hypocrite	hyphenate	hygienic

 Lekti Evalyasyon
Devwa: Li fraz yo.

1. He could not lift the heavy hammer.
2. Howard placed the harness on his horse.
3. Harry's horse ate a hardy amount of hay.
4. A huge helicopter hovered over my house.
5. They played their harps in perfect harmony.

Unit H Lesson 8.1

Lesson 8.2
Reading Words with the Letter "h" Combinations: "ch," "gh," "ph," "rh," "sch," "sh," "th" and "wh"

Chak lèt nan konbinezon lèt "h" pwononse byen vit. Lèt yo ka melanje ansanm pou fè yon son konsòn diferan. Tablo a montre son ki fèt ak konbinezon lèt "h".

Letter Combinations	Sounds	Anchor Words
"ch"	/ch/	chess, chicken
"ch"	/k/	chaos, character
"ch"	/sh/	brochure, machine
"ch"	silent "ch"	fuchsia, yacht
"gh"	/g/ + silent "h"	Ghana, ghetto
"gh"	/f/	enough, laugh
"gh" / "ght"	silent "gh"	sigh, sight
"ph"	/f/	elephant, telephone
"ph"	/p/ + /h/	uphill, haphazard
"rh"	/r/ + silent "h"	rhinestone, rhino
"rh"	/r/ + /h/	neighborhood, perhaps
"sch"	/s/ + /k/	school, scholar
"sch"	/sh/	schilling, schwa
"sh"	/sh/	fish, she, show
"th"	soft /th/	teeth, thin
"th"	hard /th/	brother, the
"th"	/t/ + silent "h"	Thailand, thyme
"th"	silent "th"	asthma, northeaster
"wh"	/hw/	whale, wheat
"wh"	/w/	whale, wheat
"wh"	silent "w" + /h/	who, wholesome

Reading Words with the "shh" and "thh" Letter Combinations

"shh" represents the /sh/ + /h/ sounds

Lè konbinezon lèt "shh" divize an de silab, konbinezon lèt "sh" reprezante son /sh/ ak lèt "h" reprezante son /h/, tankou nan mo <u>fishhook</u> la.

"thh" represents the /th/ + /h/ sounds

Lè konbinezon lèt "thh" divize an de silab, konbinezon lèt "th" reprezante son /th/ ak lèt "h" reprezante son /h/, tankou nan mo <u>withhold</u>.

Word Box	/sh/ + /h/ sounds: fishhook, fishhooks /th/ + /h/ sounds: bathhouse, withheld, withhold

 Bonus Lesson
The Position of the Letter "h"

At the beginning of a word, "h" represents the /h/ sound	Within a word, "h" represents the /h/ sound	At the end of a word, "h" is silent in the "ah," "oh" and "uh" letter combinations
habitation	apprehension	cheetah
habitual	apprehensive	Gullah
habituate	beforehand	huh
hairspray	behavior	hurrah
Haitian	carbohydrate	matzoh
hamburger	dehumidify	menorah
handicap	dehydration	messiah
headlight	exhibition	mitzvah
helicopter	inhabitant	oh
highlights	inheritance	Oprah
histogram	policyholder	pharaoh
horizontal	prehistoric	pooh
hummingbird	prohibition	savannah
hydroelectric	stockholder	Yeshivah

✓ **Lekti Evalyasyon**
Devwa: Li fraz yo.

1. Whitney is dancing in the savannah.
2. The child's tricycle has three wheels.
3. The chemist works in the science lab.
4. Everyone laughed at the funny jokes.
5. Student athletes play many competitive sports.

Lesson 8.3
Reading Words with a Silent Letter "h"

"h" is silent

Lèt "h" ka an silans, tankou nan mo <u>h</u>our.

Word Box	annihilate, Bahrain, Bhutan, biorhythm, cirrhosis, Cohen, Delhi, diarrhea, exhibit, exhume, graham, Gullah, heir, hemorr<u>h</u>age, herb, honest, honestly, honor, hour, hourly, hurrah, John, khaki, rhinoceros, rhubarb, rhyme, rhyming, rhythm, silhouette, shep<u>h</u>erd, shep<u>h</u>erdess, spaghetti, vehement, vehicle, yeah

"h" is silent

Lèt "h" ka an silans nan konbinezon lèt sa yo: "ph", "th", "gh", "ch", "rh" ak "wh".

Word Box	"ph"	shepherd, shepherdess
	"th"	Thai, Thailand, Thais, Thames, thyme
	"gh"	aghast, ghastly, ghetto, ghost, fight, light, night, right, sigh, sight
	"ch"	fuchsia, yacht, yachtsman, yachtsmen, yachtswoman, yachtswomen
	"rh"	rhetoric, rheumatic, rhinestone, rhinoceros, rhubarb, rhyme, rhythm
	"wh"	whale, whether, which, whine, whirl, whisker, whisper, white, whiz

"h" is silent

Lèt "h" ka an silans nan fen yon mo oswa yon silab, tankou nan mo <u>cheetah</u>.

Word Box	annihilate, bah, blah, cheetah, Fa<u>h</u>renheit, hah, hurrah, messiah, oh, ooh, pharaoh, pooh, Sarah, savannah, Shiloh, Torah, Utah, verandah, yeah

"exh" - "h" is silent

Nan konbinezon lèt "exh", lèt "h" anjeneral an silans, tankou nan mo <u>exhibit</u>.

Word Box	exhaust, exhaustion, exhaustive, exhibit, exhibition, exhibitor, exhilarate, exhilarating, exhort, exhortation, exhume, exhumed, exhuming, inexhaustible

☞ Eksepsyon: exhale - /h/ son

Lekti Evalyasyon
Devwa: Li fraz yo.

1. My sister, Hattie, is in her high chair.
2. Harvey dug a large hole behind the house.
3. Hope Hotel has a fabulous Thai restaurant.
4. Honestly, the sound of Hazel's harp is beautiful.
5. I have a flight from Bangkok, Thailand to Savannah, Georgia.

Learn To Read English With Lessons In Haitian Creole

*The Reading Challenge
Lesson 8.4
Reading Multisyllable Words*

Ou ka li yon mo long lè w divize l an ti pati ki rele silab. Chak silab gen yon son vwayèl epi anjeneral youn oswa plizyè son konsòn.

Three Ways to Divide Words into Syllables

1. Yon silab fèmen fini ak yon konsòn. Lè yon silab fèmen gen yon vwayèl, anjeneral li gen yon vwayèl kout.
   Egzanp: habit - hab + bit

   Lè yon silab fèmen gen de vwayèl, premye vwayèl la se nòmalman yon vwayèl long pandan dezyèm vwayèl la an silans.
   Egzanp: heater - heat + er

2. Yon silab louvri fini ak yon vwayèl. Vwayèl nan fen silab la se nòmalman yon vwayèl long.
   Egzanp: hero - he + ro

3. Silab "vwayèl + konsòn + e" se nan fen yon mo. Premye vwayèl nan modèl silab sa a se nòmalman yon vwayèl long pandan y ap "e" final la an silans.
   Egzanp: humanize - hu + man + ize

Multisyllable Word Lists

2 syllable words	3 syllable words	4 syllable words
habit	hairdresser	habitual
happen	hamburger	harmonica
happy	happily	hectometer
hazel	headquarters	helicopter
helping	holiday	heredity
hero	Honduras	homogenous
hidden	honeycomb	horizontal
himself	hospital	hospitalize
honors	however	hostility
hopping	hurricane	humidity
hugging	hydration	Hungarian
human	hydraulic	hysterical
humble	hyphenate	hypertension

Lesson 8.5
Reading Proper and Common Nouns and Adjectives
Capitalization Rules

Mo yo ekri ak lèt majiskil ak/oswa miniskil. Non pwòp ak adjektif apwopriye kòmanse ak lèt majiskil. Non komen ak adjektif komen kòmanse ak lèt miniskil.

Yon **non pwòp** se yon mo ki nonmen yon moun espesifik, yon kote, yon bagay oswa yon konsèp.

Yon **non komen** se yon mo ki nonmen yon moun jeneral, kote, bagay oswa konsèp.

	Proper Noun	Common Noun
Person	Hausa	husband
Place	Henry St.	house
Thing	Hausa	hat
Concept	Hinduism	humor

Yon **adjektif apwopriye** se yon mo ki dekri yon moun espesifik, yon kote, yon bagay oswa yon konsèp.

Yon **adjektif komen** se yon mo ki dekri yon moun jeneral, kote, bagay oswa konsèp.

Proper Adjective:	Common Adjective:
Person: Hungarian citizens Thing: Hebrew language	Person: healthy patients Thing: heavy bag

Capitalization Rules

Uppercase Letter – "H"

- Premye lèt yon mo ki kòmanse yon fraz ap ekri majiskil.

- Premye lèt yon mo ki bay non yon moun espesifik, yon kote, yon bagay oswa yon konsèp ekri majiskil.

- Premye lèt tit yon moun nan lèt majiskil.

- Premye lèt chak mo nan yon tit oswa yon sous-tit yo ekri majiskil.

- Kòm yon pwonon, lèt "I" nan lèt majiskil.

✎ Nòt: Lèt miniskil yo jeneralman itilize pou tout lòt mo.

Lowercase Letter – "h"

- Premye lèt yon mo ki pa nonmen yon moun espesifik, yon kote, yon bagay oswa konsèp ekri ak yon lèt miniskil.

- Premye lèt yon mo ki pa kòmanse yon fraz ekri ak yon lèt miniskil.

- Tout lèt ki anndan ak nan fen mo yo ekri ak lèt miniskil.

The Letter "h" at a Glance		
Letter	Sound	Anchor Words
"h"	/h/	hat
"h"	silent "h"	cheetah

I/i

Lesson 9.0
Introduction of the Letter I/i

Lèt "i" se yon vwayèl. Li se 9yèm lèt nan alfabè Women lang angle a. Lèt yo ekri kòm lèt majiskil ak miniskil.

	Uppercase Letter	Lowercase Letter
Print	I	i
Cursive	*I*	*i*

Lesson 9.1
Reading Words with the Letter I/i

Lèt "i" pwononse nan sèt fason diferan.
- Li reprezante son vwayèl kout /ĭ/, tankou nan mo insect la.
- Li reprezante son vwayèl long /ī/, tankou nan mo bike.
- Li reprezante son vwayèl schwa /ə/, tankou nan mo pencil la.
- Li reprezante son vwayèl long /ē/, tankou nan mo taxi.
- Li reprezante son vwayèl /û/, tankou nan mo girl.
- Li reprezante son vwayèl /î/, tankou nan mo nirvana.
- Li reprezante son vwayèl kout /ă/, tankou nan mo meringue.
- Pafwa li an silans, tankou nan mo maid la.

High Frequency, One Syllable Letter "i" Words
Short vowel words:
if, in, is, it, big, bin, bit, did, dig, dim, dip, drift, drill, flip, fish, fit, fix, flint, flip, hill, him, hit, kid, lid, lip, pin, pit, sit, tin, tip, win
Long vowel words:
bite, drive, kite, file, fine, hide, high, ice, lime, line, mile, mine, nine, pine, rice, ride, side, size, slice, tide, tile, time, wife, wise

Lesson 9.2
Reading Words with the Short Vowel "i" Sound

"i" represents the short vowel /ĭ/ sound

Nan kòmansman yon mo, lèt "i" anjeneral reprezante son vwayèl kout /ĭ/, tankou nan mo <u>in</u>.

Lè yon konsòn vini anvan ak apre lèt "i", anjeneral li reprezante son vwayèl kout /ĭ/, tankou nan mo <u>big</u> ak <u>dish</u>.

Beginning	Within	End
/ĭ/	/ĭ/	/ĭ/
in	dish	

✎ Remak: Nan fen yon mo, lèt "i" pa reprezante son vwayèl kout /ĭ/.

✤ **Short Vowel "i" Word Families**

"ib" - "i" represents the short vowel /ĭ/ sound

Lèt "i" nan fanmi mo "ib" la reprezante son vwayèl kout /ĭ/, tankou nan mo <u>bib</u> la.

Word Box	bib, crib, fib, glib, nib, rib
	Multisyllable Words:
	Carib, sparerib

"ick" - "i" represents the short vowel /ĭ/ sound

Lèt "i" nan fanmi mo "ick" la reprezante son vwayèl kout /ĭ/, tankou nan mo <u>sick</u>.

Word Box	brick, chick, click, flick, kick, lick, Nick, pick, prick, quick, Rick, sick, slick, stick, thick, tick, trick, wick
	Multisyllable Words:
	broomstick, candlestick, chopstick, drumstick, gimmick, handpick, homesick, lovesick, maverick, sidekick, toothpick, yardstick

Word Box	kicker, licker, licking, nickel, nickelodeon, nickname, picket, picking, pickle, picky, sickle, slicker, sticker, sticking, ticker, ticket, tickle, ticklish, wicker

"id" - "i" represents the short vowel /ĭ/ sound

Lèt "i" nan fanmi mo "id" la reprezante son vwayèl kout /ĭ/, tankou nan mo <u>did</u>.

Word Box	bid, did, hid, grid, id, kid, lid, rid, slid, squid

"ift" - "i" represents the short vowel /ĭ/ sound

Lèt "i" nan fanmi mo "ift" reprezante son vwayèl kout /ĭ/, tankou nan mo <u>lift</u>.

Word Box	gift, lift, rift, sift, shift, swift, thrift

"ig" - "i" represents the short vowel /ĭ/ sound

Lèt "i" nan fanmi mo "ig" reprezante son vwayèl kout /ĭ/, tankou nan mo <u>wig</u>.

Word Box	big, brig, dig, fig, gig, grig, jig, pig, rig, swig, twig, wig, zig

"ill" - "i" represents the short vowel /ĭ/ sound

Lèt "i" nan fanmi mo "ill" la reprezante son vwayèl kout /ĭ/, tankou nan mo <u>fill</u>.

Word Box	bill, chill, dill, drill, fill, frill, gill, grill, hill, ill, Jill, mill, pill, sill, skill, spill, still, thrill, till, will

"im" - "i" represents the short vowel /ĭ/ sound

Lèt "i" nan fanmi mo "im" la reprezante son vwayèl kout /ĭ/, tankou nan mo <u>dim</u>.

Word Box	brim, dim, grim, him, Jim, Kim, prim, rim, skim, slim, swim, Tim, trim, whim

"imp" - "i" represents the short vowel /ĭ/ sound

Lèt "i" nan fanmi mo "imp" reprezante son vwayèl kout /ĭ/, tankou nan mo <u>chimp</u>.

Word Box	blimp, chimp, limp, primp, scrimp, shrimp, skimp

Unit I Lesson 9.2

"in" - "i" represents the short vowel /ĭ/ sound

Lèt "i" nan fanmi mo "in" reprezante son vwayèl kout /ĭ/, tankou nan mo <u>tin</u>.

Word Box	bin, chin, din, fin, gin, grin, in, kin, pin, skin, spin, thin, tin, twin, win

Word Box	coincidence, incapable, incompetent, inconsistent, incumbent, indent, index, infant, infer, inflate, inner, mince, minister, ministry, ringer, window, windy

"ing" - "i" represents the short vowel /ĭ/ sound

Lèt "i" nan fanmi mo "ing" la reprezante son vwayèl kout /ĭ/, tankou nan mo <u>sing</u>.

Word Box	Bing, bring, cling, ding, fling, king, Ming, ping, ring, sing, sling, spring sting, string, swing, thing, wing, wring, zing

"ink" - "i" represents the short vowel /ĭ/ sound

Lèt "i" nan fanmi mo "ink" la reprezante son vwayèl kout /ĭ/, tankou nan mo <u>sink</u>.

Word Box	blink, brink, chink, clink, dink, drink, fink, ink, jink, kink, link, mink, pink, plink, prink, rink, shrink, sink, slink, stink, think, wink

"ip" - "i" represents the short vowel /ĭ/ sound

Lèt "i" nan fanmi mo "ip" la reprezante son vwayèl kout /ĭ/, tankou nan mo <u>zip</u>.

Word Box	blip, chip, clip, dip, drip, flip, grip, hip, lip, nip, pip, rip, ship, sip, skip, slip, strip, tip, trip, whip, zip

"is" - "i" represents the short vowel /ĭ/ sound

Lèt "i" nan fanmi mo "is" la reprezante son vwayèl kout /ĭ/, tankou nan mo <u>his</u> ak <u>this</u>.

"it" - "i" represents the short vowel /ĭ/ sound

Lèt "i" nan fanmi mo "it" la reprezante son vwayèl kout /ĭ/, tankou nan mo <u>sit</u>.

Word Box	bit, fit, flit, hit, it, kit, knit, lit, pit, quit, sit, skit, slit, spit, split, twit, wit

"iz" - "i" represents the short vowel /ĭ/ sound

Lèt "i" nan fanmi mo "iz" la reprezante son vwayèl kout /ĭ/, tankou nan mo <u>quiz</u> ak <u>whiz</u>.

Lesson 9.3
Reading Words with the Long Vowel "i" Sound

"i" represents the long vowel /ī/ sound

Lèt "i" ka reprezante son vwayèl long /ī/, tankou nan mo glas la. Yon vwayèl long pwononse pa non lèt li a.

Beginning	Within	End
/ī/	/ī/	/ī/
ice	tie	hi

✤ **"i" + consonant + silent "e" word families**

Son /ī/ vwayèl long la gen kat varyasyon modèl: VCe, CVCe, CCVCe ak CCCVCe. Modèl VCe a se nan fen anpil mo vwayèl long.

"vowel + consonant + silent e" patterns	Target Words
VCe	ice
CVCe	bike
CCVCe	smile
CCCVCe	strike

"ice" - "i" represents the long vowel /ī/ sound

Lè modèl "i" + konsòn + "e" se nan fen yon mo, vwayèl "i" anjeneral reprezante son vwayèl long /ī/, konsòn nan reprezante son li pandan vwayèl "e" an silans, jan nan mo <u>mice</u>.

Word Box	dice, ice, mice, nice, price, rice, slice, spice, splice, thrice, twice, vice

☞ Eksepsyon: service - /ĭ/ son

"ide" - "i" represents the long vowel /ī/ sound

Lè modèl "i" + konsòn + "e" se nan fen yon mo, vwayèl "i" anjeneral reprezante son vwayèl long /ī/, konsòn nan reprezante son li pandan vwayèl "e" an silans, jan nan mo <u>side</u>.

Word Box	bide, bride, glide, hide, pride, ride, side, slide, stride, tide, wide
	Multisyllable Words:
	aside, beside, collide, confide, decide, divide, inside, outside, provide, seaside

"ife" - "i" represents the long vowel /ī/ sound

Lè modèl "i" + konsòn + "e" se nan fen yon mo, vwayèl "i" anjeneral reprezante son vwayèl long /ī/, konsòn nan reprezante son li pandan vwayèl "e" an silans, jan nan mo life.

Word Box	fife, knife, life, strife, wife

"ile" - "i" represents the long vowel /ī/ sound

Lè modèl "i" + konsòn + "e" se nan fen yon mo, vwayèl "i" anjeneral reprezante son vwayèl long /ī/, konsòn nan reprezante son li pandan vwayèl "e" an silans, jan nan mo file.

Word Box	bile, file, mile, Nile, pile, smile, stile, tile, vile, while *Multisyllable Words:* agile, awhile, compile, fragile, hostile, juvenile, mobile, reptile, volatile

☞ Eksepsyons: agile, docile, fragile, hostile - /ī/ son oswa /ə/ son

"ime" - "i" represents the long vowel /ī/ sound

Lè modèl "i" + konsòn + "e" se nan fen yon mo, vwayèl "i" anjeneral reprezante son vwayèl long /ī/, konsòn nan reprezante son li pandan vwayèl "e" an silans, jan nan mo sublime.

Word Box	chime, clime, crime, dime, grime, lime, mime, prime, slime, time, rime

"ine" - "i" represents the long vowel /ī/ sound

Lè modèl "i" + konsòn + "e" se nan fen yon mo, vwayèl "i" anjeneral reprezante son vwayèl long /ī/, konsòn nan reprezante son li pandan vwayèl "e" an silans, jan nan mo pine.

Word Box	brine, chine, cline, dine, fine, line, mine, nine, pine, sine, shine, shrine, spine, swine, tine, trine, twine, vine, whine, wine

"ine" - "i" represents the long vowel /ē/ sound

Lè modèl "i" + konsòn + "e" se nan fen yon mo, vwayèl "i" ka reprezante son vwayèl long /ē/, tankou nan mo machine ak magazine.

"ine" - "i" represents the short vowel /ĭ/ sound

Lè modèl "i" + konsòn + "e" se nan fen yon mo, vwayèl "i" ka reprezante son vwayèl kout /ĭ/, tankou nan mo discipline ak engine.

"ire" - "i" represents the long vowel /ī/ sound

Lè modèl "i" + konsòn + "e" se nan fen yon mo, vwayèl "i" anjeneral reprezante son vwayèl long /ī/, konsòn nan reprezante son li pandan vwayèl "e" an silans, jan nan mo <u>fire</u>.

Word Box	fire, hire, mire, shire, spire, tire, wire *Multisyllable Words:* acquire, admire, aspire, attire, backfire, bonfire, campfire, conspire, desire, empire, entire, esquire, expire, hardwire, inspire, retire, sapphire, satire, umpire

"ite" - "i" represents the long vowel /ī/ sound

Lè modèl "i" + konsòn + "e" se nan fen yon mo, vwayèl "i" anjeneral reprezante son vwayèl long /ī/, konsòn nan reprezante son li pandan vwayèl "e" an silans, jan nan mo <u>kite</u>.

Word Box	bite, cite, kite, lite, mite, quite, rite, site, spite, sprite, white, write *Multisyllable Words:* despite, dynamite, excite, ignite, incite, invite, polite, recite, satellite

☞ Eksepsyons: definite, hypocrite - /ĭ/ son

"ive" - "i" represents the long vowel /ī/ sound

Lè modèl "i" + konsòn + "e" se nan fen yon mo, vwayèl "i" anjeneral reprezante son vwayèl long /ī/, konsòn nan reprezante son li pandan vwayèl "e" an silans, jan nan mo <u>live</u>.

Word Box	dive, drive, five, live, strive *Multisyllable Words:* alive, arrive, archive, beehive, contrive, deprive, revive, survive

☞ Eksepsyons: defensive, exclusive, progressive - /ĭ/ son

"ild" - "i" represents the long vowel /ī/ sound

Nan konbinezon lèt "ild", lèt "i" ka reprezante son vwayèl long /ī/, tankou nan mo <u>child</u> ak <u>mild</u>.

Word Box	childish, mild, milder, mildest, mildly, wild, wilder, wildest, wildly, wildness

☞ Eksepsyons: children, wilderness - /ĭ/ son

"ind" - "i" represents the long vowel /ī/ sound

Nan konbinezon lèt "ind", lèt "i" ka reprezante son vwayèl long /ī/, tankou nan mo <u>find</u> and <u>kind</u>.

"ight" - "i" represents the long vowel /ī/ sound

Nan konbinezon lèt "ight", lèt "i" reprezante son vwayèl long /ī/, tankou nan mo <u>bright</u>.

Word Box	blight, fight, flight, fright, knight, light, might, night, right, sight, slight, tight
	Multisyllable Words:
	alright, brighten, delight, flashlight, highlight, overnight, playwright, tonight

☞ Eksepsyon: straight – silent "i"

"eight" - "ei" represents the long vowel /ā/ sound

Nan konbinezon "eight" lèt la, lèt "e" ak "i" reprezante son vwayèl long /ā/, tankou nan mo <u>eight</u>.

Word Box	eight, eighteen, eighteenth, eightieth, eighty, freight, freighter, weight, weightless, weightlessly, weightlessness, weightlifter, weightlifting, weighty

☞ Eksepsyon: height – /ī/ son

Long Vowel "i" Cards

"ibe"	"ice"	"ide"
bribe	price	bride
scribe	slice	glide
tribe	twice	pride

"ipe"	"ite"	"ive"
stripe	sprite	drive
swipe	white	strive
tripe	write	thrive

Lekti Evalyasyon
Devwa: Li fraz yo.

1. The heat intensifies at lunchtime.
2. I have nine pencils inside my desk.
3. The intern puts raisins on his cereal.
4. I read an interesting book about pilgrims.
5. The speed limit is fifty-five miles per hour.

Lesson 9.4
Reading Words with Letter "i" Vowel Pairs

Lè de vwayèl yo ansanm nan yon silab oswa yon mo, premye vwayèl la anjeneral reprezante son vwayèl long pandan y ap dezyèm vwayèl la an silans.

Lè de vwayèl divize an de silab, chak vwayèl reprezante yon son endividyèl.

"ia" represents the long vowel /ī/ sound

Lè konbinezon vwayèl "ia" ansanm nan yon mo oswa yon silab, lèt "i" reprezante son vwayèl long /ī/ pandan lèt "a" an silans, tankou nan mo dial la.

Word Box	dial, dialing, diaper, redial, trial

Li enpòtan pou sonje ke mo ki nan bwat mo yo ka pwononse nan de fason: son vwayèl long /ī/ oswa son vwayèl long /ī/ + /ə/.

Word Box	/ī/ sound	/ī/ + /ə/ sounds
dial	✓	✓
trial	✓	✓
diaper	✓	✓

"ia" represents the long vowel /ī/ + /ə/ sounds

Lè konbinezon vwayèl "ia" divize an de silab, lèt "i" reprezante son vwayèl long /ī/ pandan vwayèl "i" ka reprezante son vwayèl schwa /ə/, tankou nan mo bias.

Word Box	appliance, bias, compliance, defiant, denial, diabetes, diabetic, diabolical, diagram, dial, dialect, diamond, diaper, diary, diatom, giant, liability, liable, podiatry, psychiatrist, psychiatry, reliable, reliant, undeniable, viable

☞ Eksepsyon: dialysis - /ī/ + /ă/ son

"ie" represents the long vowel /ī/ sound

Lè konbinezon vwayèl "ie" ansanm nan yon mo oswa yon silab, lèt "i" ka reprezante son vwayèl long /ī/ pandan lèt "e" an silans, tankou nan mo tie.

Word Box	cried, cries, die, dried, dries, flies, fried, fries, hie, lie, lied, lies, pie, pied, pies, spied, spies, tie, tied, ties, tried, tries, vie, vied allied, applied, certified, classified, diversified, edified, fortified, identified, justified, modified, occupied, qualified, relied, satisfied, signified, supplied

"ie" has a silent "i" + long vowel /ē/ sound

Lè konbinezon vwayèl "ie" ansanm nan yon mo oswa yon silab, lèt "i" ka rete an silans pandan ke lèt "e" ka reprezante son vwayèl long /ē/, tankou nan mo cookies.

Word Box	babies, belief, believe, berries, brief, brownie, chief, cities, cookies, copies, families, field, grief, hobbies, niece, parties, pennies, relief, shield, thief, yield

"ie" represents the long vowel /ī/ + /ə/ sounds

Lè konbinezon vwayèl "ie" divize an de silab, lèt "i" ka reprezante son vwayèl long /ī/, ak lèt "e" ka reprezante son vwayèl schwa /ə/, tankou nan mo science.

Word Box	client, clientele, hierarchy, hieratic, hieroglyph, hieroglyphic, science, scientific, scientists

"ie" represents the long vowel /ī/ + /ĭ/ sounds

Lè konbinezon vwayèl "ie" divize an de silab, lèt "i" ka reprezante son vwayèl long /ī/ ak lèt "e" ka reprezante son vwayèl kout /ĭ/, tankou nan mo diet ak quiet.

"ie" - "i" represents the long vowel /ē/ sound

Nan konbinezon lèt "ier" ak "iest", lèt "i" ka reprezante son vwayèl long /ē/, tankou nan mo happier ak happiest.

Word Box	"ier" represents long vowel /ē/ + /ə/ + /r/ sounds	"iest" represents long vowel /ē/ + /ĕ/ + /s/ + /t/ sounds
early	earlier	earliest
easy	easier	easiest
tiny	tinier	tiniest

"io" represents the /y/ + /ə/ sounds

Lè konbinezon vwayèl "io" ansanm nan yon mo oswa yon silab, li reprezante sons /y/ + /ə/, tankou nan mo union.

Word Box	communion, companion, dominion, grunion, junior, medallion, million, minion, octillion, onion, opinion, quintillion, rebellion, senior, trillion, union

"iu" represents the long vowel /ē/ + /ə/ sounds

Lè konbinezon vwayèl "iu" divize an de silab, lèt "i" reprezante son vwayèl long /ē/, ak lèt "u" reprezante son vwayèl schwa /ə/, tankou nan mo sodium.

Word Box	aquarium, consortium, delirium, emporium, medium, millennium, podium, potassium, premium, radium, radius, sodium, stadium, symposium, tedium

Lesson 9.5
Reading Words with the Final Letter "i"

Lèt final la "i" pwononse nan de fason diferan.
- Li reprezante son vwayèl long /ī/, tankou nan mo hi.
- Li reprezante son vwayèl long /ē/, tankou nan mo taxi.

"i" represents the long vowel /ī/ sound

Lè lèt "i" nan fen yon mo oswa yon silab, li ka reprezante son vwayèl long /ī/, tankou nan mo hi.

Word Box	*Final letter "i"* alibi, alkali, alumni, anti, cacti, chi, fungi, hi, I, octopi, phi, stimuli, syllabi *Only letter "i" in the first syllable* icon, Idaho, idea, ideal, identical, identify, identity, Iris, Irish, iron, item *Letter "i" is at the end of the first syllable* bias, bicarbonate, biceps, bicycle, bifocal, bilateral, bilingual, binary, bio, biology, bipolar, Chinese, cider, citation, dilate, dilute, dinette, dinosaur, direct, diverge, divert, fiber, final, finalize, giant, liable, library, license, Siberia, silence, silent, sinus, siren, triangle, triceps, tricycle, trifle, vibrate, vibration

"i" represents the long vowel /ē/ sound

Lè lèt "i" nan fen yon mo miltisilab, li ka reprezante son vwayèl long /ē/, tankou nan mo taxi.

Word Box	bikini, broccoli, chili, confetti, deli, Fiji, graffiti, Haiti, Hindi, Jacuzzi, kiwi, macaroni, maxi, Miami, mini, multi, pepperoni, Pepsi, potpourri, Punjabi, quasi, roti, safari, salami, semi, sushi, Swahili, taxi, teriyaki, yogi, ziti, zucchini

"io" represents the long vowel /ē/ + /ō/ sounds

Lè konbinezon vwayèl "io" divize an de silab, lèt "i" reprezante son vwayèl long /ē/ ak lèt "o" ka reprezante son vwayèl long /ō/, tankou nan mo cardio ak radio.

"io" represents the long vowel /ē/ + /ŏ/ sounds

Lè konbinezon vwayèl "io" divize an de silab, lèt "i" reprezante son vwayèl long /ē/ ak lèt "o" ka reprezante son vwayèl kout /ŏ/, tankou nan mo audiology ak cardiology.

"io" represents the long vowel /ē/ + /ə/ sounds

Lè konbinezon vwayèl "io" divize an de silab, lèt "i" reprezante son vwayèl long /ē/ ak lèt "o" ka reprezante son vwayèl schwa /ə/, tankou nan mo cardiograph.

Lesson 9.6
Reading Letter "i" Words with the Schwa Vowel Sound

"i" represents the schwa vowel /ə/ sound

Vwayèl "i" ka reprezante son vwayèl schwa /ə/, tankou nan mo <u>cabinet</u> la. Vwayèl schwa a son tankou /ŭ/ + /h/.

Schwa it!

Beginning	Within	End
/ə/	/ə/	/ə/
	cabinet	

Lè lèt "i" nan yon mo, li ka reprezante son vwayèl schwa /ə/, tankou nan mo <u>animal</u>.

Word Box	admiral, animal, binocular, capillary, captivate, carnivore, civ<u>i</u>l, condiment, clarinet, crim<u>i</u>nal, crucible, imag<u>i</u>nation, laminate, nominal, nominee, nostril, optimum, orig<u>i</u>nal, ped<u>i</u>ment, pencil, pestilent, pollinate, sediment, sim<u>i</u>lar, sim<u>i</u>larity, sim<u>i</u>le, spec<u>i</u>fication, stab<u>i</u>lize, stamina, testimony

"ify" - "i" represents the schwa vowel /ə/ sound

Nan konbinezon "ify" lèt la, lèt "i" reprezante son vwayèl schwa /ə/, tankou nan mo <u>classify</u>.

Word Box	amplify, beautify, certify, clarify, classify, diversify, exemplify, falsify, fortify, glorify, identify, intensify, justify, modify, mystify, notify, pacify, purify

"ily" - "i" represents the schwa vowel /ə/ sound

Nan konbinezon lèt "ily", lèt "i" reprezante son vwayèl schwa /ə/, tankou nan mo <u>family</u>.

Word Box	cozily, easily, extraordinarily, happily, heavily, lazily, luckily, monetarily, nosily, primarily, readily, speedily, tastily, temporarily, verily, voluntarily

☞ Eksepsyons: lily – /ĭ/ son; daily – silent "i"

Parts of Speech Table

Nouns	Verbs	Adjectives
animals	annihilate	civil
centipede	assimilate	classified
continent	calibrate	continental
decimal	cannibalize	criminal
experiment	captivate	intelligent
pencil	duplicate	pessimistic
president	participate	similar

Lesson 9.7
Reading Words with the "ir" Letter Combination

Nan konbinezon lèt "ir", lèt "i" pwononse nan senk fason diferan.
- Li reprezante son vwayèl kout /ĭ/, tankou nan mo mirror.
- Li reprezante son vwayèl long /ī/, tankou nan mo virus.
- Li reprezante son vwayèl /û/, tankou nan mo bird.
- Li reprezante son vwayèl /î/, tankou nan mo nirvana.
- Li reprezante son vwayèl schwa /ə/, tankou nan mo giraffe.

"ir" represents the short vowel /ĭ/ + /r/ sounds

Konbinezon lèt "ir" la ka reprezante son vwayèl kout /ĭ/ + /r/, tankou nan mo mirror.

Word Box	irregular, irreplaceable, irreproachable, irresistible, irrespective, irresponsible, irreverence, irrigate, irrigation, irritate, miracle, mirage, mirror, spiritual

"ir" represents the long vowel /ī/ + /r/ sounds

Konbinezon lèt "ir" la ka reprezante son vwayèl long /ī/ + /r/, tankou nan mo virus.

Word Box	acquire, admire, environment, irate, Ireland, iris, Irish, ironic, irony, irradiate, inspire, mire, pirate, retire, siren, viral, virology, virulent, virus, wire, wiry

"ir" represents the short vowel /ĭ/ + /r/ sounds or long vowel /ī/ + /r/ sounds

Konbinezon lèt "ir" la ka reprezante son vwayèl kout /ĭ/ + /r/ oswa son vwayèl long /ī/ + /r/, tankou nan mo direct ak directory.

"ir" represents the vowel /û/ + /r/ sounds

Konbinezon lèt "ir" la ka reprezante son vwayèl /û/ + /r/, tankou nan mo bird.

Word Box	affirm, bird, birth, chirp, circle, circus, dirt, fir, firm, first, gird, girl, girth, irk, quirk, shirt, sir, skirt, squirm, stir, swirl, third, thirst, thirsty, virtual, virtue

"ir" represents the vowel /î/ + /r/ sounds

Konbinezon lèt "ir" la ka reprezante son vwayèl /î/ + /r/, tankou nan mo conspiracy, souvenir ak nirvana.

"ir" represents the schwa vowel /ə/ + /r/ sounds

Konbinezon lèt "ir" la ka reprezante son vwayèl schwa /ə/ + /r/, tankou nan mo giraffe.

Word Box	aspirate, aspiration, aspirator, aspirin, circadian, circuitous, circumference, confirmation, giraffe, inspiration, inspirational, transpiration, virago, Virginia

Lesson 9.8
Reading Letter "i" Words with the Long Vowel /ē/ Sound

Lèt "i" ka reprezante son vwayèl long /ē/, tankou nan mo <u>chic</u> ak <u>Belize</u>.

"i" represents the long vowel /ē/ sound

Lè lèt "i" nan fen yon mo, li ka reprezante son vwayèl long /ē/, tankou nan mo <u>ski</u>.

Word Box	bikini, broccoli, chili, Haiti, hibachi, Hindi, kiwi, macaroni, Malawi, Mali, maxi, Miami, mini, origami, pepperoni, Pepsi, safari, salami, scampi, ski, taxi

"io" represents the long vowel /ē/ + /ō/ sounds

Lè konbinezon vwayèl "io" divize an de silab, lèt "i" ka reprezante son vwayèl long /ē/ ak lèt "o" ka reprezante son vwayèl long /ō/, tankou nan mo <u>trio</u>.

Word Box	audio, audiobook, barrio, capriccio, cardio, cardiovascular, cheerio, folio, Ontario, patio, pistachio, polio, portfolio, radio, ratio, ravioli, scenario, studio

Grammar Highlight

"i" represents the long vowel /ē/ sound

Nan konbinezon lèt "ier" ak "iest", lèt "i" reprezante son vwayèl long /ē/, tankou nan mo <u>earlier</u> ak <u>earliest</u>.

Word Box	"ier" represents long vowel /ē/ + /ə/ + /r/ sounds comparative adjectives	"iest" represents long vowel /ē/ + /ĕ/ + /s/ + /t/ sounds superlative adjectives
cozy	cozier	coziest
early	earlier	earliest
easy	easier	easiest
merry	merrier	merriest
nosy	nosier	nosiest
tiny	tinier	tiniest

Lekti Evalyasyon
Devwa: Li fraz yo.

1. Lisa likes to drive her red car.
2. The trio will sing six new songs.
3. All the kids ate pizza for dinner.
4. My antique radio is on the patio.
5. Irene ate macaroni and shrimp scampi.

Lesson 9.9
Reading Words with a Silent Letter "i"

Vwayèl "i" ka an silans, tankou nan mo <u>business</u> ak <u>view</u>.

"ie" has a silent "i" + long vowel /ē/ sound

Lè konbinezon vwayèl "ie" ansanm nan yon mo oswa yon silab, lèt "i" ka rete an silans pandan ke lèt "e" reprezante son vwayèl long /ē/, tankou nan mo <u>cookies</u>.

Word Box	abilities, achieve, babies, belief, believe, berries, brief, brownie, chief, cities, field, grief, movie, niece, parties, pennies, relief, rotisserie, shield, thief, yield

☞ Eksepsyon: friend - /ĕ/ son

"i" is silent

Lè lèt "i" se dezyèm vwayèl nan pè vwayèl la, li ka an silans, tankou nan mo <u>grain</u>.

Word Box	aide, afraid, aim, attain, bail, bait, daily, detail, either, heifer, Jamaica, nail, obtain, paid, pain, rail, receipt, sail, stain, straight, suit, trait, vain, wail, waist

Grammar Highlight

"ie" has a silent "i" + long vowel /ē/ sound

Nan konbinezon lèt "ies" ak "ied", lèt "i" ka an silans, tankou nan mo <u>studies</u> ak <u>studied</u>.

Word Box	"ies" has a silent "i" + long vowel /ē/ + /z/ sounds	"ied" has a silent "i" + long vowel /ē/ + /d/ sounds
Present Tense Verbs	3rd Person Singular Verbs	Past Tense Verbs
carry	carries	carried
copy	copies	copied
hurry	hurries	hurried
marry	marries	married
tarry	tarries	tarried
worry	worries	worried

Silent Letter "i" at a Glance		
Letter	Sound	Anchor Words
"i"	silent "i"	grain
"i"	silent "i"	business

Learn To Read English With Lessons In Haitian Creole

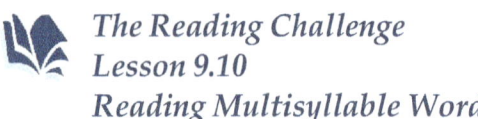

The Reading Challenge
Lesson 9.10
Reading Multisyllable Words

Ou ka li yon mo long lè w divize l an ti pati ki rele silab. Chak silab gen yon son vwayèl epi anjeneral youn oswa plizyè son konsòn.

Three Ways to Divide Words into Syllables

1. Yon silab fèmen fini ak yon konsòn. Lè yon silab fèmen gen yon vwayèl, anjeneral li gen yon vwayèl kout.
   Egzanp: finish - fin + ish

   Lè yon silab fèmen gen de vwayèl, premye vwayèl la se nòmalman yon vwayèl long pandan dezyèm vwayèl la an silans.
   Egzanp: allied - al + lied

2. Yon silab louvri fini ak yon vwayèl. Vwayèl nan fen silab la se nòmalman yon vwayèl long.
   Egzanp: private - pri + vate

3. Silab "vwayèl + konsòn + e" se nan fen yon mo. Premye vwayèl nan modèl silab sa a se nòmalman yon vwayèl long pandan y ap "e" final la an silans.
   Egzanp: invite - in + vite

Multisyllable Word Lists

2 syllable words	3 syllable words	4 syllable words
illness	icicle	identical
impact	idealize	illegally
impress	influence	illustrator
index	illustrate	impediment
insane	imagine	impossible
inside	important	information
into	industry	intelligent
invade	insurance	intercessor
Irish	intellect	interior
iron	intercept	ironical
island	invited	irregular
issue	inundate	isolated
item	itemize	itinerant

Lesson 9.11
Reading Proper and Common Nouns and Adjectives
Capitalization Rules

Mo yo ekri ak lèt majiskil ak/oswa miniskil. Non pwòp ak adjektif apwopriye kòmanse ak lèt majiskil. Non komen ak adjektif komen kòmanse ak lèt miniskil.

Yon **non pwòp** se yon mo ki nonmen yon moun espesifik, yon kote, yon bagay oswa yon konsèp.

Yon **non komen** se yon mo ki nonmen yon moun jeneral, kote, bagay oswa konsèp.

	Proper Noun	Common Noun
Person	Inuit	inspector
Place	India	inside
Thing	Internet	igloo
Concept	Islam	innovation

Yon **adjektif apwopriye** se yon mo ki dekri yon moun espesifik, yon kote, yon bagay oswa yon konsèp.

Yon **adjektif komen** se yon mo ki dekri yon moun jeneral, kote, bagay oswa konsèp.

Proper Adjective:	Common Adjective:
Person: Indian citizen Thing: Indonesian food	Person: intelligent student Thing: icy road

Capitalization Rules
Uppercase Letter – "I"

- Premye lèt mo ki kòmanse yon fraz ap ekri majiskil.

- Premye lèt mo ki bay non yon moun, yon kote, yon bagay oswa yon konsèp espesifik yo ekri majiskil.

- Premye lèt tit yon moun nan lèt majiskil.

- Premye lèt chak mo nan yon tit oswa yon sous-tit yo ekri majiskil.

- Kòm yon pwonon, lèt "I" nan lèt majiskil.

✐ Nòt: Lèt miniskil yo jeneralman itilize pou tout lòt mo.

Lowercase Letter – "i"

- Premye lèt yon mo ki pa nonmen yon moun espesifik, yon kote, yon bagay oswa konsèp ekri ak yon lèt miniskil.

- Premye lèt yon mo ki pa kòmanse yon fraz ekri ak yon lèt miniskil.

- Tout lèt ki anndan ak nan fen mo yo ekri ak lèt miniskil.

The Letter "i" at a Glance

Letter(s)	Sounds	Anchor Words
"i"	/ĭ/	insect
"i"	/ī/	bike
"i"	/ə/	pencil
"i"	/ē/	taxi
"i"	/û/	girl
"i"	/î/	nirvana
"i"	/ă/	meringue
"i"	silent "i"	maid

J/j

 Lesson 10.0
Introduction of the Letter J/j

Lèt "j" se yon konsòn. Li se 10yèm lèt nan alfabè roman lang angle a. Lèt yo ekri kòm lèt majiskil ak miniskil.

	Uppercase Letter	Lowercase Letter
Print	J	j
Cursive	*J*	*j*

 Lesson 10.1
Reading Words with the Letter J/j

Lèt "j" pwononse nan twa fason.
- Li reprezante son /j/, tankou nan mo <u>j</u>et la.
- Li reprezante son /h/, tankou nan mo Nava<u>j</u>o la.
- Li reprezante son /y/, tankou nan mo fjord la.

High Frequency, One Syllable Letter "j" Words
jab, jack, jade, jail, jam, jar, jaw, jay, jazz, jeans, jeep, jeer, jest, jet, jib, jig, jive, job, jock, jog, join, joint, joist, joke, jot, joule, jounce, joust, jowl, joy, judge, judged, jug, jugs, juice, juke, jump, June, junk, just

Nan kòmansman ak nan yon mo, lèt "j" reprezante son /j/, tankou nan mo <u>j</u>et ak a<u>j</u>ar.

Beginning	Within	End
/j/	/j/	/j/
jet	ajar	

Short Vowel Blending Table for the Letter J/j

/ă/ apple	/ĕ/ egg	/ĭ/ insect	/ŏ/ octopus	/ŭ/ up
j a m	j e t	j i g	j o b	j u g
ja m	je t	ji g	jo b	ju g
jam	jet	jig	job	jug

✢ *Reading Words with the Letter J/j*

Long Vowel Blending Table for the Letter J/j

/ā/ ape	/ē/ eagle	/ī/ ice	/ō/ open	/o͞o/ glue
j a d e	j e e p	j i v e	j o k e	J u n e
ja de	jee p	ji ve	jo ke	Ju ne
jade	jeep	jive	joke	June

Letter "j" Parts of Speech Table

Nouns	Verbs	Adjectives
jab	jabbed	jade
jacket	jabbing	jagged
jade	jacketed	Jamaican
jail	jailed	Japanese
jalopy	jeopardize	jawed
jam	jingled	jawless
jeep	jingling	jazzy
jelly	jogging	jealous
jersey	joined	jellylike
job	joining	jeweled
jockey	joked	jobless
joint	joking	jocular
journal	jolting	joint
judge	jostle	jolly
juice	jotting	jovial
jumper	judged	joyful
junction	judging	joyous
jury	juggling	jubilant
justice	jumbled	juicy
justification	jumped	jumbo
juxtaposition	justify	jumpy

Lekti Evalyasyon
Devwa: Li fraz yo.

1. The jellybeans are in the jar.
2. Jordan's jacket is in the closet.
3. Jim is jumping in the jungle gym.
4. Joyce and Joel like to listen to jazz.
5. Jasmine and Joy ate jam and bread.

The Reading Challenge
Lesson 10.2
Reading Multisyllable Words

Ou ka li yon mo long lè w divize l an ti pati ki rele silab. Chak silab gen yon son vwayèl epi anjeneral youn oswa plizyè son konsòn.

Three Ways to Divide Words into Syllables

1. Yon silab fèmen fini ak yon konsòn. Lè yon silab fèmen gen yon vwayèl, anjeneral li gen yon vwayèl kout.
   Egzanp: jester - jes + ter

   Lè yon silab fèmen gen de vwayèl, premye vwayèl la se nòmalman yon vwayèl long pandan dezyèm vwayèl la an silans.
   Egzanp: jailbird – jail + bird

2. Yon silab louvri fini ak yon vwayèl. Vwayèl nan fen silab la se nòmalman yon vwayèl long.
   Egzanp: joey - jo + ey

3. Silab "vwayèl + konsòn + e" se nan fen yon mo. Premye vwayèl nan modèl silab sa a se nòmalman yon vwayèl long pandan y ap "e" final la an silans.
   Egzanp: juxtapose - jux + ta + pose

Multisyllable Word Lists

2 syllable words	3 syllable words	4 syllable words
jacket	jackhammer	jacaranda
jargon	Jamaica	jalapeno
jaybird	jamboree	jambalaya
jealous	janitor	January
jelly	Japanese	jeremiad
jewel	jawbreaker	Jeremiah
journey	jealousy	jocundity
joyful	jellyfish	Johannesburg
juggle	jeopardize	journalistic
juicy	jewelry	jubilantly
July	joyfully	jubilation
jumbo	jubilant	juridical
jumper	juvenile	jurisdiction
jumping	Jupiter	jurisprudence
jungle	justify	juxtaposing

Lesson 10.3
Reading Proper and Common Nouns and Adjectives
Capitalization Rules

Mo yo ekri ak lèt majiskil ak/oswa miniskil. Non pwòp ak adjektif apwopriye kòmanse ak lèt majiskil. Non komen ak adjektif komen kòmanse ak lèt miniskil.

Yon **non pwòp** se yon mo ki nonmen yon moun espesifik, yon kote, yon bagay oswa yon konsèp.

Yon **non komen** se yon mo ki nonmen yon moun jeneral, kote, bagay oswa konsèp.

	Proper Noun	Common Noun
Person	Jimmy	janitor
Place	Jamaica	junior high school
Thing	January	jello
Concept	Judaism	joy

Yon **adjektif apwopriye** se yon mo ki dekri yon moun espesifik, yon kote, yon bagay oswa yon konsèp.

Yon **adjektif komen** se yon mo ki dekri yon moun jeneral, kote, bagay oswa konsèp.

Proper Adjective:	Common Adjective:
Person: Japanese citizen	Person: jolly clown
Thing: Jeffersonian Era	Thing: junk food

Capitalization Rules

Uppercase Letter – "J"

- Premye lèt yon mo ki kòmanse yon fraz ap ekri majiskil.

- Premye lèt yon mo ki bay non yon moun espesifik, yon kote, yon bagay oswa yon konsèp ekri majiskil.

- Premye lèt tit yon moun nan lèt majiskil.

- Premye lèt chak mo nan yon tit oswa yon sous-tit yo ekri majiskil.

- Kòm yon pwonon, lèt "I" nan lèt majiskil.

✎ Nòt: Lèt miniskil yo jeneralman itilize pou tout lòt mo.

Lowercase Letter – "j"

- Premye lèt yon mo ki pa nonmen yon moun espesifik, yon kote, yon bagay oswa konsèp ekri ak yon lèt miniskil.

- Premye lèt yon mo ki pa kòmanse yon fraz ekri ak yon lèt miniskil.

- Tout lèt ki anndan ak nan fen mo yo ekri ak lèt miniskil.

The Letter "j" at a Glance

Letter	Sound	Anchor Word
"j"	/j/	jet
"j"	silent "j"	

Unit J
Lesson 10.3

Unit K

K/k

Lesson 11.0
Introduction of the Letter K/k

Lèt "k" se yon konsòn. Li se 11yèm lèt nan alfabè Women lang angle a. Lèt yo ekri kòm lèt majiskil ak miniskil.

	Uppercase Letter	Lowercase Letter
Print	K	k
Cursive	𝒦	𝓀

Lesson 11.1
Reading Words with the Letter K/k

Lèt "k" pwononse nan yon sèl fason.
- Li reprezante son /k/, tankou nan mo <u>king</u>.
- Pafwa li an silans, tankou nan mo <u>knee</u>.

High Frequency, One Syllable Letter "k" Words
kale, karts, keel, keen, keep, keg, kelp, ken, kept, ketch, key, keys, kick, kicks, kid, kids, kind, king, kiss, kit, knack, knew, knife, knight, knit, knits, knob, knobs, knock, knoll, knot, knots, know, known

Nan kòmansman an, nan ak nan fen yon mo, lèt "k" reprezante son /k/, tankou nan mo <u>kit</u>, <u>rocket</u> ak <u>back</u>.

Beginning	Within	End
/k/	/k/	/k/
kale	baskets	back
keep	cracker	bookmark
ketchup	leakage	chipmunk
keyboard	pumpkin	gimmick
kidneys	spoken	midweek
knockout	sticker	nonstick
koalas	walking	unlock

✣ Reading Words with the Letter K/k

Short Vowel Blending Table for the Letter K/k

/ă/ apple	/ĕ/ egg	/ĭ/ insect	/ŏ/ octopus	/ŭ/ up
k a pp a	K e n	k i t	ko m chu b a	k u ng fu
ka pp a	Ke n	ki t	kom chu ba	ku ng fu
kappa	Ken	kit	komchuba	kung fu

Long Vowel Blending Table for the Letter K/k

/ā/ ape	/ē/ eagle	/ī/ ice	/ō/ open	/ōō/ glue
K a t e	k ee n	k i te	k o sh er	K u w ai t
Ka te	kee n	ki te	kosh er	Ku wait
Kate	keen	kite	kosher	Kuwait

Letter "k" Parts of Speech Table

Nouns	Verbs	Adjectives
kale	keening	kaleidoscopic
kava	keep	kapok
kazoo	keeping	keen
keeper	keeps	kempt
kernel	kept	Kenyan
kerosene	keyed	kept
ketchup	kicked	khaki
keyboard	kicking	kinesthetic
keynote	kissed	kind
kickoff	kneeling	kinetic
kidney	knitting	kinky
kilometer	knocked	Korean
kingdom	knotted	kosher
kitchen	knows	knitted

Unit K Lesson 11.1

 Lekti Evalyasyon
Devwa: Li fraz yo.

1. The king's knights are brave.
2. The kids are flying their kites.
3. Keanna enjoys singing karaoke.
4. Kathy and Kim are from Kuwait.
5. Kristen read a book about Helen Keller.

Lesson 11.2
Reading Words with the Letter "k" and "ck" Letter Combination

"k" represents the /k/ sound

Lèt "k" reprezante son /k/, tankou nan mo <u>cake</u>.

Long Vowel Blending Table for the Letter "k"

/ā/ ape	/ē/ eagle	/ī/ ice	/ō/ open	/yōō/ cube
t a k e	d e ke	b i k e	sp o k e	p u k e
ta ke	de ke	bi ke	spo ke	pu ke
take	deke	bike	spoke	puke

"ck" has a silent "c" + /k/ sound

Konbinezon "ck" lèt la reprezante son /k/, tankou nan mo <u>luck</u>.

Short Vowel Blending Table for the "ck" Letter Combination

/ă/ apple	/ĕ/ egg	/ĭ/ insect	/ŏ/ octopus	/ŭ/ up
b a ck	ch e c k	ch i ck	cl o ck	ch u ck
ba ck	che ck	chi ck	clo ck	chu ck
back	check	chick	clock	chuck

Word Box	acknowledge, back, black, block, bucket, chick, chicken, deck, dock, duck, jacket, kick, lack, lick, lock, luck, neck, nickel, pack, pick, pickle, sick, sock

Long Vowel Cards for the Letter "k"

"ake"	"eke"	"ike"	"oke"	"uke"
bake	deke	bike	awoke	duke
cake	eke	hike	broke	fluke
fake	peke	strike	smoke	juke

Short Vowel Cards for the Letter "ck"

"ack"	"eck"	"ick"	"ock"	"uck"
black	check	brick	block	chuck
pack	neck	click	clock	duck
track	speck	pick	lock	stuck

Lesson 11.3
Reading Words with the "kle" Letter Combination

"kle" represents the /k/ + /l/ + /ĕ/ sounds

Lè konbinezon "kle" lèt la nan kòmansman yon mo, li ka reprezante son /k/ + /l/ + /ĕ/, tankou nan mo kleptomania ak kleptomaniac.

"kle" represents the /k/ + /l/ + /ĭ/ sounds

Lè konbinezon "kle" lèt la nan yon mo, li ka reprezante son /k/ + /l/ + /ĭ/, tankou nan mo booklet.

Word Box	anklet, booklet, feckless, fecklessly, fecklessness, reckless, recklessly, recklessness, thankless, thanklessness

"kle" represents the /k/ + /l/ + /ē/ sounds

Lè konbinezon "kle" lèt la nan kòmansman yon mo, li ka reprezante son /k/ + /l/ + /ē/, tankou nan mo Kleenex.

"kler" represents the /k/ + /l/ + /ə/ + /r/ sounds

Lè konbinezon lèt "kler" la nan fen yon mo, li reprezante son /k/ + /l/ + /ə/ + /r/, tankou nan mo sprinkler.

Word Box	buckler, sparkler, sprinkler, stickler, swashbuckler, tackler

"kle" represents the /k/ + /ə/ + /l/ sounds + silent "e"

Lè konbinezon "kle" lèt la nan fen yon silab oswa yon mo, li reprezante son /k/ + /ə/ + /l/ + silans "e", tankou nan mo freckle.

Word Box	ankle, buckle, chuckle, crackle, fickle, huckleberry, knuckle, periwinkle, pickle, shackle, sickle, sparkle, sprinkle, suckle, tackle, tickle, twinkle, winkle, wrinkle

"kle" represents /k/ + /ə/ + /l/ sounds + silent "e" Present Tense Verbs	"kles" represents /k/ + /ə/ + /l/ + /s/ sounds Third-Person Present Tense Verbs	"kled" represents /k/ + /ə/ + /l/ + /d/ sounds Past Tense Verbs
buckle	buckles	buckled
crackle	crackles	crackled
shackle	shackles	shackled
wrinkle	wrinkles	wrinkled

Lesson 11.4
Reading Words with a Silent Letter "k"

"kn" has a silent "k" + /n/ sound

Nan konbinezon lèt "kn", lèt "k" an silans pandan ke lèt "n" reprezante son /n/, tankou nan mo <u>knock</u> la.

Word Box	knack, knap, knave, knead, knee, kneed, kneel, knell, knew, knife, knight, knit, knives, knob, knock, knot, knots, know, knowledge, known, knuckle, knurl

☞ Eksepsyon: knish /k/ + /n/ sons

Short Vowel Blending Table for the "kn" Letter Combination

/ă/ apple	/ĕ/ egg	/ĭ/ insect	/ŏ/ octopus	/ŭ/ up
kn a c k	kn e l t	kn i t	kn o t	kn uc kle
kna ck	kne lt	kni t	kno t	knu ckle
knack	knelt	knit	knot	knuckle

Long Vowel Blending Table for the "kn" Letter Combination

/ā/ ape	/ē/ eagle	/ī/ ice	/ō/ open	/yōō/ cube
k n a ve	k n ee l	k n i ght	k n o w	k n ew
kna ve	knee l	kni ght	kn ow	kn ew
knave	kneel	knight	know	knew

✓ **Lekti Evalyasyon**
Devwa: Li fraz yo.

1. Karen and Kim know how to tie a square knot.
2. Kennedy's book is entitled, "Knowledge is Power."
3. The star football player has a serious knee injury.
4. In Kingston, Jamaica many girls know how to knit.
5. The stainless steel knives are in the wooden cabinet.

The Reading Challenge
Lesson 11.5
Reading Multisyllable Words

Ou ka li yon mo long lè w divize l an ti pati ki rele silab. Chak silab gen yon son vwayèl epi anjeneral youn oswa plizyè son konsòn.

Three Ways to Divide Words into Syllables

1. Yon silab fèmen fini ak yon konsòn. Lè yon silab fèmen gen yon vwayèl, anjeneral li gen yon vwayèl kout.

   Egzanp: kidnap - kid + nap

   Lè yon silab fèmen gen de vwayèl, premye vwayèl la se nòmalman yon vwayèl long pandan dezyèm vwayèl la an silans.

   Egzanp: keeper - keep + er

2. Yon silab louvri fini ak yon vwayèl. Vwayèl nan fen silab la se nòmalman yon vwayèl long.

   Egzanp: kosher - ko + sher

3. Silab "vwayèl + konsòn + e" se nan fen yon mo. Premye vwayèl nan modèl silab sa a se nòmalman yon vwayèl long pandan y ap "e" final la an silans.

   Egzanp: keynote - key + note

Multisyllable Word Lists

2 syllable words	3 syllable words	4 syllable words
kazoo	kangaroo	Kalamazoo
keeper	karate	kaleidoscope
ketchup	Kennedy	kamikaze
Kenya	Kentucky	karaoke
keyboard	keratin	karyotype
kidding	ketamine	katakana
kindle	kidnapping	keratinous
kindness	kilogram	kilocycle
kingdom	kilowatt	kiloliter
kissing	kindhearted	kilometer
kitchen	kinetic	kindheartedness
kitten	koala	kindergarten
knitting	Korea	kinesthetic
knockout	knowingly	kirigami
knowledge	knucklehead	knowledgeable

Lesson 11.6
Reading Proper and Common Nouns and Adjectives
Capitalization Rules

Mo yo ekri ak lèt majiskil ak/oswa miniskil. Non pwòp ak adjektif apwopriye kòmanse ak lèt majiskil. Non komen ak adjektif komen kòmanse ak lèt miniskil.

Yon **non pwòp** se yon mo ki nonmen yon moun espesifik, yon kote, yon bagay oswa yon konsèp.

Yon **non komen** se yon mo ki nonmen yon moun jeneral, kote, bagay oswa konsèp.

	Proper Noun	Common Noun
Person	Mr. Kingsley	king
Place	Kuwait	kitchen
Thing	Kleenex	kiwi
Concept		kindness

Yon **adjektif apwopriye** se yon mo ki dekri yon moun espesifik, yon kote, yon bagay oswa yon konsèp.

Yon **adjektif komen** se yon mo ki dekri yon moun jeneral, kote, bagay oswa konsèp.

Proper Adjective:	Common Adjective:
Person: King Henry VIII Thing: Kuwaiti Restaurant	Person: kind man Thing: kinky hair

Capitalization Rules

Uppercase Letter – "K"

- Premye lèt yon mo ki kòmanse yon fraz ap ekri majiskil.

- Premye lèt yon mo ki bay non yon moun espesifik, yon kote, yon bagay oswa yon konsèp ekri majiskil.

- Premye lèt tit yon moun nan lèt majiskil.

- Premye lèt chak mo nan yon tit oswa yon sous-tit yo ekri majiskil.

- Kòm yon pwonon, lèt "I" nan lèt majiskil.

✎ Nòt: Lèt miniskil yo jeneralman itilize pou tout lòt mo.

Lowercase Letter – "k"

- Premye lèt yon mo ki pa nonmen yon moun espesifik, yon kote, yon bagay oswa konsèp ekri ak yon lèt miniskil.

- Premye lèt yon mo ki pa kòmanse yon fraz ekri ak yon lèt miniskil.

- Tout lèt ki anndan ak nan fen mo yo ekri ak lèt miniskil.

The Letter "k" at a Glance		
Letter	Sounds	Anchor Words
"k"	/k/	king
"k"	silent "k"	knee

L/l

 **Lesson 12.0**
Introduction of the Letter L/l

Lèt "l" se yon konsòn. Li se 12yèm lèt nan alfabè Women lang angle a. Lèt yo ekri kòm lèt majiskil ak miniskil.

	Uppercase Letter	Lowercase Letter
Print	L	l
Cursive	*L*	*l*

 **Lesson 12.1**
Reading Words with the Letter L/l

Lèt "l" pwononse nan de fason diferan.
- Li reprezante son /l/, tankou nan mo <u>l</u>ab la.
- Li reprezante son /r/, sèlman nan mo co<u>l</u>onel.
- Pafwa li an silans, tankou nan mo ta<u>l</u>k la.

High Frequency, One Syllable Letter "l" Words
lab, lace, lack, lake, lamb, land, lane, large, last, late, laugh, law, learn, least, leave, left, leg, lend, less, let, lick, lid, lie, life, lift, light, like, lot, loud, love, low, lump, lunch, lung, lure, lurk, lush, lute

Nan kòmansman an, nan ak nan fen yon mo, lèt "l" reprezante son /l/, tankou nan mo <u>l</u>ap, be<u>l</u>ow ak bow<u>l</u>.

Beginning	Within	End
/l/	/l/	/l/
lap	below	bowl
let	class	goal
lid	floor	mail
life	false	pool
lift	glass	royal
love	place	school
lunch	select	total
lungs	table	trail

 Learn To Read English With Lessons In Haitian Creole

✛ Reading Words with the Letter L/l

Short Vowel Blending Table for the Letter L/l

/ă/ apple	/ĕ/ egg	/ĭ/ insect	/ŏ/ octopus	/ŭ/ up
l a b	l e d	l i p	l o g	l u m p
la b	le d	li p	lo g	lu mp
lab	led	lip	log	lump

Long Vowel Blending Table for the Letter L/l

/ā/ ape	/ē/ eagle	/ī/ ice	/ō/ open	/ōō/ glue
l a ce	l e a d	l i f e	l o g o	l u n ar
la ce	lea d	li fe	lo g o	lun a r
lace	lead	life	logo	lunar

Multisyllable Word Lists

2 syllable words	3 syllable words	4 syllable words
label	ladybug	laminator
ladder	lavender	lavatory
lavish	legacy	legendary
leather	lemonade	legislation
legal	liable	legislator
legend	liberty	librarian
letter	library	liberation
limit	lingering	limitation
listen	listening	literacy
little	location	literally
lobster	logical	literature
logic	logistics	litigation
lotion	longitude	locomotion
loyal	luxury	longevity
lyrics	lyrical	lubricating

   Lekti Evalyasyon
Devwa: Li fraz yo.

1. Larry is a lazy lawyer.
2. Lin takes music lessons.
3. Lincoln found a lucky clover.
4. My lovely flowers are lilacs and lilies.
5. At lunchtime, Lucy wrote a long letter.

Unit L
Lesson 12.1

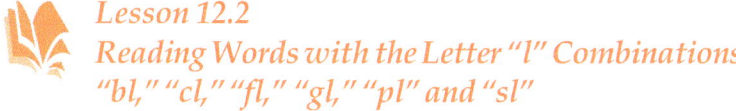

Lesson 12.2
Reading Words with the Letter "l" Combinations
"bl," "cl," "fl," "gl," "pl" and "sl"

Chak lèt nan konbinezon lèt "l" pwononse byen vit. Lèt yo melanje ansanm pou gen son konsòn diferan.

"bl" represents the /b/ + /l/ sounds
Konbinezon lèt "bl" la reprazante son /b/ + /l/, tankou nan mo black.

Word Box	black, blade, blame, blank, blanket, blaze, bleach, bleed, blend, blew, blind, blink, block, blood, bloom, blouse, blow, blue, bluff, blunder, blurt, blush

"cl" represents the /k/ + /l/ sounds
Konbinezon lèt "cl" la reprazante son /k/ + /l/, tankou nan mo clown.

Word Box	claim, clam, clap, clarify, clash, clasp, class, clay, clean, clear, clerk, clever, click, cliff, climb, clip, clock, close, closet, cloud, clown, club, clue, clutch

"fl" represents the /f/ + /l/ sounds
Konbinezon "fl" lèt la reprazante son /f/ + /l/, tankou nan mo flower.

Word Box	flag, flake, flame, flamingo, flap, flash, flat, flavor, flea, flee, fleet, flew, flexible, flight, flip, flock, float, flood, floor, flop, flora, flow, flower, flu, flute, flies, fly

"gl" represents the /g/ + /l/ sounds
Konbinezon lèt "gl" la reprazante son /g/ + /l/, tankou nan mo glance.

Word Box	glacier, glad, glance, gland, glare, glass, gleam, glee, glide, glimpse, glisten, glitter, gloat, gloomy, glorious, glory, gloss, glossy, glove, glucose, glue

"pl" represents the /p/ + /l/ sounds
Konbinezon lèt "pl" la reprazante son /p/ + /l/, tankou nan mo plenty.

Word Box	place, plain, plan, planet, plant, plastic, plate, play, player, plaza, please, pledge, plentiful, plot, plow, pluck, plugs, plum, plunge, plus, plywood

"sl" represents the /s/ + /l/ sounds
Konbinezon lèt "sl" la reprazante son /s/ + /l/, tankou nan mo sleepy.

Word Box	slack, slang, slant, slate, sled, sleek, sleep, sleeve, slender, slice, slide, slippers, slogan, slope, sloth, slow, slum, slumber, slump, slurp, slush, slushy, sly

Lesson 12.3
Reading Words with a Silent Letter "l"

"l" is silent

Lèt "l" ka an silans, tankou nan mo calf.

Word Box	almonds, balk, balm, calf, calm, calves, chalk, could, DeKalb, embalm, folk, half, halves, Norfolk, palm, polka, psalm, salmon, salve, stalk, talk, yolk

"l" is silent

Lèt "l" ka an silans lè li devan lèt sa yo: "d", "f", "k", "m" oswa "v".

"l" letter combinations	"l" is silent	"l" represents the /l/ sound
"ld"	could, should, would	bold, gold, mold, old, world
"lf"	calf, half	fulfill, golf, gulf, self, wolf
"lk"	chalk, folk, stalk, talk, walk, yolk	alkalize, hulky, milk, silky
"lm"	almond, alms, calm, psalm, salmon	almost, film, helmet, realm
"lv"	calves, halves	elves, ourselves, shelves

"ould" - "l" is silent

Nan konbinezon lèt "ould", lèt "l" ka an silans, tankou nan mo would.

Word Box	could, couldn't, should, shouldn't, would, wouldn't

"ould" - "l" represents the /l/ sound

Nan konbinezon lèt "ould", lèt "l" ka reprezante son /l/, tankou nan mo boulder ak shoulder.

"ll" represents the /l/ sound + silent "l"

Nan konbinezon "ll" lèt la, premye lèt "l" reprezante son /l/, pandan dezyèm lèt "l" an silans, tankou nan mo tallest.

Word Box	ball, belly, call, chill, collect, dollar, drill, ellipse, enroll, fall, fell, follow, gallon, gill, grill, hall, hallmark, hallow, hello, hill, pillow, valley, wall, wallpaper

Lekti Evalyasyon
Devwa: Li fraz yo.

1. Linda did not go to Lithuania.
2. Luther is a lawyer at Lincoln Law Office.
3. "The Lion King" is Mr. Lin's favorite musical.
4. Mr. Lindsey teaches English language arts.
5. Lucy learned that the capital of Peru is Lima.

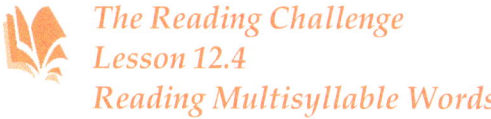

The Reading Challenge
Lesson 12.4
Reading Multisyllable Words

Ou ka li yon mo long lè w divize l an ti pati ki rele silab. Chak silab gen yon son vwayèl epi anjeneral youn oswa plizyè son konsòn.

Three Ways to Divide Words into Syllables

1. Yon silab fèmen fini ak yon konsòn. Lè yon silab fèmen gen yon vwayèl, anjeneral li gen yon vwayèl kout.
   Egzanp: limit - lim + it

   Lè yon silab fèmen gen de vwayèl, premye vwayèl la se nòmalman yon vwayèl long pandan dezyèm vwayèl la an silans.
   Egzanp: leaping - leap + ing

2. Yon silab louvri fini ak yon vwayèl. Vwayèl nan fen silab la se nòmalman yon vwayèl long.
   Egzanp: label - la + bel

3. Silab "vwayèl + konsòn + e" se nan fen yon mo. Premye vwayèl nan modèl silab sa a se nòmalman yon vwayèl long pandan y ap "e" final la an silans.
   Egzanp: lifetime - life + time

Multisyllable Word Lists

2 syllable words	3 syllable words	4 syllable words
lady	laminate	laminated
laptop	lavender	laterally
lawyer	legally	legendary
legal	lemonade	legionary
legend	leveling	legislation
lemon	liable	legislator
letter	liberty	legitimate
lily	library	liberation
limit	ligament	limitations
linger	limited	linoleum
lipstick	limousine	liquidator
lively	linguistics	literally
London	liquidate	literacy
losing	listening	liquidated
loving	location	locomotion
lucky	lovable	locomotive
lunar	luxury	luxurious

Lesson 12.5
Reading Proper and Common Nouns and Adjectives
Capitalization Rules

Mo yo ekri ak lèt majiskil ak/oswa miniskil. Non pwòp ak adjektif apwopriye kòmanse ak lèt majiskil. Non komen ak adjektif komen kòmanse ak lèt miniskil.

Yon **non pwòp** se yon mo ki nonmen yon moun espesifik, yon kote, yon bagay oswa yon konsèp.

Yon **non komen** se yon mo ki nonmen yon moun jeneral, kote, bagay oswa konsèp.

	Proper Noun	Common Noun
Person	Lily	librarian
Place	Liberty Square	library
Thing	Labrador	lemon
Concept		liberty

Yon **adjektif apwopriye** se yon mo ki dekri yon moun espesifik, yon kote, yon bagay oswa yon konsèp.

Yon **adjektif komen** se yon mo ki dekri yon moun jeneral, kote, bagay oswa konsèp.

Proper Adjective:	Common Adjective:
Person: Lithuanian dancer Thing: Latin textbook	Person: loving mother Thing: loud music

Capitalization Rules

Uppercase Letter – "L"

- Premye lèt yon mo ki kòmanse yon fraz ap ekri majiskil.

- Premye lèt yon mo ki bay non yon moun espesifik, yon kote, yon bagay oswa yon konsèp ekri majiskil.

- Premye lèt tit yon moun nan lèt majiskil.

- Premye lèt chak mo nan yon tit oswa yon sous-tit yo ekri majiskil.

- Kòm yon pwonon, lèt "I" nan lèt majiskil.

✎ Nòt: Lèt miniskil yo jeneralman itilize pou tout lòt mo.

Lowercase Letter – "l"

- Premye lèt yon mo ki pa nonmen yon moun espesifik, yon kote, yon bagay oswa konsèp ekri ak yon lèt miniskil.

- Premye lèt yon mo ki pa kòmanse yon fraz ekri ak yon lèt miniskil.

- Tout lèt ki anndan ak nan fen mo yo ekri ak lèt miniskil.

The Letter "l" at a Glance

Letter	Sounds	Anchor Words
"l"	/l/	lab
"l"	/r/	colonel
"l"	silent "l"	talk

Unit M

M/m

 **Lesson 13.0**
Introduction of the Letter M/m

Lèt "m" se yon konsòn. Li se 13yèm lèt nan alfabè women lang angle a. Lèt yo ekri kòm lèt majiskil ak miniskil.

	Uppercase Letter	Lowercase Letter
Print	M	m
Cursive	*M*	*m*

 **Lesson 13.1**
Reading Words with the Letter M/m

Lèt "m" pwononse nan yon sèl fason.
- Li reprezante son /m/, tankou nan mo <u>mop</u>.
- Pafwa li an silans, tankou nan mo <u>mnemonic</u>.

High Frequency, One Syllable Letter "m" Words
mad, made, maid, mail, make, male, mall, man, map, Mars, me, meal, mean, meat, men, mess, might, mild, milk, mill, mind, mine, miss, mist, mood, moon, mole, more, most, mouse, mouth, move

Nan kòmansman an, nan ak nan fen yon mo, lèt "m" reprezante son /m/, tankou nan mo <u>moon</u>, <u>number</u> ak <u>drum</u>.

Beginning /m/	Within /m/	End /m/
math	element	alarm
method	family	bottom
mineral	human	drum
missing	number	esteem
moon	promote	germ
money	remain	redeem
monkey	segment	storm
monthly	symbol	system
musical	thermal	team

Reading Words with the Letter M/m

Short Vowel Blending Table for the Letter M/m

/ă/ apple	/ĕ/ egg	/ĭ/ insect	/ŏ/ octopus	/ŭ/ up
m a d	m e t	m i ss	m o p	m u d
ma d	me t	mi ss	mo p	mu d
mad	met	miss	mop	mud

Long Vowel Blending Table for the Letter M/m

/ā/ ape	/ē/ eagle	/ī/ ice	/ō/ open	/yoō/ cube
m a d e	m e a n	m i n e	m o a t	m u l e
ma de	me an	mi ne	moa t	mu le
made	mean	mine	moat	mule

Letter "m" Parts of Speech Table

Nouns	Verbs	Adjectives
machine	magnetized	magenta
magazine	maintains	magical
magnet	maltreat	magnetic
manners	managed	magnificent
meadow	manipulate	majestic
meeting	mediated	meager
memory	memorizing	meaningful
miracle	metabolized	merciful
mistake	minimized	milky
mission	misinterpret	minimal
mobility	mobilizing	moody
mother	modifying	motionless
movement	motivated	motivated
muffler	multiplied	multicolored
multiplication	murmuring	multicultural

Lekti Evalyasyon
Devwa: Li fraz yo.

1. Mack made meatballs for dinner.
2. Mary is learning about mammals.
3. My maid is cleaning the mansion.
4. Mom and Dad are listening to music.
5. Meg and Matt are getting married in March.

Lesson 13.2
Reading Words with a Silent Letter "m"

"mn" - "m" is silent

Nan konbinezon lèt "mn", lèt "m" ka an silans pandan ke lèt "n" reprezante son /n/, tankou nan mo <u>mnemonic</u>.

Word Box	mnemonic, mnemonically, mnemonics, Mnemosyne, Mnemosynes

☞ Eksepsyons: amnesty, chimney, gymnastics - /m/ + /n/ son
            column - /m/ son + silent "n"

"mm" represents the /m/ sound + silent "m"

Nan konbinezon lèt "mm", premye lèt "m" reprezante son /m/ pandan dezyèm lèt "m" an silans, tankou nan mo <u>hammer</u>.

Word Box	ammonia, comma, commit, common, community, commute, dilemma, gimmick, grammar, hammer, hummingbird, immediately, immense, immune, mammal, mammoth, Mommy, recommend, summer, summit, symmetry

Reading Multisyllable Words

magnet	magic
⇩	⇩
magnetic	magical
⇩	⇩
magnetically	magically

meaning	metaphor
⇩	⇩
meaningful	metaphorical
⇩	⇩
meaningfully	metaphorically

✓ **Lekti Evalyasyon**
Devwa: Li fraz yo.

1. Ms. Mendell is eating a big, juicy mango.
2. My mother is the matriarch of our family.
3. While in Milwaukee, I saw the Milky Way.
4. In the morning, I received a call from Mom.
5. The menu was written by the executive chef.

The Reading Challenge
Lesson 13.3
Reading Multisyllable Words

Ou ka li yon mo long lè w divize l an ti pati ki rele silab. Chak silab gen yon son vwayèl epi anjeneral youn oswa plizyè son konsòn.

Three Ways to Divide Words into Syllables

1. Yon silab fèmen fini ak yon konsòn. Lè yon silab fèmen gen yon vwayèl, anjeneral li gen yon vwayèl kout.

   Egzanp: manic - man + ic

   Lè yon silab fèmen gen de vwayèl, premye vwayèl la se nòmalman yon vwayèl long pandan dezyèm vwayèl la an silans.

   Egzanp: meaning - mean + ing

2. Yon silab louvri fini ak yon vwayèl. Vwayèl nan fen silab la se nòmalman yon vwayèl long.

   Egzanp: media - me + dia

3. Silab "vwayèl + konsòn + e" se nan fen yon mo. Premye vwayèl nan modèl silab sa a se nòmalman yon vwayèl long pandan y ap "e" final la an silans.

   Egzanp: mandate - man + date

Multisyllable Word Lists

2 syllable words	3 syllable words	4 syllable words
mango	magical	macaroni
master	manicure	Madagascar
matching	mercury	magnesium
measure	medical	magnificent
member	medicine	material
milkshake	melody	maturity
millions	metaphor	medication
minutes	Mexico	mechanical
moment	mineral	millimeter
morning	minister	minority
motion	miracle	miserable
motive	mosquito	moderation
mountain	musical	monopoly
mustard	multiple	motorcycle
music	mystery	mysterious

Lesson 13.4
Reading Proper and Common Nouns and Adjectives
Capitalization Rules

Mo yo ekri ak lèt majiskil ak/oswa miniskil. Non pwòp ak adjektif apwopriye kòmanse ak lèt majiskil. Non komen ak adjektif komen kòmanse ak lèt miniskil.

Yon **non pwòp** se yon mo ki nonmen yon moun espesifik, yon kote, yon bagay oswa yon konsèp.

Yon **non komen** se yon mo ki nonmen yon moun jeneral, kote, bagay oswa konsèp.

	Proper Noun	Common Noun
Person	Mom (when used as a name)	mom (not when used as a name)
Place	Mozambique	museum
Thing	March	money
Concept	Mandaeism	mourn

Yon **adjektif apwopriye** se yon mo ki dekri yon moun espesifik, yon kote, yon bagay oswa yon konsèp.

Yon **adjektif komen** se yon mo ki dekri yon moun jeneral, kote, bagay oswa konsèp.

Proper Adjective:	Common Adjective:
Person: Miami Dolphins Thing: Ming Dynasty	Person: magnificent mother Thing: many ducks

Capitalization Rules
Uppercase Letter – "M"

- Premye lèt yon mo ki kòmanse yon fraz ap ekri majiskil.

- Premye lèt yon mo ki bay non yon moun espesifik, yon kote, yon bagay oswa yon konsèp ekri majiskil.

- Premye lèt tit yon moun nan lèt majiskil.

- Premye lèt chak mo nan yon tit oswa yon sous-tit yo ekri majiskil.

- Kòm yon pwonon, lèt "I" nan lèt majiskil.

✎ Nòt: Lèt miniskil yo jeneralman itilize pou tout lòt mo.

Lowercase Letter – "m"

- Premye lèt yon mo ki pa nonmen yon moun espesifik, yon kote, yon bagay oswa konsèp ekri ak yon lèt miniskil.

- Premye lèt yon mo ki pa kòmanse yon fraz ekri ak yon lèt miniskil.

- Tout lèt ki anndan ak nan fen mo yo ekri ak lèt miniskil.

The Letter "m" at a Glance		
Letter	**Sound**	**Anchor Words**
"m"	/m/	mop
"m"	silent "m"	mnemonic

N/n

 Lesson 14.0
Introduction of the Letter N/n

Lèt "n" se yon konsòn. Li se 14yèm lèt nan alfabè Women lang angle a. Lèt yo ekri kòm lèt majiskil ak miniskil.

	Uppercase Letter	Lowercase Letter
Print	N	n
Cursive	*N*	*n*

 Lesson 14.1
Reading Words with the Letter N/n

Lèt "n" pwononse nan de fason diferan.
- Li reprezante son /n/, tankou nan mo <u>nut</u> la.
- Li reprezante son /ng/, tankou nan mo <u>bank</u> la.
- Pafwa li an silans, tankou nan mo <u>atumn</u> la.

High Frequency, One Syllable Letter "n" Words
nail, name, nap, near, neat, neck, need, nerve, nest, net, new, news, next, nice, night, nine, ninth, nip, no, node, noise, none, noon, nope, nor, nose, not, note, noun, now, numb, nurse, nut

Nan kòmansman an, nan ak nan fen yon mo, lèt "n" reprezante son /n/, tankou nan mo <u>nut</u>, <u>inside</u> ak <u>tan</u>.

Beginning	Within	End
/n/	/n/	/n/
name	bend	been
natal	count	born
need	inside	crown
newly	lane	moon
niece	menu	soon
nine	rent	thin
nomad	tend	train
nut	tone	turn

✤ *Reading Words with the Letter N/n*

Short Vowel Blending Table for the Letter N/n

/ă/ apple	/ĕ/ egg	/ĭ/ insect	/ŏ/ octopus	/ŭ/ up
n a p	n e c k	n i p	n o d	n u t
na p	ne ck	ni p	no d	nu t
nap	neck	nip	nod	nut

Long Vowel Blending Table for the Letter N/n

/ā/ ape	/ē/ eagle	/ī/ ice	/ō/ open	/ōō/ glue
n a me	n e e d	n i n e	n o d e	n u k e
na me	nee d	ni ne	no de	nu ke
name	need	nine	node	nuke

"nk" represents the /ng/ + /k/ sounds

Nan konbinezon lèt "nk", lèt "n" reprezante son /ng/, tankou nan mo <u>bank</u> la.

Word Box	ankle, anklet, bank, brink, drink, honk, hunk, ink, junk, link, mink, pink, plank, plink, plunk, rank, sank, shrunk, sink, thank, think, thinking, wink

"n" represents the /ng/ sound

Lèt "n" reprezante son /ng/, tankou nan mo <u>precinct</u> la.

Word Box	delinquency, delinquent, pancreas, pancreatitis, precinct, punctual, punctuation, puncture, relinquish, relinquishing, tranquil, tranquilizer

Letter "n" Parts of Speech Table

Nouns	Verbs	Adjectives
nature	nabbed	natural
nectar	nailed	naval
nitrate	neglect	negative
novel	nipped	nervous
number	nodding	normal

Lekti Evalyasyon
Devwa: Li fraz yo.

1. Nick has a nice necktie.
2. The narrator sounds nasal.
3. My niece, Nicola, is from New Delhi.

Lesson 14.2
Reading Words with the "ng" Letter Combination

Konbinezon "ng" lèt la pwononse nan kat fason diferan.
- Li reprezante son /ng/, tankou nan mo <u>bang</u>.
- Li reprezante son /n/ + /g/, tankou nan mo <u>engage</u>.
- Li reprezante son /n/ + /j/, tankou nan mo <u>ginger</u>.
- Li reprezante son /ng/ + /g/, tankou nan mo <u>congress</u>.

"ng" represents the /ng/ sound

Lè konbinezon "ng" lèt la ansanm nan yon sèl silab, li reprezante son /ng/, tankou nan mo <u>bang</u>.

Word Box	belong, bring, clung, flung, hang, king, length, long, lung, ring, sang, sing, slang, sling, spring, sting, strength, sung, swing, swung, thing, tongue, wrong, young

"ng" represents the /ng/ sound

Lè yo ajoute konbinezon lèt "ing" nan yon vèb, lèt "n" ak "g" reprezante son /ng/, tankou nan mo <u>coming</u>.

Word Box	acting, aging, being, boring, boxing, camping, caring, coping, crying, eating, fading, filing, lining, loving, lying, paving, rating, riding, running, saving, tying

"ng" represents the /n/ + /g/ sounds

Lè konbinezon lèt "ng" divize an de silab, li ka reprezante son /n/ + /g/, tankou nan mo <u>engage</u>.

Word Box	congratulate, congratulation, downgrade, engage, engaged, engaging, engagement, engrave, engraver, engross, engrossing, engulf, mangrove, ongoing, ungainly, ungovernable, ungracious, ungrateful, unguarded

"ng" represents the /n/ + /j/ sounds

Konbinezon "ng" lèt la ka reprezante son /n/ + /j/, tankou nan mo <u>ginger</u>.

Word Box	angel, arrange, avenger, challenger, change, congest, endanger, engine, engineer, exchange, fringe, lounge, manger, messenger, orange, plunge, plunger, ranger, rearrange, revenge, sponge, strange, stranger, syringe

"ng" represents the /ng/ + /g/ sounds

Lè konbinezon lèt "ng" divize an de silab, li ka reprezante son /ng/ + /g/, tankou nan mo <u>congress</u>.

Word Box	angrily, angry, congregate, congregation, congress, congressional, congruency, congruent, gangrene, hungrily, hungry, mongrel, tangram

Lesson 14.3
Reading Words with a Silent Letter "n"

"nn" represents the /n/ sound + silent "n"

Nan konbinezon lèt "nn", premye lèt "n" reprezante son /n/ pandan dezyèm lèt "n" an silans, tankou nan mo <u>dinner</u>.

Word Box	banner, bunny, channel, connect, fanny, flannel, funnel, funny, inn, innate, inner, innovation, manner, nanny, penny, questionnaire, sunny, tennis

"mn" represents the /m/ sound + silent "n"

Nan konbinezon lèt "mn", lèt "m" reprezante son /m/ pandan ke lèt "n" ka an silans, tankou nan mo <u>autumn</u>.

Word Box	autumn, column, columns, condemn, damn, hymn, hymns, solemn, solemnly

"mn" represents the /m/ + /n/ sounds

Nan konbinezon lèt "mn", lèt "m" reprezante son /m/ pandan ke lèt "n" ka reprezante son /n/, tankou nan mo <u>firmness</u>.

Word Box	alumni, amnesia, amnesty, chimney, columnist, gymnast, indemnity, insomnia, omnipotent, omnipresent, omniscient, omnivorous, remnant

 Bonus Lesson
Reading Words with the Letter "n" Blends

"nd" represents the /n/ + /d/ sounds

Nan konbinezon lèt "nd", lèt "n" reprezante son /n/ ak lèt "d" reprezante son /d/, tankou nan mo <u>band</u>.

Word Box	and, band, bland, conduct, condiment, find, found, friend, fund, grand, ground, indent, index, intend, mend, pond, round, sound, stand, under

"nt" represents the /n/ + /t/ sounds

Nan konbinezon lèt "nt", lèt "n" reprezante son /n/ ak lèt "t" reprezante son /t/, tankou nan mo <u>ant</u>.

Word Box	ant, blunt, cent, control, dent, different, entrance, font, frequent, interact, lament, lint, paint, painting, pant, pint, rant, rent, rented, renting, student

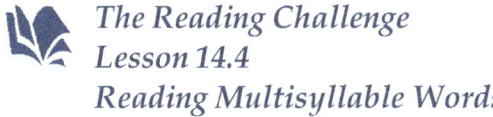

The Reading Challenge
Lesson 14.4
Reading Multisyllable Words

Ou ka li yon mo long lè w divize l an ti pati ki rele silab. Chak silab gen yon son vwayèl epi anjeneral youn oswa plizyè son konsòn.

Three Ways to Divide Words into Syllables

1. Yon silab fèmen fini ak yon konsòn. Lè yon silab fèmen gen yon vwayèl, anjeneral li gen yon vwayèl kout.
   Egzanp: napkin - nap + kin

   Lè yon silab fèmen gen de vwayèl, premye vwayèl la se nòmalman yon vwayèl long pandan dezyèm vwayèl la an silans.
   Egzanp: neatly - neat + ly

2. Yon silab louvri fini ak yon vwayèl. Vwayèl nan fen silab la se nòmalman yon vwayèl long.
   Egzanp: nomad - no + mad

3. Silab "vwayèl + konsòn + e" se nan fen yon mo. Premye vwayèl nan modèl silab sa a se nòmalman yon vwayèl long pandan y ap "e" final la an silans.
   Egzanp: numerate - nu + mer + ate

Multisyllable Word Lists

2 syllable words	3 syllable words	4 syllable words
napkin	narrator	naturally
nature	national	navigator
needle	natural	necessary
neither	nautical	negatively
nervous	negative	Nigerian
nibble	negligent	nominated
nickel	networking	nonsensical
nightly	nitrogen	nonviolent
nitrate	nobody	noticeable
notice	noticing	notorious
nothing	nocturnal	numeracy
notion	notary	numeration
nourish	November	numerator
nugget	nursery	nutritionist
number	nutrition	nutritiously

Lesson 14.5
Reading Proper and Common Nouns and Adjectives
Capitalization Rules

Mo yo ekri ak lèt majiskil ak/oswa miniskil. Non pwòp ak adjektif apwopriye kòmanse ak lèt majiskil. Non komen ak adjektif komen kòmanse ak lèt miniskil.

Yon **non pwòp** se yon mo ki nonmen yon moun espesifik, yon kote, yon bagay oswa yon konsèp.

Yon **non komen** se yon mo ki nonmen yon moun jeneral, kote, bagay oswa konsèp.

	Proper Noun	Common Noun
Person	Nancy	novice
Place	New Zealand	nurse's station
Thing	Nestle Inc.	nut
Concept		nuisance

Yon **adjektif apwopriye** se yon mo ki dekri yon moun espesifik, yon kote, yon bagay oswa yon konsèp.

Yon **adjektif komen** se yon mo ki dekri yon moun jeneral, kote, bagay oswa konsèp.

Proper Adjective:	Common Adjective:
Person: Nigerian citizen Thing: Norwegian Airlines	Person: nosey neighbors Thing: noisy pets

Capitalization Rules

Uppercase Letter – "N"

- Premye lèt yon mo ki kòmanse yon fraz ap ekri majiskil.

- Premye lèt yon mo ki bay non yon moun espesifik, yon kote, yon bagay oswa yon konsèp ekri majiskil.

- Premye lèt tit yon moun nan lèt majiskil.

- Premye lèt chak mo nan yon tit oswa yon sous-tit yo ekri majiskil.

- Kòm yon pwonon, lèt "I" nan lèt majiskil.

✎ Nòt: Lèt miniskil yo jeneralman itilize pou tout lòt mo.

Lowercase Letter – "n"

- Premye lèt yon mo ki pa nonmen yon moun espesifik, yon kote, yon bagay oswa konsèp ekri ak yon lèt miniskil.

- Premye lèt yon mo ki pa kòmanse yon fraz ekri ak yon lèt miniskil.

- Tout lèt ki anndan ak nan fen mo yo ekri ak lèt miniskil.

The Letter "n" at a Glance		
Letter	Sounds	Anchor Words
"n"	/n/	nut
"n"	/ng/	bank
"n"	silent "n"	autumn

Unit O

O/o

Lesson 15.0
Introduction of the Letter O/o

Lèt "o" se yon vwayèl. Li se 15yèm lèt nan alfabè Women lang angle a. Lèt yo ekri kòm lèt majiskil ak miniskil.

	Uppercase Letter	Lowercase Letter
Print	O	o
Cursive	*O*	*o*

Lesson 15.1
Reading Words with the Letter O/o

Lèt "o" pwononse nan trèz fason diferan.
- Li reprezante son vwayèl kout /ŏ/, tankou nan mo frog.
- Li reprezante son vwayèl long /ō/, tankou nan mo go.
- Li reprezante son vwayèl schwa /ə/, tankou nan mo o'clock.
- Li reprezante son /w/+/ŭ/, tankou nan mo one.
- Li reprezante son vwayèl long /o͞o/, tankou nan mo cool.
- Li reprezante son vwayèl /o͝o/, tankou nan mo book.
- Li reprezante son vwayèl /ô/, tankou nan mo cloth.
- Li reprezante son vwayèl /oi/, tankou nan mo oil la.
- Li reprezante son vwayèl /ä/, tankou nan mo memoir.
- Li reprezante son vwayèl kout /ŭ/, tankou nan mo son.
- Li reprezante son vwayèl kout /ĭ/, tankou nan mo women.
- Li reprezante son vwayèl /û/, tankou nan mo colonel.
- Li reprezante son vwayèl /ou/, tankou nan mo cow.
- Pafwa li an silans, tankou nan mo people.

High Frequency, One Syllable Letter "o" Words

Short vowel words: block, box, clock, cop, dot, fog, got, hot, job, jog, lock, log, lot, mom, mop, not, on, ox, plot, pot, rot, son, top, won

Long vowel words: bold, broke, choke, close, code, cold, cone, fold, froze, go, hole, joke, nose, poke, rode, role, rose, spoke, stoke, woke

Lesson 15.2
Reading Words with the Short Vowel "o" Sound

"o" represents the short vowel /ŏ/ or /ô/ sound

Nan kòmansman yon mo, lèt "o" anjeneral reprezante son vwayèl kout /ŏ/ oswa /ô/, tankou nan mo <u>on</u>.

Lèt "o" anjeneral reprezante son /ŏ/ oswa /ô/ kout vwayèl la, lè li se sèl vwayèl nan yon mo oswa yon silab.

Lè yon konsòn vini anvan ak apre lèt "o", anjeneral li reprezante son vwayèl kout /ŏ/ oswa /ô/, tankou nan mo <u>job</u>, <u>frog</u> ak <u>lock</u>.

Beginning	Within	End
/ŏ/	/ŏ/	/ŏ/
on	frog	

✎ Remak: Nan fen yon mo, lèt "o" a pa reprezante son vwayèl kout /ŏ/.

✤ Short Vowel "o" Word Families

"ob" - "o" represents the short vowel /ŏ/ sound

Vwayèl "o" nan fanmi mo "ob" reprezante son vwayèl kout /ŏ/, tankou nan mo <u>job</u>.

Word Box	Bob, blob, cob, hob, gob, glob, job, knob, mob, rob, sob, slob, snob, throb

"ock" - "o" represents the short vowel /ŏ/ sound

Vwayèl "o" nan fanmi mo "ock" reprezante son vwayèl kout /ŏ/, tankou nan mo <u>sock</u>.

Word Box	block, chock, clock, crock, dock, flock, frock, hock, jock, knock, lock, mock, pock, rock, shock, smock, sock, stock

"od" - "o" represents the short vowel /ŏ/ sound

Vwayèl "o" nan fanmi mo "od" reprezante son vwayèl kout /ŏ/, tankou nan mo <u>sod</u>.

Word Box	cod, clod, mod, nod, pod, plod, prod, rod, shod, sod, trod

"og" - "o" represents the short vowel /ŏ/ sound

Vwayèl "o" nan fanmi mo "og" reprezante son vwayèl kout /ŏ/, tankou nan mo frog.

Word Box	blog, bog, clog, cog, flog, fog, frog, hog, jog, log, smog

☞ Eksepsyon: dog - /ô/ son

"oss" - "o" represents the short vowel /ŏ/ sound

Vwayèl "o" nan fanmi mo "oss" reprezante son vwayèl kout /ŏ/, tankou nan mo toss.

Word Box	boss, cross, dross, floss, gloss, moss, Ross, toss

"op" - "o" represents the short vowel /ŏ/ sound

Vwayèl "o" nan fanmi mo "op" reprezante son vwayèl kout /ŏ/, tankou nan mo mop.

Word Box	bop, chop, cop, drop, flop, fop, hop, mop, plop, pop, prop, sop, shop, stop, top

"ot" - "o" represents the short vowel /ŏ/ sound

Vwayèl "o" nan fanmi mo "ot" reprezante son vwayèl kout /ŏ/, tankou nan mo pot.

Word Box	blot, cot, dot, got, hot, jot, knot, lot, plot, pot, not, rot, shot, slot, spot, tot

"ox" - "o" represents the short vowel /ŏ/ sound

Vwayèl "o" nan fanmi mo "ox" reprezante son vwayèl kout /ŏ/, tankou nan mo fox.

Word Box	box, fox, lox, ox, pox, sox

 **Lekti Evalyasyon**
Devwa: Li fraz yo.

1. Don locked the toy fox in the box.
2. The oversized rock fell off the dock.
3. Tom drove to the prom at one o'clock.
4. I saw the flock of birds fly over the pond.
5. My mother's pot is on the kitchen counter.

Lesson 15.3
Reading Words with the Long Vowel "o" Sound

"o" represents the long vowel /ō/ sound

Lèt "o" a ka reprezante son vwayèl long /ō/, tankou nan mo avwan. Yon vwayèl long pwononse pa non lèt li a.

Beginning	Within	End
/ō/	/ō/	/ō/
oats	bone	go

✤ "o" + consonant + silent "e" word families

Son vwayèl long /ō/ a gen kat varyasyon modèl: VCe, CVCe, CCVCe ak CCCVCe. Modèl VCe a se nan fen anpil mo vwayèl long.

"vowel + consonant + silent e" patterns	Target Words
VCe	ode
CVCe	pole
CCVCe	broke
CCCVCe	stroke

"ode" - "o" represents the long vowel /ō/ sound

Lè modèl "o" + konsòn + "e" se nan fen yon mo, vwayèl "o" anjeneral reprezante son vwayèl long /ō/, konsòn nan reprezante son li pandan vwayèl "e" an silans, jan nan mo rode.

Word Box	code, lode, mode, node, ode, rode, strode
	Multisyllable Words:
	episode, explode

"oke" - "o" represents the long vowel /ō/ sound

Lè modèl "o" + konsòn + "e" se nan fen yon mo, vwayèl "o" anjeneral reprezante son vwayèl long /ō/, konsòn nan reprezante son li pandan vwayèl "e" an silans, jan nan mo broke.

Word Box	broke, choke, joke, poke, smoke, spoke, stoke, stroke, woke, yoke
	Multisyllable Words:
	awoke, provoke

"ole" - "o" represents the long vowel /ō/ sound

Lè modèl "o" + konsòn + "e" se nan fen yon mo, vwayèl "o" anjeneral reprezante son vwayèl long /ō/, konsòn nan reprezante son li pandan vwayèl "e" an silans, jan nan mo hole.

Word Box	dole, hole, mole, pole, role, sole, stole, vole, whole

"one" - "o" represents the long vowel /ō/ sound

Lè modèl "o" + konsòn + "e" se nan fen yon mo, vwayèl "o" anjeneral reprezante son vwayèl long /ō/, konsòn nan reprezante son li pandan vwayèl "e" an silans, jan nan mo zone.

Word Box	bone, clone, cone, drone, lone, phone, pone, prone, scone, shone, stone, throne, tone, zone

☞ Eksepsyons: one - /w/+/ŭ/ sons; none -/ŭ/ son; gone - /ŏ/ son oswa /ô/ son

"ope" - "o" represents the long vowel /ō/ sound

Lè modèl "o" + konsòn + "e" se nan fen yon mo, vwayèl "o" anjeneral reprezante son vwayèl long /ō/, konsòn nan reprezante son li pandan vwayèl "e" an silans, jan nan mo hope.

Word Box	cope, grope, hope, lope, mope, nope, pope, rope, scope, slope
	Multisyllable Words:
	antelope, elope, envelope, horoscope, interlope, microscope, telescope

"ose" - "o" represents the long vowel /ō/ sound

Lè modèl "o" + konsòn + "e" se nan fen yon mo, vwayèl "o" anjeneral reprezante son vwayèl long /ō/, konsòn nan reprezante son li pandan vwayèl "e" an silans, jan nan mo expose.

Word Box	chose, close, dose, hose, nose, pose, prose, rose, those

"ote" - "o" represents the long vowel /ō/ sound

Lè modèl "o" + konsòn + "e" se nan fen yon mo, vwayèl "o" anjeneral reprezante son vwayèl long /ō/, konsòn nan reprezante son li pandan vwayèl "e" an silans, jan nan mo devote.

Word Box	cote, dote, mote, note, quote, rote, smote, tote, vote, wrote

Lesson 15.4
Reading Words with Letter "o" Vowel Pairs

Lè de vwayèl yo ansanm nan yon silab oswa yon mo, premye vwayèl la anjeneral reprezante son vwayèl long pandan y ap dezyèm vwayèl la an silans.

"oa" represents the long vowel /ō/ sound + silent "a"

Lè konbinezon vwayèl "oa" ansanm nan yon mo oswa yon silab, lèt "o" anjeneral reprezante son vwayèl long /ō/ pandan lèt "a" an silans, tankou nan mo boat.

Word Box	coal, float, gloat, goad, goal, goalie, goat, groan, hoax, load, loaf, loam, loan, moan, moat, oak, oat, oath, roach, road, roam, roast, soak, soap, toad, toast

"oe" represents the long vowel /ō/ sound + silent "e"

Lè konbinezon vwayèl "oe" a ansanm nan yon mo oswa yon silab, lèt "o" anjeneral reprezante son vwayèl long /ō/ pandan lèt "e" an silans, tankou nan mo aloe.

Word Box	banjoes, doe, echoes, foe, goes, heroes, hoe, hoedown, Joe, mistletoes, oboe, pekoe, potatoes, roe, Tahoe, tiptoe, toe, toenail, toes, tomatoes, woeful

☞ Eksepsyons: does - /ŭ/ son; canoe, shoe - /ōō/ son

"oi" represents the vowel /oi/ sound

Lè konbinezon vwayèl "oi" ansanm nan yon mo oswa yon silab, li reprezante son vwayèl /oi/, tankou nan mo oil. Li enpòtan pou sonje de vwayèl yo gen yon sèl nouvo son.

Word Box	android, appoint, avoid, boil, broil, choice, coil, coin, cloister, exploit, foil, hoist, invoice, join, joint, moist, moisture, noise, oil, poinsettia, point, poise, rejoice, soil, spoil, steroid, toil, turmoil, typhoid, voice, void, voided

☞ Eksepsyon: memoir - /ä/ son oswa /ô/ son

"oo" represents the long vowel /ōō/ sound

Lè konbinezon vwayèl "oo" ansanm nan yon mo oswa yon silab, li ka reprezante son vwayèl long /ōō/, tankou nan mo cool.

Word Box	doom, gloom, harpoon, igloo, kazoo, lagoon, loom, loon, loony, loop, loose, mood, moon, pool, proof, roost, rooster, scoop, tool, toot, tooth, troop, zoom

"oo" represents the vowel /ŏŏ/ sound

Lè konbinezon vwayèl "oo" ansanm nan yon mo oswa yon silab, li ka reprezante son vwayèl /ŏŏ/, tankou nan mo cook.

Word Box	book, brook, cook, crook, foot, good, hood, hook, look, nook, poor, shook, stood, took, wood, wooded, wooden, woody, woof, wool, woolen, woolly

✤ Reading Words with the "ou" letter combination

Konbinezon "ou" lèt la pwononse nan sèt fason diferan.
- Li reprezante son vwayèl /ou/, tankou nan mo out la.
- Li reprezante son vwayèl long /o͞o/, tankou nan mo soup.
- Li reprezante son vwayèl /ô/, tankou nan mo court.
- Li reprezante son vwayèl long /ō/, tankou nan mo soul.
- Li reprezante son vwayèl /o͝o/, tankou nan mo tour.
- Li reprezante son vwayèl schwa /ə/, tankou nan mo famous.
- Li reprezante son vwayèl kout /ŭ/, tankou nan mo couple.

"ou" represents the vowel /ou/ sound

Konbinezon vwayèl "ou" a ka reprezante son vwayèl /ou/, tankou nan mo out.

Word Box	amount, couch, council, count, doubt, drought, ground, hour, house, loud, lousy, mount, mountain, mouse, mouth, noun, pronoun, rebound, sound

"ou" represents the long vowel /o͞o/ sound

Konbinezon vwayèl "ou" a ka reprezante son vwayèl long /o͞o/, tankou nan mo soup.

Word Box	bayou, cougar, coup, coupon, group, soup, through, wound, you, youth

"ou" represents the vowel /ô/ sound

Konbinezon vwayèl "ou" a ka reprezante son vwayèl /ô/, tankou nan mo court.

Word Box	bought, brought, cough, course, court, courtier, fought, four, fourth, mourn, mourning, ought, pour, sought, thought, thoughtful, thoughtless, trough

"ou" represents the long vowel /ō/ sound + silent "u"

Konbinezon vwayèl "ou" a ka reprezante son vwayèl long /ō/, tankou nan mo soul ak thorough.

"ou" represents the vowel /o͝o/ sound + silent "u"

Konbinezon vwayèl "ou" a ka reprezante son vwayèl /o͝o/, tankou nan mo could ak tour.

"ou" represents the schwa vowel /ə/ sound

Konbinezon vwayèl "ou" a ka reprezante son vwayèl schwa /ə/, tankou nan mo famous ak tremulous.

"ou" has a silent "o" + short vowel /ŭ/ sound

Konbinezon vwayèl "ou" a ka reprezante son vwayèl kout /ŭ/, tankou nan mo cousin ak touch.

Lesson 15.5
Reading Words with the Final Letter "o"

"o" represents the long vowel /ō/ sound

Lè lèt "o" nan fen yon mo oswa yon silab, li reprezante son vwayèl long /ō/, tankou nan mo <u>go</u>.

| Word Box | *Letter "o" is at end of the first syllable*
chosen, cocoa, coed, focus, grocer, hotel, modem, motel, open, poker, solo, token

Final letter "o"
alamo, avocado, bravo, cargo, combo, flamingo, ghetto, go, ho, hydro, info, largo, manifesto, metro, mosquito, no, photo, pinto, placebo, portfolio, pro, psycho, radio, so, solo, turbo, undergo, veto, video, volcano, yo-yo, zero |

Bonus Lesson
Reading Words with the "oll" and "ost" Letter Combinations

"oll" - "o" represents the long vowel /ō/ sound

Vwayèl "o" nan konbinezon lèt "oll" la reprezante son vwayèl long /ō/, tankou nan mo <u>poll</u>.

| Word Box | droll, knoll, poll, roll, scroll, stroll, toll, troll

Multisyllable Words:
bankroll, enroll, enrolling, enrollment, payroll, polling, rolling, stroller, unroll |

☞ Eksepsyon: doll - /ŏ/ son

"ost" - "o" represents the long vowel /ō/ sound

Vwayèl "o" nan konbinezon lèt "ost" la ka reprezante son vwayèl long /ō/, tankou nan mo <u>most</u>.

| Word Box | ghost, host, most, post

Multisyllable Words:
almost, hosted, hostess, hosting, mostly, postage, postal, poster, posting |

☞ Eksepsyons: hostel - /ŏ/ son; cost - /ô/ son; lost – /ŏ/ son oswa /ô/ son

Lekti Evalyasyon
Devwa: Li fraz yo.

1. I will go to the condo's focus group.
2. The hotel doors will open in a moment.
3. Owen will open the box with the yo-yo.
4. Today, the pro golf team is a coed group.
5. Alejandro plans to go to the hotel for dinner.

Lesson 15.6
Reading Letter "o" Words with the Schwa Vowel Sound

"o" represents the schwa vowel /ə/ sound

Vwayèl "o" a ka reprezante son vwayèl schwa /ə/, tankou nan mo o'clock.

Beginning	Within	End
/ə/	/ə/	/ə/
of	parrot	

Word Box	*First letter "o"* objective, oblige, oblivious, observance, observant, observe, obsess, obstruct, obtain, occasion, occur, o'clock, of, offense, official, officiate, oppose, original *Letter "o" within a word* bishop, canopy, censor, color, comfort, customer, develop, doctor, flavor, freedom, gallop, lemon, lesson, mayor, memory, numerator, parlor, person

Bonus Lesson
Reading Words with the "ow" Letter Combination

Twa son konbinezon lèt "ow":
- Li reprezante son vwayèl /ou/, tankou nan mo cow.
- Li reprezante son vwayèl long /ō/, tankou nan mo glow.
- Li reprezante son vwayèl kout /ŏ/, tankou nan mo knowledge.

"ow" represents the vowel /ou/ sound + silent "w"

Lè konbinezon "ow" lèt la ansanm nan yon mo oswa yon silab, li ka reprezante son vwayèl /ou/, tankou nan mo cow.

Word Box	brown, cow, coward, crowd, crown, down, drowsy, flower, gown, meow, now, plow, powder, power, towel, tower, town, township, vowel, vow, wow

"ow" represents the long vowel /ō/ sound + silent "w"

Lè konbinezon "ow" lèt la ansanm nan yon mo oswa yon silab, li ka reprezante son vwayèl long /ō/, tankou nan mo glow.

Word Box	arrow, below, blow, crow, flow, flown, glow, grow, know, low, mow, pillow, row, show, shown, snow, throw, thrown, tomorrow, tow, window, yellow

"ow" represents the short vowel /ŏ/ sound + silent "w"

Lè konbinezon "ow" lèt la ansanm nan yon mo oswa yon silab, li ka reprezante son vwayèl kout /ŏ/, tankou nan mo knowledge.

Lesson 15.7
Reading Words with Vowel "o" Sounds: /ŏ/, /ō/ and /o͞o/

Twa lèt "o" son:
- Li reprezante son vwayèl kout /ŏ/, tankou nan mo frog.
- Li reprezante son vwayèl long /ō/, tankou nan mo go.
- Li reprezante son vwayèl long /o͞o/, tankou nan mo to.

"o" represents the short vowel /ŏ/ sound

Vwayèl "o" a ka reprezante son vwayèl kout /ŏ/, tankou nan mo frog.

Word Box	cop, block, box, chomp, clock, crop, dot, drop, fog, frost, got, honk, hot, job, jog, lock, log, lot, mom, mop, not, odd, on, ox, plot, pot, rock, rot, shot, spot

"o" represents the long vowel /ō/ sound

Vwayèl "o" a ka reprezante son vwayèl long /ō/, tankou nan mo go.

Word Box	bold, bone, broke, choke, code, cold, cone, close, fold, go, grow, hole, hope, joke, mode, no, nose, poke, roast, rode, role, rose, soap, spoke, stoke, woke

"o" represents the long vowel /o͞o/ sound

Vwayèl "o" a ka reprezante son vwayèl long /o͞o/, tankou nan mo to.

Word Box	do, doers, doing, lose, move, moveable, movement, movers, movies, moving, prove, proved, proven, proving, to, too, two, who, whoever, whosoever

Bonus Lesson
Reading Letter "o" Words with the Short Vowel /ŭ/ Sound

"o" represents the short vowel /ŭ/ sound

Lèt "o" a ka reprezante son vwayèl kout /ŭ/, tankou nan mo dove.

Word Box	above, blood, brother, brotherhood, come, done, dozen, from, front, frontage, frontier, love, money, mother, none, onion, other, shovel, some, somersault, something, sometimes, son, sponge, stomach, ton, tongue, tons, won, wonder

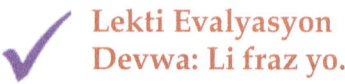

Lekti Evalyasyon
Devwa: Li fraz yo.

1. My mom gave me two dollars.
2. Do you know the story's plot?
3. Who is going to mop the kitchen floor?
4. The court officer proved his innocence.
5. Tonight, my family will go to the show.

Lesson 15.8
Reading Words with the "or" and "ore" Letter Combinations

"or" represents the vowel /ô/ + /r/ sounds

Lè konbinezon "or" lèt la nan kòmansman yon mo, anjeneral li reprezante son vwayèl /ô/ + /r/, tankou nan mo <u>orange</u>.

Word Box	or, oral, orate, orator, oratory, orbit, orca, orchid, order, orderly, ordinal, ordinance, organ, organic, organize, origin, ornate, orphan, orthopedics

"or" represents the vowel /ô/ + /r/ sounds

Lè konbinezon "or" lèt la nan yon mo, li ka reprezante son vwayèl /ô/ + /r/, tankou nan mo <u>corn</u>.

Word Box	border, born, cork, corn, dormant, for, forest, forestry, forget, fork, horn, horse, lord, north, pork, port, short, shortage, sorbet, sort, torch, tore, tort, worn

"or" represents the schwa vowel /ə/ + /r/ sounds

Lè konbinezon "or" lèt la nan kòmansman yon mo, li ka reprezante son vwayèl schwa /ə/ + /r/, tankou nan mo <u>oregano</u>.

"or" represents the schwa vowel /ə/ + /r/ sounds

Lè konbinezon lèt "or" nan yon mo, li ka reprezante son vwayèl schwa /ə/ + /r/, tankou nan mo <u>correct</u>.

Word Box	corolla, corona, corral, correct, correction, correlative, corrode, corrupt, forensic, forget, forgive, forlorn, morale, morality, morass, morel, Morocco

"or" represents the schwa vowel /ə/ + /r/ sounds

Lè konbinezon "or" lèt la nan fen yon mo, li reprezante son vwayèl schwa /ə/ + /r/, tankou nan mo <u>doctor</u>.

Word Box	accelerator, chancellor, commentator, conductor, coordinator, distributor, doctor, instructor, investigator, professor, refrigerator, supervisor, translator

"ore" represents the vowel /ô/ + /r/ sounds + silent "e"

Lè konbinezon "ore" lèt la nan fen yon mo, lèt "o" reprezante son vwayèl /ô/, tankou nan mo <u>chore</u>.

Word Box	bore, chore, core, fore, lore, more, ore, pore, score, shore, sore, snore, spore, store, swore, tore, wore

Multisyllable Words:

adore, albacore, bedsore, before, deplore, encore, explore, eyesore, herbivore, ignore, implore, offshore, omnivore, restore, seashore, sophomore, therefore

Lesson 15.9
Reading Words with a Silent Letter "o"

"o" is silent

Vwayèl "o" a ka an silans, tankou nan mo <u>col<u>o</u>nel</u>.

"eo" - "o" is silent

Nan konbinezon vwayèl "eo", vwayèl "o" ka an silans, tankou nan mo <u>pe<u>o</u>ple</u>.

Word Box	jeopardize, jeopardized, jeopardizing, jeopardy, Leonard, leopard, people

"oe" - "o" is silent

Nan konbinezon vwayèl "oe", vwayèl "o" ka an silans, tankou nan mo <u>subp<u>o</u>enas</u>.

Word Box	amoeba, amoebic, onomatopoeia, onomatopoetic, phoebe, phoenix, subpoena

"ou" - "o" is silent

Nan konbinezon vwayèl "ou", vwayèl "o" ka an silans, tankou nan mo <u>y<u>o</u>ung</u>.

Word Box	couple, country, double, doubles, doublet, Douglas, rough, roughly, touch, touching, touchy, tough, toughen, trouble, younger, youngest, youngster

Silent Letter "o" at a Glance

Letters	Sound	Anchor Words
"o"	silent "o"	col<u>o</u>nel
"eo"	silent "o"	people
"oe"	silent "o"	subpoenas
"ou"	silent "o"	young

Lekti Evalyasyon
Devwa: Li fraz yo.

1. Leonard was served with a subpoena.
2. Douglas said, "Do not touch the iron!"
3. The young couple is going to get married.
4. An amoeba is a single-celled simple organism.
5. A lapidary rough rock is a semi-precious gemstone.

The Reading Challenge
Lesson 15.10
Reading Multisyllable Words

Ou ka li yon mo long lè w divize l an ti pati ki rele silab. Chak silab gen yon son vwayèl epi anjeneral youn oswa plizyè son konsòn.

Three Ways to Divide Words into Syllables

1. Yon silab fèmen fini ak yon konsòn. Lè yon silab fèmen gen yon vwayèl, anjeneral li gen yon vwayèl kout.
   Egzanp: complex - com + plex

   Lè yon silab fèmen gen de vwayèl, premye vwayèl la se nòmalman yon vwayèl long pandan dezyèm vwayèl la an silans.
   Egzanp: floating - float + ing

2. Yon silab louvri fini ak yon vwayèl. Vwayèl nan fen silab la se nòmalman yon vwayèl long.
   Egzanp: provide - pro + vide

3. Silab "vwayèl + konsòn + e" se nan fen yon mo. Premye vwayèl nan modèl silab sa a se nòmalman yon vwayèl long pandan y ap "e" final la an silans.
   Egzanp: devote - de + vote

Multisyllable Word Lists

2 syllable words	3 syllable words	4 syllable words
object	oasis	obesity
oceans	objective	officially
offense	observing	operator
office	odyssey	opposition
often	offering	optimistic
olive	official	organizes
onion	omnivore	organizing
other	opponent	ordinary
orbit	optional	oregano
order	orator	origami
organ	outdated	original
outrage	outrageous	ornamental
outside	oxygen	overrated
oven	overall	overreact
oyster	overcome	overwhelming

Lesson 15.11
Reading Proper and Common Nouns and Adjectives
Capitalization Rules

Mo yo ekri ak lèt majiskil ak/oswa miniskil. Non pwòp ak adjektif apwopriye kòmanse ak lèt majiskil. Non komen ak adjektif komen kòmanse ak lèt miniskil.

Yon **non pwòp** se yon mo ki nonmen yon moun espesifik, yon kote, yon bagay oswa yon konsèp.

Yon **non komen** se yon mo ki nonmen yon moun jeneral, kote, bagay oswa konsèp.

	Proper Noun	Common Noun
Person	Mr. Owens	operator
Place	Ontario	outside
Thing	Oreo	octopus
Concept		optimism

Yon **adjektif apwopriye** se yon mo ki dekri yon moun espesifik, yon kote, yon bagay oswa yon konsèp.

Yon **adjektif komen** se yon mo ki dekri yon moun jeneral, kote, bagay oswa konsèp.

Proper Adjective:	Common Adjective:
Person: Omani citizen	Person: outstanding student
Thing: Omani food	Thing: operating room

Capitalization Rules
Uppercase Letter – "O"

- Premye lèt mo ki kòmanse yon fraz ap ekri majiskil.

- Premye lèt mo ki bay non yon moun, yon kote, yon bagay oswa yon konsèp espesifik yo ekri majiskil.

- Premye lèt tit yon moun nan lèt majiskil.

- Premye lèt chak mo nan yon tit oswa yon sous-tit yo ekri majiskil.

- Kòm yon pwonon, lèt "I" nan lèt majiskil.

✎ Nòt: Lèt miniskil yo jeneralman itilize pou tout lòt mo.

Lowercase Letter – "o"

- Premye lèt yon mo ki pa nonmen yon moun espesifik, yon kote, yon bagay oswa konsèp ekri ak yon lèt miniskil.

- Premye lèt yon mo ki pa kòmanse yon fraz ekri ak yon lèt miniskil.

- Tout lèt ki anndan ak nan fen mo yo ekri ak lèt miniskil.

The Letter "o" at a Glance

Letter(s)	Sounds	Anchor Words
"o"	/ŏ/	frog
"o"	/ō/	go
"o"	/ə/	o'clock
"o"	/w/ + /ŭ/	one
"oo"	/o͞o/	cool
"oo"	/o͝o/	book
"o"	/ô/	cloth
"oi"	/oi/	oil
"oi"	/ä/	memoir
"o"	/ŭ/	son
"o"	/ĭ/	women
"o"	/û/	colonel
"ow"	/ou/	cow
"o"	silent "o"	people

Unit O
Lesson 15.11

Unit P

P/p

 Lesson 16.0
Introduction of the Letter P/p

Lèt "p" se yon konsòn. Li se 16yèm lèt nan alfabè Women lang angle a. Lèt yo ekri kòm lèt majiskil ak miniskil.

	Uppercase Letter	Lowercase Letter
Print	P	p
Cursive	P	p

 Lesson 16.1
Reading Words with the Letter P/p

Lèt "p" pwononse nan yon sèl fason.
- Li reprezante son /p/, tankou nan mo <u>pan</u>.
- Pafwa li an silans, tankou nan mo <u>cupboard</u>.

High Frequency, One Syllable Letter "p" Words
pad, page, paid, pail, pain, paint, pair, pan, park, part, pass, past, pat, peace, peach, peck, peek, peel, pet, pick, pie, piece, point, poor, pop, plan, plant, plug, plum, plus, price, pro, pull, push, pushed

Nan kòmansman an, nan ak nan fen yon mo, lèt "p" reprezante son /p/, tankou nan mo <u>pan</u>, <u>capital</u> ak <u>cup</u>.

Beginning	Within	End
/p/	/p/	/p/
pan	capital	cup
pause	collapse	develop
pencil	inspired	gossip
pineapple	repeated	handicap
politics	shipping	lollipop
presents	tropical	workshop

❖ Reading Words with the Letter P/p

Short Vowel Blending Table for the Letter P/p

/ă/ apple	/ĕ/ egg	/ĭ/ insect	/ŏ/ octopus	/ŭ/ up
p a d	p e t	p i t	p o t	p u ll
pa d	pe t	pi t	po t	pu ll
pad	pet	pit	pot	pull

Long Vowel Blending Table for the Letter P/p

/ā/ ape	/ē/ eagle	/ī/ ice	/ō/ open	/yōō/ cube
p a c e	p e e k	p i e	p o l e	p u k e
pac e	pee k	p ie	po le	pu ke
pace	peek	pie	pole	puke

Word Box	cap, cheap, chip, chop, clip, crop, cup, deep, dip, flop, group, help, hip, hop, lamp, lip, map, mop, nap, nip, rip, step, stoop, sweep, tip, top, tulip, zap, zip

Letter "p" Parts of Speech Table

Nouns	Verbs	Adjectives
package	pacifies	Pacific
padlock	packing	palatial
pageant	paralyzed	papal
pajamas	peeling	pandemic
pamphlet	persuade	peculiar
Panama	picturing	playful
peacock	pinched	plural
pillow	plotting	poetic
plaintiff	pointing	polished
planet	polished	purebred
potassium	punched	purple
potpourri	puzzled	pushy

 Lekti Evalyasyon
Devwa: Li fraz yo.

1. I saw parakeets and parrots in the park.
2. Paul and Pam have physics first period.
3. Our parents live on Pennsylvania Avenue.
4. Pat picked up the package at the post office.
5. The pharmacist works at the new pharmacy.

Lesson 16.2
Reading Words with the "ph" Letter Combination

Konbinezon "ph" lèt la pwononse nan twa fason diferan.
- Li reprezante son /p/ + /h/, tankou nan mo uphill.
- Li reprezante son /f/, tankou nan mo phone.
- Li reprezante son /p/, tankou nan mo shepherd.

"ph" represents the /p/ + /h/ sounds

Lè konbinezon lèt "ph" divize an de silab, lèt "p" reprezante son /p/ ak lèt "h" reprezante son /h/, tankou nan mo uphill. Lèt "p" nan yon silab ak lèt "h" nan lòt silab la.

Word Box	cupholder, haphazard, upheaval, upheave, upheaves, upheld, uphill, uphold, upholder, upholding, upholds, upholster, upholsterer, upholstery

"ph" represents the /f/ sound

Lè konbinezon "ph" lèt la ansanm nan yon sèl silab, li ka reprezante son /f/, tankou nan mo phone.

Word Box	alphabet, amphibian, atmosphere, asphalt, autograph, biography, dolphin, elephant, geography, graphic, nephew, orphan, pamphlet, paragraph, phase, phonics, photo, photograph, physicist, sophisticate, telegraphic, triumph

"ph" represents the /p/ sound + silent "h"

Nan konbinezon lèt "ph", lèt "p" ka reprezante son /p/ pandan ke lèt "h" an silans, tankou nan mo shepherd ak shepherdess.

Reading Multisyllable Words

```
    alphabet              photo
       ⇩                    ⇩
   alphabetical         photograph
       ⇩                    ⇩
  alphabetically       photographic
```

Lekti Evalyasyon
Devwa: Li fraz yo.

1. The elephant in the photo is from India.
2. I read the powerful book, "Autobiography of Malcolm X."
3. Philip donated money to the newly constructed orphanage.
4. We were elected to preserve, defend and uphold the Constitution.
5. Phyllis furnished her living room with an upholstered sofa and loveseat.

Lesson 16.3
Reading Words with the "pr" Letter Combination

"pr" represents the /p/ + /r/ sounds

Nan konbinezon lèt "pr", lèt "p" reprezante son /p/ ak lèt "r" reprezante son /r/, tankou nan mo <u>prize</u>.

Word Box	express, impress, practice, pray, press, prince, princess, pride, prize, problem, prolong, promise, propel, proper, proud, prude, prudent, spring, surprise

Short Vowel Blending Table for the "pr" Letter Combination

/ă/ apple	/ĕ/ egg	/ĭ/ insect	/ŏ/ octopus	/ŭ/ up
pr a n k	pr e ss	pr i m	pr o d	spr u ng
pra n k	pre ss	pri m	pro d	spru ng
prank	press	prim	prod	sprung

Long Vowel Blending Table for the "pr" Letter Combination

/ā/ ape	/ē/ eagle	/ī/ ice	/ō/ open	/o͞o/ glue
pr a y	pr ea ch	pr i de	pr o be	pr u ne
pr ay	prea ch	pri de	pro be	pru ne
pray	preach	pride	probe	prune

Letter "pr" Parts of Speech Table

Nouns	Verbs	Adjectives
praise	practiced	practical
presenter	predestined	predictable
president	preferred	preferable
pressure	preserving	pregnant
prevention	presiding	prehistoric
printer	pretending	preliminary
prison	prevailed	preliterate
prisoner	prevented	premarital
probate	printing	premature
procedure	proceeded	premium
prodigy	processing	prenatal
profile	proclaimed	problematic
program	provided	propelling
projector	provoked	prudent

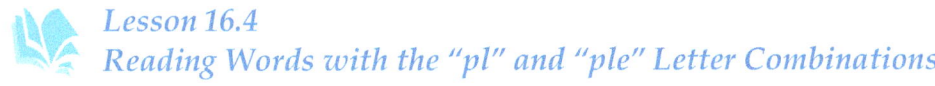

Lesson 16.4
Reading Words with the "pl" and "ple" Letter Combinations

"pl" represents the /p/ + /l/ sounds

Nan konbinezon lèt "pl", lèt "p" reprezante son /p/ ak lèt "l" reprezante son /l/, tankou nan mo plan.

Word Box	place, plain, plan, plane, planet, plank, plate, play, please, pleasure, pled, pledge, plenty, plight, plod, plop, plot, plow, plug, plum, plump, plural

Short Vowel Blending Table for the "pl" Letter Combination

/ă/ apple	/ĕ/ egg	/ĭ/ insect	/ŏ/ octopus	/ŭ/ up
p l a n	p l e d	p l i n k	p l o t	p l u g
plan	pled	plink	plot	plug

Long Vowel Blending Table for the "pl" Letter Combination

/ā/ ape	/ē/ eagle	/ī/ ice	/ō/ open	/ōō/ glue
p l a y	p l e a t	p l i g h t		P l u t o
play	pleat	plight		Pluto

"ple" represents the /p/ + /ə/ + /l/ sounds + silent "e"

Lè konbinezon "ple" lèt la nan fen yon mo, li reprezante /p/ + /ə/ + /l/ son + silans "e", tankou nan mo people. Li enpòtan pou sonje son vwayèl schwa /ə/ antre ant son /p/ ak /l/.

Word Box	apple, couple, cripple, dimple, example, people, pimple, pineapple, principle, purple, ripple, sample, simple, staple, steeple, trample, triple

"ple" represents the /p/ + /l/ + /ĕ/ sounds

Lè konbinezon "ple" lèt la nan kòmansman oswa nan yon mo, li ka reprezante son /p/ + /l/ + /ĕ/, tankou nan mo pledge.

Word Box	complex, complexion, duplex, multiplex, pleasant, pleasure, pledge, plenteous, perplex, replenish, splendid, splendidly, splendor, triplex

☞ Eksepsyons: droplet, helpless - /ĭ/ son; implement - /ə/ son

"ple" represents the /p/ + /l/ + /ē/ sounds

Lè konbinezon "ple" lèt la nan kòmansman oswa nan yon mo, li ka reprezante son /p/ +/l/ + /ē/, tankou nan mo completion.

Word Box	complete, completing, completive, deplete, depletion, plea, plead, pleaded, pleading, please, pleasing, pleat, plebe, plenary, replete, repletion, spleen

Lesson 16.5
Reading Words with a Silent Letter "p"

"p" is silent

Lèt "p" la ka an silans, tankou nan mo corps.

Word Box	corps, coup, cupboard, raspberry, receipt, receipts, sapphire

"pp" represents the /p/ sound + silent "p"

Nan konbinezon lèt "pp", premye lèt "p" reprezante son /p/ pandan dezyèm lèt "p" an silans, tankou nan mo puppet.

Word Box	approve, clipper, dropping, flipper, floppy, grasshopper, happen, happy, opposite, oppress, pepper, puppet, puppy, slippery, support, upper, zipper

"ps" has a silent "p" + /s/ sound

Lè konbinezon lèt "ps" nan kòmansman yon mo, lèt "p" an silans pandan ke lèt "s" reprezante son /s/, tankou nan mo psychology.

Word Box	psalm, pseudo, psych, psychiatry, psychic, psychoactive, psychoanalysis, psychodrama, psychology, psychopath, psychosis, psychosomatic

"ps" represents the /p/ + /s/ sounds

Lè konbinezon lèt "ps" nan oswa nan fen yon mo, lèt "p" reprezante son /p/ ak lèt "s" reprezante son /s/, tankou nan mo capsules ak caps.

Word Box	*"ps" within a word* biopsy, calypso, capsized, capsize, cheapskate, knapsack, lapse, pepsin *"ps" at the end of a word* camps, dips, flips, groups, hips, jumps, keeps, laps, maps, raps, stamps

"pn" has a silent "p" + /n/ sound

Lè konbinezon lèt "pn" nan kòmansman yon mo, lèt "p" an silans pandan ke lèt "n" reprezante son /n/, tankou nan mo pneumonia.

Word Box	pneumatic, pneumatical, pneumococcus, pneumonia, pneumonic

"pt" has a silent "p" + /t/ sound

Nan konbinezon "pt" lèt la, lèt "p" a ka rete an silans pandan ke lèt "t" reprezante son /t/, tankou nan mo receipt.

Word Box	ptarmigan, pterodactyl, pterosaur, Ptolemy, ptomaine, receipt, receipts

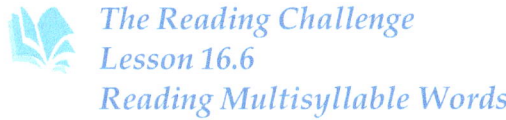

The Reading Challenge
Lesson 16.6
Reading Multisyllable Words

Ou ka li yon mo long lè w divize l an ti pati ki rele silab. Chak silab gen yon son vwayèl epi anjeneral youn oswa plizyè son konsòn.

Three Ways to Divide Words into Syllables

1. Yon silab fèmen fini ak yon konsòn. Lè yon silab fèmen gen yon vwayèl, anjeneral li gen yon vwayèl kout.

   Egzanp: packing - pack + ing

   Lè yon silab fèmen gen de vwayèl, premye vwayèl la se nòmalman yon vwayèl long pandan dezyèm vwayèl la an silans.

   Egzanp: peeping - peep + ing

2. Yon silab louvri fini ak yon vwayèl. Vwayèl nan fen silab la se nòmalman yon vwayèl long.

   Egzanp: pilot - pi + lot

3. Silab "vwayèl + konsòn + e" se nan fen yon mo. Premye vwayèl nan modèl silab sa a se nòmalman yon vwayèl long pandan y ap "e" final la an silans.

   Egzanp: provide - pro + vide

Multisyllable Word Lists

2 syllable words	3 syllable words	4 syllable words
paddle	pacemaker	panacea
parade	Pakistan	panorama
parcel	pajamas	paralegal
pardon	parable	paramedic
party	parliament	pedestrian
pecan	pediment	pediatrics
pepper	penalty	photography
photo	pelican	planetary
picture	pilgrimage	plasticity
pigment	pioneer	plentifully
pilgrim	pocketbook	plurality
pipeline	porcupines	polyvalent
platform	powerhouse	proclamation
pressure	presenter	proclivity

Lesson 16.7
Reading Proper and Common Nouns and Adjectives
Capitalization Rules

Mo yo ekri ak lèt majiskil ak/oswa miniskil. Non pwòp ak adjektif apwopriye kòmanse ak lèt majiskil. Non komen ak adjektif komen kòmanse ak lèt miniskil.

Yon **non pwòp** se yon mo ki nonmen yon moun espesifik, yon kote, yon bagay oswa yon konsèp.

Yon **non komen** se yon mo ki nonmen yon moun jeneral, kote, bagay oswa konsèp.

	Proper Noun	Common Noun
Person	Peter	principal
Place	Poland	plaza
Thing	Parliament	puppy
Concept		pleasure

Yon **adjektif apwopriye** se yon mo ki dekri yon moun espesifik, yon kote, yon bagay oswa yon konsèp.

Yon **adjektif komen** se yon mo ki dekri yon moun jeneral, kote, bagay oswa konsèp.

Proper Adjective:	Common Adjective:
Person: Principal Carter Thing: Polish language	Person: petite lady Thing: purple hat

Capitalization Rules

Uppercase Letter – "P"

- Premye lèt yon mo ki kòmanse yon fraz ap ekri majiskil.

- Premye lèt yon mo ki bay non yon moun espesifik, yon kote, yon bagay oswa yon konsèp ekri majiskil.

- Premye lèt tit yon moun nan lèt majiskil.

- Premye lèt chak mo nan yon tit oswa yon sous-tit yo ekri majiskil.

- Kòm yon pwonon, lèt "I" nan lèt majiskil.

✐ Nòt: Lèt miniskil yo jeneralman itilize pou tout lòt mo.

Lowercase Letter – "p"

- Premye lèt yon mo ki pa nonmen yon moun espesifik, yon kote, yon bagay oswa konsèp ekri ak yon lèt miniskil.

- Premye lèt yon mo ki pa kòmanse yon fraz ekri ak yon lèt miniskil.

- Tout lèt ki anndan ak nan fen mo yo ekri ak lèt miniskil.

Lekti Evalyasyon
Devwa: Li fraz yo.

1. The pharmacist prepared the pills.
2. The parade will end at Poodle Plaza.
3. Panama's capital city is Panama City.
4. Pam attended Palmer Primary School.
5. Pat and Paul are performing in a play.

The Letter "p" at a Glance		
Letter	Sounds	Anchor Words
"p"	/p/	pan
"p"	silent "p"	cupboard

Unit Q

Q/q

Lesson 17.0
Introduction of the Letter Q/q

Lèt "q" la se yon konsòn. Li se 17yèm lèt nan alfabè women lang angle a. Lèt yo ekri kòm lèt majiskil ak miniskil.

	Uppercase Letter	Lowercase Letter
Print	Q	q
Cursive	*Q*	*q*

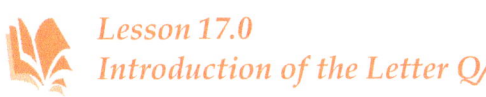

Lèt "q" pwononse nan yon sèl fason.
- Li reprezante son /k/, tankou nan mo <u>queen</u>.
- Li reprezante son /k/, tankou nan mo <u>Iraq</u>.
- Pafwa li an silans, tankou nan mo <u>racquet</u>.

High Frequency, One Syllable Letter "q" Words
quack, quail, quaint, quark, quart, quartz, queen, quench, quest, quick, quiet, quill, quilt, quip, quirk, quirt, quit, quite, quiz, quote

Lèt "q" la pa gen son pwòp li yo. Li prete son /k/ nan lèt "k".

"q" represents the /k/ sound

Nan kòmansman an, nan ak nan fen yon mo, lèt "q" ak "qu" konbinezon lèt la ka reprezante son /k/, tankou nan mo <u>Qatar</u>, <u>antique</u> ak <u>Iraq</u>.

Beginning	Within	End
/k/	/k/	/k/
Qatar	antique	Iraq

"qu" represents the /k/ + /w/ sounds

Lè w ap pwononse son /k/ + /w/ konbinezon lèt "qu" a, bouch oratè a anjeneral fòme yon ti ouvèti sikilè epi byen vit elaji deyò. Li pa vibre paske li san vwa.

 Learn To Read English With Lessons In Haitian Creole

✢ Reading Words with the Letter Q/q

Nan kòmansman an ak nan yon mo, konbinezon "qu" lèt la ka reprezante son /k/ + /w/, tankou nan mo question ak equator.

Beginning	Within	End
/k/ + /w/	/k/ + /w/	/k/ + /w/
question	equator	

Short Vowel Blending Table for the Letter Q/q

/ă/ apple	/ĕ/ egg	/ĭ/ insect	/ŏ/ octopus	/ŭ/ up
qu a ck	qu e s t	qu i ck	qu o kk a	
qua ck	qu est	qui ck	quo kka	
quack	quest	quick	quokka	

Long Vowel Blending Table for the Letter Q/q

/ā/ ape	/ē/ eagle	/ī/ ice	/ō/ open	/yōō/ cube
qu ake	qu ee n	qu ie t	qu o te	q ueue
qua ke	quee n	quie t	quo te	q ueue
quake	queen	quiet	quote	queue

Letter "qu" Parts of Speech Table

Nouns	Verbs	Adjectives
quality	quacked	quadrennial
quantity	quacking	quadruple
quantum	qualifies	quantitative
queen	quarrel	quarterfinal
quest	quench	quarterly
question	questions	questionable
quota	quilted	quickest
quotation	quivering	quintessential
quote	quoting	quirky

 Lekti Evalyasyon
Devwa: Li fraz yo.

1. Mrs. Quincy bought a quart of milk.
2. My mom cuts the quiche into quarters.
3. Queenie ran quickly across the finish line.
4. Quintin asks a lot of interesting questions.
5. Quadri said, "Quadrilaterals are polygons."

Lesson 17.2
Reading Words with the Letter "q" and "qu" Letter Combination

"qu" represents the /k/ + /w/ sound
Konbinezon lèt "qu" a anjeneral reprezante son /k/ + /w/, tankou nan mo <u>queen</u>.

Word Box	aquatic, acquire, acquit, conquest, delinquent, equal, equate, equator, equip, equipment, frequency, quack, quail, queer, quest, question, quick, quiet, quilt, quit, quite, quiz, quotation, quote, require, sequence, sequential, tranquilize

"q" represents the /k/ sound
Lèt "q" ak "qu" konbinezon lèt la ka reprezante son /k/, tankou nan mo <u>antique</u>.

Word Box	acequia, applique, bouquet, etiquette, Iraq, Iraqi, liquor, mesquite, mosquito, quiche, quinoa, Nasdaq, Qatar, Qatari, quay, statuesque, unique, uniquely

Letter "q" and "qu" sounds

/k/ + /w/ sounds	/k/ sound
conquest	boutique
liquid	conquer
queen	mosque
quench	opaque
question	plaque
quiet	statuesque

"qu" is silent
Konbinezon "qu" lèt la ka an silans, tankou nan mo <u>lacquer</u> ak <u>racquet</u>.

"q" represents the /k/ sound
Lè lèt "q" pa swiv pa lèt "u", li reprezante son /k/, tankou nan mo <u>Qatar</u>.

Word Box	Compaq, Iraq, Iraqi, Nasdaq, Qatar, Qatari

Lekti Evalyasyon
Devwa: Li fraz yo.

1. Quincy enjoyed his trip to Qatar.
2. John Quinn is a quick quarterback.
3. Queeny was born in Queens, New York.
4. Dr. Quail starts work at a quarter to nine.
5. In 1964, Queen Elizabeth visited Quebec City.

*The Reading Challenge
Lesson 17.3
Reading Multisyllable Words*

Ou ka li yon mo long lè w divize l an ti pati ki rele silab. Chak silab gen yon son vwayèl epi anjeneral youn oswa plizyè son konsòn.

Three Ways to Divide Words into Syllables

1. Lè konbinezon lèt "qu" la nan yon silab fèmen, lèt "u" a ka reprezante son /w/ pandan vwayèl ki vin apre a anjeneral reprezante yon vwayèl kout.
   Egzanp: qualify – qual + i + fy

   Lè konbinezon lèt "qu" a nan yon silab fèmen, lèt "u" a ka reprezante son /w/ alòske de vwayèl ki vin apre yo ka reprezante yon vwayèl long.
   Egzanp: queenly – queen + ly

2. Lè konbinezon lèt "qu" la nan yon silab louvri, lèt "u" a ka reprezante son /w/ pandan vwayèl ki vin apre a ka reprezante yon vwayèl long.
   Egzanp: quota – quo + ta

3. Silab "vwayèl + konsòn + e" se nan fen yon mo. Premye vwayèl nan modèl silab sa a se nòmalman yon vwayèl long pandan y ap "e" final la an silans.
   Egzanp: quantize - quan + tize

Multisyllable Word Lists

2 syllable words	3 syllable words	4 syllable words
quantum	quandary	quadriplegic
quarter	quadrangle	qualitative
quarters	quadratic	quantization
quartet	quadrillion	quartermaster
quarrel	quarterback	quaternary
quenching	quartering	querulousness
question	questioning	questionable
quickly	questionnaire	questionably
quickness	quickening	quiescently
quiet	quicksilver	quintessential
quilted	quietness	quintuplicate
quitter	quintillion	quintuplicates
quiver	quintuple	quixotical
quota	quivering	quotidian

Learn To Read English With Lessons In Haitian Creole

Lesson 17.4
Reading Proper and Common Nouns and Adjectives Capitalization Rules

Mo yo ekri ak lèt majiskil ak/oswa miniskil. Non pwòp ak adjektif apwopriye kòmanse ak lèt majiskil. Non komen ak adjektif komen kòmanse ak lèt miniskil.

Yon **non pwòp** se yon mo ki nonmen yon moun espesifik, yon kote, yon bagay oswa yon konsèp.

Yon **non komen** se yon mo ki nonmen yon moun jeneral, kote, bagay oswa konsèp.

	Proper Noun	Common Noun
Person	Queen Elizabeth	queen
Place	Quezon City	quarters
Thing	Queen's English	quotation
Concept		quintessence

Yon **adjektif apwopriye** se yon mo ki dekri yon moun espesifik, yon kote, yon bagay oswa yon konsèp.

Yon **adjektif komen** se yon mo ki dekri yon moun jeneral, kote, bagay oswa konsèp.

Proper Adjective:	Common Adjective:
Person: Queen Elizabeth Thing: Qatarian Airlines	Person: qualified applicant Thing: quarterly meeting

Capitalization Rules
Uppercase Letter – "Q"

- Premye lèt yon mo ki kòmanse yon fraz ap ekri majiskil.

- Premye lèt yon mo ki bay non yon moun espesifik, yon kote, yon bagay oswa yon konsèp ekri majiskil.

- Premye lèt tit yon moun nan lèt majiskil.

- Premye lèt chak mo nan yon tit oswa yon sous-tit yo ekri majiskil.

- Kòm yon pwonon, lèt "I" nan lèt majiskil.

✎ Nòt: Lèt miniskil yo jeneralman itilize pou tout lòt mo.

Lowercase Letter – "q"

- Premye lèt yon mo ki pa nonmen yon moun espesifik, yon kote, yon bagay oswa konsèp ekri ak yon lèt miniskil.

- Premye lèt yon mo ki pa kòmanse yon fraz ekri ak yon lèt miniskil.

- Tout lèt ki anndan ak nan fen mo yo ekri ak lèt miniskil.

	The Letter "q" at a Glance	
Letter	Sounds	Anchor Words
"q"	/k/	queen
"qu"	/k/ + /w/	queen
"q"	/k/	Iraq
"q"	silent "q"	racquet

Unit Q
Lesson 17.4

R/r

Lesson 18.0
Introduction of the Letter R/r

Lèt "r" la se yon konsòn. Li se 18yèm lèt nan alfabè women lang angle a. Lèt yo ekri kòm lèt majiskil ak miniskil.

	Uppercase Letter	Lowercase Letter
Print	R	r
Cursive	R	r

Lesson 18.1
Reading Words with the Letter R/r

Lèt "r" pwononse nan yon sèl fason.
- Li reprezante son /r/, tankou nan mo <u>rat</u>.
- Pafwa li an silans, tankou nan mo <u>carrot</u>.

High Frequency, One Syllable Letter "r" Words
race, rain, raise, range, rank, rat, rate, ray, red, rent, rib, rice, rich, ride, ring, rinse, rip, ripe, rise, risk, road, rob, robe, rock, rod, rode, roil, role, roll, room, rope, rose, rot, rote, round, rule, run, runt

Nan kòmansman an, nan ak nan fen yon mo, lèt "r" reprezante son /r/, tankou nan mo <u>ring</u>, <u>break</u> ak <u>car</u>.

Beginning	Within	End
/r/	/r/	/r/
rank	break	car
rate	dream	doctor
real	drum	inner
rent	electric	monitor
ring	from	other
ripe	increase	painter
roll	market	speaker
room	network	sponsor
running	surprise	sugar

Learn To Read English With Lessons In Haitian Creole

❖ Reading Words with the Letter R/r

Short Vowel Blending Table for the Letter R/r

/ă/ apple	/ĕ/ egg	/ĭ/ insect	/ŏ/ octopus	/ŭ/ up
r a t	r e d	r i p	r o t	r u t
ra t	re d	ri p	ro t	ru t
rat	red	rip	rot	rut

Long Vowel Blending Table for the Letter R/r

/ā/ ape	/ē/ eagle	/ī/ ice	/ō/ open	/yo͞o/ cube
r a t e	r e e d	r i g h t	r o p e	r e s c u e
ra te	ree d	righ t	ro pe	res cue
rate	reed	right	rope	rescue

The Controlling Letter "r" Changes the Vowel Sounds

/ă/ → /ä/	/ĕ/ → /û/	/ĭ/ → /û/	/ŏ/ → /ô/	/ŭ/ → /û/
cat → cart	gem → germ	bid → bird	con → corn	bun → burn
par → park	pet → pert	fist → first	spot → sport	bust → burst

  Bonus Lesson
Reading Words with a Silent Letter "r"

"r" is silent

Lèt "r" la ka an silans, tankou nan mo tiwa, <u>iron</u> ak <u>February</u>.

"rr" represents the /r/ sound + silent "r"

Lè konbinezon lèt "rr" la ansanm nan yon sèl silab premye lèt "r" reprezante son /r/ pandan dezyèm lèt "r" an silans, tankou nan mo <u>arrow</u>.

Word Box	arrange, berries, carrot, correct, curry, errand, ferret, ferry, garrison, hurray, hurry, marry, merry, narrate, parrot, quarry, sorrel, sorry, terrific, worry

"rr" represents the /r/ + /r/ sounds

Lè konbinezon lèt "rr" divize an de silab premye lèt "r" reprezante son /r/ ak dezyèm lèt "r" reprezante tou son /r/, tankou nan mo <u>override</u>.

Word Box	interracial, interregnum, interrelated, overrate, overreach, overreact, overreaction, overrefine, overregulate, overriding, overrule, overrun

Lesson 18.2
Reading Words with the Letter "r" Combinations "br," "cr," "fr," "gr," "pr" and "tr"

Chak lèt nan konbinezon "r" lèt la pwononse byen vit. Lèt yo melanje ansanm pou fè yon son konsòn diferan.

"br" represents the /b/ + /r/ sounds

Konbinezon "br" lèt la reprezante son /b/ + /r/, tankou nan mo bride.

Word Box	bracelet, braces, braid, Braille, brain, brake, branch, brave, bread, break, breakfast, breeze, brick, bride, bridge, bright, bring, broke, brother, brush

"cr" represents the /k/ + /r/ sounds

Konbinezon "cr" lèt la reprezante son /k/ + /r/, tankou nan mo crab.

Word Box	crab, crack, cracker, craft, crane, crank, crawl, crayon, crazy, cream, create, creek, crew, cricket, crime, crisis, crisp, crook, crop, cross, crow, crowd, cry

"fr" represents the /f/ + /r/ sounds

Konbinezon "fr" lèt la reprezante son /f/ + /r/, tankou nan mo freeze.

Word Box	fraction, fragile, fragment, frail, frame, frantic, fraud, freckle, free, freeze, frequent, friction, fried, friend, frog, from, front, frost, frown, fruit, fry

"gr" represents the /g/ + /r/ sounds

Konbinezon "gr" lèt la reprezante son /g/ + /r/, tankou nan mo grass.

Word Box	grab, grace, grade, gradual, graduate, grain, grammar, grand, grass, gravy, grease, great, greed, green, greet, grief, grill, ground, group, grow, growth

"pr" represents the /p/ + /r/ sounds

Konbinezon "pr" lèt la reprezante son /p/ + /r/, tankou nan mo practice.

Word Box	practice, praise, precious, predator, predicate, predict, prefer, price, pride, prince, princess, print, prize, probably, problem, product, promise, proud

"tr" represents the /t/ + /r/ sounds

Konbinezon "tr" lèt la reprezante son /t/ + /r/, tankou nan mo train.

Word Box	trace, track, trade, traffic, tragedy, trail, train, translate, trap, trash, travel, tray, treasure, treat, tree, trial, triangle, trick, trim, trip, trouble, truck, try

The Reading Challenge
Lesson 18.3
Reading Multisyllable Words

Ou ka li yon mo long lè w divize l an ti pati ki rele silab. Chak silab gen yon son vwayèl epi anjeneral youn oswa plizyè son konsòn.

Three Ways to Divide Words into Syllables

1. Yon silab fèmen fini ak yon konsòn. Lè yon silab fèmen gen yon vwayèl, anjeneral li gen yon vwayèl kout.

   Egzanp: rapid - rap + id

   Lè yon silab fèmen gen de vwayèl, premye vwayèl la se nòmalman yon vwayèl long pandan dezyèm vwayèl la an silans.

   Egzanp: reaping - reap + ing

2. Yon silab louvri fini ak yon vwayèl. Vwayèl nan fen silab la se nòmalman yon vwayèl long.

   Egzanp: recent - re + cent

3. Silab "vwayèl + konsòn + e" se nan fen yon mo. Premye vwayèl nan modèl silab sa a se nòmalman yon vwayèl long pandan y ap "e" final la an silans.

   Egzanp: revise - re + vise

Multisyllable Word Lists

2 syllable words	3 syllable words	4 syllable words
racing	radio	radiator
raining	raspberry	rationally
rating	reflection	registration
reaping	register	relaxation
rhyming	resistance	respectively
rolling	restaurant	responsible
running	ridicule	rhinoceros
rushing	robbery	ridiculous

Lekti Evalyasyon
Devwa: Li fraz yo.

1. The Spanish royal family is very rich.
2. Romeo and Raphael are Russian residents.
3. The cyclist rode his bike along Rome Road.
4. Fran ran along the edge of the Columbia River.
5. Riley received a postcard from Bucharest, Romania.

Lesson 18.4
Reading Proper and Common Nouns and Adjectives
Capitalization Rules

Mo yo ekri ak lèt majiskil ak/oswa miniskil. Non pwòp ak adjektif apwopriye kòmanse ak lèt majiskil. Non komen ak adjektif komen kòmanse ak lèt miniskil.

Yon **non pwòp** se yon mo ki nonmen yon moun espesifik, yon kote, yon bagay oswa yon konsèp.

Yon **non komen** se yon mo ki nonmen yon moun jeneral, kote, bagay oswa konsèp.

	Proper Noun	Common Noun
Person	Ricky	relative
Place	Rwanda	room
Thing	Rolex	rattle
Concept	Rastafarianism	righteousness

Yon **adjektif apwopriye** se yon mo ki dekri yon moun espesifik, yon kote, yon bagay oswa yon konsèp.

Yon **adjektif komen** se yon mo ki dekri yon moun jeneral, kote, bagay oswa konsèp.

Proper Adjective:	Common Adjective:
Person: Russian citizen Thing: Renaissance Period	Person: rude resident Thing: red gate

Capitalization Rules

Uppercase Letter – "R"

- Premye lèt yon mo ki kòmanse yon fraz ap ekri majiskil.

- Premye lèt yon mo ki bay non yon moun espesifik, yon kote, yon bagay oswa yon konsèp ekri majiskil.

- Premye lèt tit yon moun nan lèt majiskil.

- Premye lèt chak mo nan yon tit oswa yon sous-tit yo ekri majiskil.

- Kòm yon pwonon, lèt "I" nan lèt majiskil.

✐ Nòt: Lèt miniskil yo jeneralman itilize pou tout lòt mo.

Lowercase Letter – "r"

- Premye lèt yon mo ki pa nonmen yon moun espesifik, yon kote, yon bagay oswa konsèp ekri ak yon lèt miniskil.

- Premye lèt yon mo ki pa kòmanse yon fraz ekri ak yon lèt miniskil.

- Tout lèt ki anndan ak nan fen mo yo ekri ak lèt miniskil.

The Letter "r" at a Glance		
Letter	**Sound**	**Anchor Words**
"r"	/r/	rat
"r"	silent "r"	carrot

S/s

Lesson 19.0
Introduction of the Letter S/s

Lèt "s" la se yon konsòn. Li se 19yèm lèt nan alfabè women lang angle a. Lèt yo ekri kòm lèt majiskil ak miniskil.

	Uppercase Letter	Lowercase Letter
Print	S	s
Cursive	𝒮	𝓈

Lesson 19.1
Reading Words with the Letter S/s

Lèt "s" pwononse nan kat fason diferan.
- Li reprezante son /s/, tankou nan mo <u>s</u>un.
- Li reprezante son /z/, tankou nan mo hi<u>s</u>.
- Li reprezante son /sh/, tankou nan mo <u>s</u>ugar.
- Li reprezante son /zh/, tankou nan mo vi<u>s</u>ion.
- Pafwa li an silans, tankou nan mo i<u>s</u>land.

High Frequency, One Syllable Letter "s" Words
said, sail, sale, same, sand, save, saw, say, says, school, sea, search, seat, see, seek, seem, self, sell, send, sense, set, sew, she, show, side, sing, six, size, skip, sleep, slice, small, smart, snow

Letter "s" Word Bank			
2 syllable words		3 syllable words	
second	special	saxophone	signature
seven	standard	secretly	sporadic
silver	sugar	sensation	statistics
sixty	surprise	separate	strawberry
soda	system	several	superman

 Learn To Read English With Lessons In Haitian Creole

✜ Reading Words with the Letter S/s

"s" represents the /s/ sound

Nan kòmansman an, nan ak nan fen yon mo, lèt "s" reprezante son /s/, tankou nan mo <u>s</u>un, co<u>s</u>t ak bu<u>s</u>.

Beginning	Within	End
/s/	/s/	/s/
sun	cost	bus

Short Vowel Blending Table for the Letter S/s

/ă/ apple	/ĕ/ egg	/ĭ/ insect	/ŏ/ octopus	/ŭ/ up
s a t	s e t	s i t	s o p	s u p
sa t	se t	si t	so p	su p
sat	set	sit	sop	sup

Long Vowel Blending Table for the Letter S/s

/ā/ ape	/ē/ eagle	/ī/ ice	/ō/ open	/o͞o/ glue
s a i l	s e a	s i t e	s o a p	s o u p
sai l	s ea	si te	soa p	sou p
sail	sea	site	soap	soup

Word Box	"s" at the beginning of a word
	sack, scarf, scent, self, sick, silk, ski, sky, sleep, sock, soul, sound, small, smile, snake, snitch, snow, space, spring, star, state, step, stone, suit, sweet, switch
	"s" within a word
	arti<u>s</u>t, a<u>s</u>ide, a<u>s</u>pire, ba<u>s</u>ic, be<u>s</u>t, ca<u>s</u>t, coa<u>s</u>t, de<u>s</u>k, ea<u>s</u>t, exi<u>s</u>t, fal<u>s</u>e, hor<u>s</u>e, hou<u>s</u>e, la<u>s</u>tly, mo<u>s</u>t, mu<u>s</u>ic, re<u>s</u>pect, re<u>s</u>t, ta<u>s</u>te, te<u>s</u>t, the<u>s</u>e, toa<u>s</u>t, tru<u>s</u>t, wa<u>s</u>te, we<u>s</u>t
	"s" at the end of a word
	apps, backs, bus, camps, caps, cats, coughs, cups, hats, lamps, lips, maps, mats, racks, rats, Ruth's, ships, slips, stamp<u>s</u>, tacks, times, tops, trips, us

"s" represents the /z/ sound

Lè lèt "s" nan oswa nan fen yon mo, li ka reprezante son /z/, tankou nan mo <u>rose</u>, <u>is</u> ak <u>his</u>.

Word Box	allows, asthma, because, bees, boys, bu<u>s</u>iness, busy, daisy, cheese, clothes, cows, design, ease, hose, is, laws, lose, music, noise, nose, ones, peas, pies, please, pro<u>s</u>e, these, those, rags, ra<u>s</u>pberry, rise, treason, visit, was, wise

Unit S Lesson 19.1

"s" represents the /z/ sound

Lè lèt "s" nan fen yon mo, li ka reprezante son /z/.

	Word List
/ā/ + /z/	airways, always, days, delays, pays, plays, portrays, sprays, trays
/b/ + /z/	bibs, bulbs, cabs, cribs, cubes, cubs, ribs, robes, swabs, tabs, tubes, vibes
/d/ + /z/	adds, cards, fades, foods, friends, kids, lids, minds, pads, trends, words
/ē/ + /z/	activities, babies, berries, cities, donkeys, families, galaxies, reason, keys
/g/ + /z/	bags, begs, brags, defogs, digs, dregs, eggs, frogs, hugs, legs, tags, wigs
/ī/ + /z/	cries, dies, dries, flies, fries, lies, pies, skies, spies, supplies, ties, tries
/l/ + /z/	apples, bells, bulls, canals, couples, fables, feels, girls, hills, puzzles, walls
/m/ + /z/	columns, comes, costumes, farms, hams, homes, rooms, times, welcomes
/n/ + /z/	beans, cans, crowns, fans, hens, lens, pains, pens, sons, stains, turns, wins
/ng/ + /z/	brings, hangs, kings, lungs, rings, savings, sings, songs, things, wings
/ō/ + /z/	bows, crows, flows, glows, knows, nose, pillows, rose, those, toes
/ou/ + /z/	allows, brows, browse, cows, drowsy, endows, plows, vows
/r/ + /z/	alligators, anchors, bakers, cars, colors, fares, grasshoppers, hers, yours
/v/ + /z/	detectives, doves, improves, knives, leaves, loves, nerves, revolves, wives

"es" represents the /ĭ/ + /z/ sounds

Nan fen yon mo, konbinezon lèt "es" la ka reprezante son /ĭ/ + /z/.

	Word List
/ch/ + /ĭ/ + /z/	blotches, branches, inches, patches, riches, roaches, speeches
/j/ + /ĭ/ + /z/	acknowledges, ages, alleges, cages, images, judges, pledges
/s/ + /ĭ/ + /z/	addresses, bosses, buses, discusses, expenses, gases, senses
/sh/ + /ĭ/ + /z/	accomplishes, dishes, flashes, mashes, nourishes, wishes
/z/ + /ĭ/ + /z/	buzzes, closes, dispenses, exercises, impulses, phrases, uses
/zh/ + /ĭ/ + /z/	collages, corsages, garages, loges, massages, sabotages

"s" represents the /sh/ sound

Lè lèt "s" nan kòmansman an oswa nan yon mo, li ka reprezante son /sh/, tankou nan mo <u>sugar</u>.

Word Box	assurance, assure, censure, erasure, insurance, insurable, insure, insured, insures, insuring, issue, sugar, sugary, sure, surely, surety, tissue, tissues

"s" represents the /zh/ sound

Lè lèt "s" nan yon mo, li ka reprezante son /zh/, tankou nan mo <u>vision</u>.

Word Box	casual, closure, composure, decision, exposure, leisure, mansion, measure, occasion, pleasure, session, television, treasure, usual, version, vision, visual

Lesson 19.2
Reading Words with the "sion," "sial" and "scious" Suffixes

"s" represents the /sh/ sound
Lèt "s" la reprezante son /sh/ nan sifiks sa yo: "sion", "sial" ak "scious".

"sion" letter combination
Nan konbinezon lèt "sion", lèt "s" pwononse nan de fason diferan.
- Li reprezante son /sh/, tankou nan mo pension.
- Li reprezante son /zh/, tankou nan mo vision.

"sion" represents the /sh/ + /ə/ + /n/ sounds
Nan sifiks "sion", lèt "s" ka reprezante son /sh/, tankou nan mo pension.

Word Box	comprehension, compression, confession, depression, discussion, expansion, expression, impression, mission, passion, pension, recession, session, tension

"sion" represents the /zh/ + /ə/ + /n/ sounds
Nan sifiks "sion", lèt "s" ka reprezante son /zh/, tankou nan mo vision.

Word Box	collision, conclusion, confusion, decision, division, exclusion, explosion, fusion, inclusion, occasion, persuasion, revision, television, version, vision

"sia" and "sian" - "s" represents the /zh/ sound
Nan konbinezon lèt "sia" ak "sian", lèt "s" reprezante son /zh/, tankou nan mo Asia ak Asian.

Word Box	amnesia, anesthesia, artesian, Asia, Asian, fantasia, Indonesia, Indonesian, Louisiana, magnesia, magnesian, Malaysia, Persia, Persian, Russia, Russian

☞ Eksepsyon: fuchsia - /sh/ son

"sial" represents the /sh/ + /ə/ + /l/ sounds
Nan konbinezon lèt "sial", lèt "s" reprezante son /sh/, tankou nan mo controversial.

Word Box	ambrosial, controversial, controversialist, controversiality, controversially

"scious" represents the /sh/ + /ə/ + /s/ sounds
Nan sifiks "scious", lèt "s" reprezante son /sh/, tankou nan mo conscious.

Word Box	conscious, luscious, preconscious, semiconscious, subconscious, unconscious, unselfconscious

Lesson 19.3
Reading Words with the "sh" and "sch" Letter Combinations

"sh" represents the /sh/ sound

Konbinezon lèt "sh" anjeneral reprezante son /sh/, tankou nan mo ship. Li enpòtan sonje ke de lèt yo gen yon son diferan.

Beginning	Within	End
/sh/	/sh/	/sh/
ship	ashes	wish

Word Box	"sh" at the beginning of a word shade, shake, shall, sham, shame, shape, share, shark, she, sheep, sheet, shell, shield, shift, shine, ship, shock, shoe, shop, shore, short, shove, show, shy "sh" within a word ashamed, bishop, cashew, cashier, cushion, eggshell, enshrine, fashion, harshly, lavishly, leadership, polished, publisher, pushing, sushi, worship "sh" at the end of a word lash, leash, mash, mesh, push, rash, rush, smash, splash, trash, wash, wish

"sh" represents the /s/ + /h/ sounds

Konbinezon "sh" lèt la ka reprezante son /s/ + /h/, tankou nan mo mishap.

"sh" represents the /s/ sound + silent "h"

Konbinezon "sh" lèt la ka reprezante son /s/ + silans "h", tankou nan mo dishonest la.

"sch" letter combination

Konbinezon lèt "sch" la pwononse nan de fason diferan.
- Li reprezante son /s/ + /k/, tankou nan mo school.
- Li reprezante son /sh/, tankou nan mo schilling.

"sch" represents the /s/ + /k/ sounds

Konbinezon lèt "sch" la ka reprezante son /s/ + /k/, tankou nan mo school.

Word Box	schedule, schema, schematic, scheme, scherzo, schizoid, schizophrenia, schizophrenic, scholar, scholarly, scholarship, scholastic, school, schooner

"sch" represents the /sh/ sound

Konbinezon lèt "sh" la ka reprezante son /sh/, tankou nan mo schilling.

Word Box	Schick test, schilling, schist, schlemiel, schlock, schmear, schmooze, schwa, schmuck, schnook, schnauzer, schrod, schuss

Lesson 19.4
Reading Words with the "scr," "shr," "spl," "spr" and "str" Letter Combinations

Chak lèt nan konbinezon lèt "s" la pwononse byen vit. Twa lèt yo melanje ansanm pou fè yon son konsòn diferan.

"scr" represents the /s/ + /k/ + /r/ sounds

Konbinezon lèt "scr" la reprezante sons /s/ + /k/ + /r/, tankou nan mo <u>scroll</u>.

Word Box	inscribed, scram, scramble, scrap, scrapbook, scrape, scratch, scream, screech, screen, screw, screwdriver, scribble, scribe, script, scroll, scrub, scruffy

"shr" represents the /sh/ + /r/ sounds

Konbinezon lèt "shr" reprezante sons /sh/ + /r/, tankou nan mo <u>shrivel</u>.

Word Box	shred, shredder, shrew, shrewd, shrewish, shriek, shrift, shrike, shrill, shrimp, shrine, shrink, shrive, shrivel, shrub, shrug, shrunk, shrunken

"spl" represents the /s/ + /p/ + /l/ sounds

Konbinezon lèt "spl" la reprezante sons /s/ + /p/ + /l/, tankou nan mo <u>splendid</u>.

Word Box	splash, splashdown, splashy, splat, splatter, splay, spleen, splendid, splendor, splice, spliced, splint, splinter, split, splitter, splotch, splurge, splutter

"spr" represents the /s/ + /p/ + /r/ sounds

Konbinezon lèt "spr" la reprezante sons /s/ + /p/ + /r/, tankou nan mo <u>spreading</u>.

Word Box	offspring, sprain, sprang, sprawl, spray, sprays, spread, spring, sprinkle, sprinkler, sprinkling, sprint, sprout, spruce, sprung, spry, widespread

"str" represents the /s/ + /t/ + /r/ sounds

Konbinezon lèt "str" la reprezante sons /s/ + /t/ + /r/, tankou nan mo <u>strain</u>.

Word Box	straight, straighten, strain, strand, strap, strawberry, stray, streak, stream, street, strength, stress, stretch, strip, strive, stroke, stroll, strong, struck

Lesson 19.5
Reading Words with the "sl" and "sle" Letter Combinations

"sl" represents the /s/ + /l/ sounds

Nan konbinezon lèt "sl", lèt "s" reprezante son /s/ ak lèt "l" reprezante son /l/, tankou nan mo <u>slam</u>.

Word Box	slab, slack, slag, slam, slain, slander, slang, slant, slap, slash, slat, slate, sled, sleep, sleeve, slide, slight, slogan, slope, slot, slumber, slump, slur, sly

"sle" represents the /s/ + /l/ + /ĕ/ sounds

Lè konbinezon "sle" lèt la nan kòmansman oswa nan yon mo, li ka reprezante son /s/ + /l/ + /ĕ/, tankou nan mo <u>sled</u>.

Word Box	dogsled, dyslexia, misled, sled, sledded, sledding, sledge, slender, slenderer, slenderest, slenderize, slenderly, slenderness, slept

"sle" represents the /s/ + /l/ + /ē/ sounds

Lè konbinezon "sle" lèt la nan kòmansman oswa nan yon mo, li ka reprezante tankou /s/ + /l/ + /ē/ mo <u>sleep</u>.

Word Box	asleep, mislead, misleader, misleading, misleads, parsley, sleazy, sleek, sleeked, sleeker, sleekest, sleekness, sleep, sleeper, sleeping, sleet, sleeve

"sle" represents the /s/ + /l/ + /ĭ/ sounds

Lè konbinezon "sle" lèt la nan yon mo, li ka reprezante son /s/ + /l/ + /ĭ/, tankou nan mo <u>corslet</u>.

"sle" represents the /s/ + /l/ + /o͞o/ sounds

Lè konbinezon "sle" lèt la nan kòmansman yon mo, li ka reprezante son /s/ + /l/ + /o͞o/, tankou nan mo <u>sleuth</u> ak <u>slew</u>.

"sle" represents the /s/ + /ə/ + /l/ sounds + silent "e"

Lè konbinezon "sle" lèt la nan fen yon mo, li reprezante son /s/ + /ə/ + /l/ + silans "e", tankou nan mo <u>hassle</u> ak <u>tussle</u>.

"sle" represents the /z/ + /ə/ + /l/ sounds + silent "e"

Lè konbinezon "sle" lèt la nan yon mo, li ka reprezante /z/ + /ə/ + /l/ son + silans "e", tankou nan mo <u>measles</u> la.

"sle" represents the /z/ + /l/ + /ĕ/ sounds

Lè konbinezon "sle" lèt la nan yon mo, li ka reprezante son /z/ + /l/ + /ĕ/, tankou nan mo <u>newsletter</u> la.

"sle" has a silent "s" + /l/ sound + silent "e"

Lè konbinezon "sle" lèt la nan fen yon mo, li ka gen yon silans "s" + /l/ son + silans "e", tankou nan mo <u>aisle</u>.

Lesson 19.6
Reading Words with the "sm" Letter Combination

Konbinezon "sm" lèt la pwononse nan twa fason diferan.
- Li reprezante son /s/ + /m/, tankou nan mo smell.
- Li reprezante son /z/ + /m/, tankou nan mo cosmic la.
- Li reprezante son /z/ + /ə/ + /m/, tankou nan mo autism.

"sm" represents the /s/ + /m/ sounds

Lè konbinezon "sm" lèt la nan kòmansman oswa nan yon mo, anjeneral li reprezante son /s/ + /m/, tankou nan mo smell.

Word Box	*First letters "sm"* small, smart, smash, smell, smile, smock, smoke, smog, smooth, smoothie *Letters "sm" within a word* businessmen, classmate, dismantle, dismay, dismember, dismiss, dismount, dressmaker, mismanage, mismatch, sportsman, statesman, transmitting

"sm" represents the /z/ + /m/ sounds

Lè konbinezon "sm" lèt la nan yon mo, li ka reprezante son /z/ + /m/, tankou nan mo cosmic la.

Word Box	bridesmaid, charisma, charismatic, chiasma, cosmetic, cosmetician, cosmetology, cosmic, cosmonaut, cosmopolitan, cosmopolite, cosmos, dismal, Erasmus, mesmerize, newsman, newsmonger, plasma, plasmatic, plasmin

"sm" represents the /z/ + /ə/ + /m/ sounds

Lè konbinezon "sm" lèt la nan fen yon mo, li reprezante son /z/ + /ə/ + /m/, tankou nan mo autism. Li enpòtan pou sonje son vwayèl schwa /ə/ la antre ant son /z/ ak /m/.

Word Box	activism, behaviorism, bilingualism, capitalism, chasm, chauvinism, cynicism, dualism, embolism, enthusiasm, extremism, globalism, nationalism, prism, racism, realism, schism, skepticism, socialism, tourism, urbanism, vandalism

"sn" represents the /s/ + /n/ sounds

Nan konbinezon lèt "sn", lèt "s" reprezante son /s/ ak lèt "n" reprezante son /n/, tankou nan mo snap.

Word Box	misnomer, snack, snake, snail, snap, snapper, snatch, sneak, sneaker, sneer, snicker, sniff, snip, snob, snoop, snorkel, snow, snowy, snub, snuff, snuggle

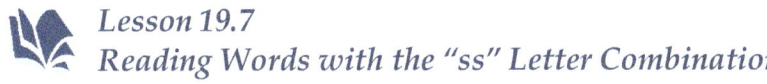

Lesson 19.7
Reading Words with the "ss" Letter Combination

Konbinezon "ss" lèt la pwononse nan senk fason diferan.
- Li reprezante son /s/, tankou nan mo mess.
- Li reprezante son /sh/, tankou nan mo tissue.
- Li reprezante son /zh/, tankou nan mo scission.
- Li reprezante son /z/, tankou nan mo dissolve.
- Li reprezante son /s/ + /s/, tankou nan mo misspelled la.

"ss" represents the /s/ sound + silent "s"

Lè konbinezon "ss" lèt la nan oswa nan fen yon mo, li ka reprezante son /s/, tankou nan mo mess.

Word Box	*Letters "ss" within a word*
	assembly, assist, assort, blossom, classical, classify, dessert, embarrassment, essential, glossary, impossible, impressive, missing, necessary, necessity, passage, passenger, possible, processor, progressive, rotisserie, successful
	Letters "ss" at the end of a word
	bass, boss, business, chess, class, compress, congress, distress, dress, express, floss, grass, guess, kindness, less, loss, mass, mattress, moss, pass, princess, progress, sickness, success, suppress, tasteless, toss, waitress, worthless

"ss" represents the /sh/ sound

Lè konbinezon "ss" lèt la ansanm nan yon sèl silab, li ka reprezante son /sh/, tankou nan mo tissue.

Word Box	aggression, assure, compassion, concession, concussion, discussion, emission, expression, impression, issue, issues, mission, passion, pressure, session

"ss" represents the /zh/ sound

Lè konbinezon "ss" lèt la ansanm nan yon sèl silab, li ka reprezante son /zh/, tankou nan mo rescission ak scission.

"ss" represents the /z/ sound

Lè konbinezon "ss" lèt la ansanm nan yon sèl silab, li ka reprezante son /z/, tankou nan mo dissolve.

Word Box	dissolvable, dissolve, dissolved, Missouri, possession, possessive, scissors

✣ *Reading Words with the "ss" Letter Combination*

"ss" represents the /s/ + /s/ sounds

Lè konbinezon lèt "ss" divize an de silab, li reprezante son /s/ + /s/, tankou nan mo <u>miss</u>pell ak <u>miss</u>pend.

- Yon mo ki gen yon prefiks ki fini ak lèt "s" ak yon mo de baz ki kòmanse ak lèt "s" divize an silab separe.

Word Box	dissatisfaction, dissatisfy, disservice, misspeak, misspelled, misspelling, misspend, misspoke, misspoken, misstate, misstated, misstating, misstep

"ssh" represents the /s/ + /sh/ sounds

Lè konbinezon lèt "ssh" divize an de silab, li ka reprezante son /s/ + /sh/, tankou nan mo <u>miss</u>hape ak <u>miss</u>hapen.

✣ *Bonus Lesson*
Reading Words with the "st" and "sw" Letter Combinations

"st" represents the /s/ + /t/ sounds

Nan konbinezon lèt "st", lèt "s" reprezante son /s/ ak lèt "t" reprezante son /t/, tankou nan mo <u>st</u>op la.

Word Box	best, biggest, constant, district, instill, list, nest, stamp, stand, state, status, stem, step, stick, stigma, string, stomach, stone, story, studio, study, stump

"st" at the beginning of a word represents the /s/ + /t/ sounds		"st" within a word represents the /s/ + /t/ sounds		"st" at the end of a word represents the /s/ + /t/ sounds	
stack	stoke	adjusting	mostly	best	most
staff	stony	custody	postage	blast	past
star	stormy	custom	resting	coast	thirst
status	strain	esteem	system	fast	toast
stigma	stolen	master	testify	just	yeast

"st" represents the /s/ sound + silent "t"

Nan konbinezon lèt "st", lèt "s" reprezante son /s/ ak lèt "s" ka an silans, tankou nan mo <u>listen</u> ak <u>castle</u>.

"sw" represents the /s/ + /w/ sounds

Nan konbinezon lèt "sw", lèt "s" reprezante son /s/ ak lèt "w" reprezante son /w/, tankou nan mo <u>sw</u>im.

Word Box	swam, swan, swank, swap, swatch, sway, swear, sweat, sweep, sweet, swell, swim, swing, swirl, Swiss, switch, swoon, swoop, sword, swum, swung

Lesson 19.8
Reading Words with a Silent Letter "s"

"s" is silent
Lèt "s" la ka an silans, tankou nan mo <u>island</u> la.

Word Box	aisle, Arkansas, debris, Illinois, island, islander, isle, islet

"ss" represents the /s/ sound + silent "s"
Nan konbinezon lèt "ss", premye lèt "s" anjeneral reprezante son /s/ pandan dezyèm lèt "s" an silans, tankou nan mo <u>mess</u>.

Word Box	*Letters "ss" within a word* assert, assist, blossom, cassette, classical, classify, embassy, excessive, fossil, glossary, grasshopper, impressive, passage, passport, possible, processor *Letters "ss" at the end of a word* across, actress, bass, bypass, confess, class, cross, discuss, empress, endless, excess, gross, kiss, less, mess, moss, overpass, pass, process, stress, unless

Reading Multisyllable Words

progress
⇩
progressive
⇩
progressively

recess
⇩
recessive
⇩
recessively

obsess
⇩
obsessive
⇩
obsessively

impress
⇩
impressive
⇩
impressively

pass
⇩
passive
⇩
passively

excess
⇩
excessive
⇩
excessively

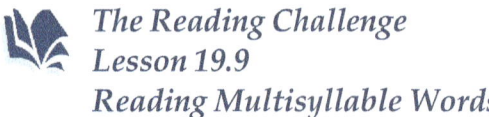

The Reading Challenge
Lesson 19.9
Reading Multisyllable Words

Ou ka li yon mo long lè w divize l an ti pati ki rele silab. Chak silab gen yon son vwayèl epi anjeneral youn oswa plizyè son konsòn.

Three Ways to Divide Words into Syllables

1. Yon silab fèmen fini ak yon konsòn. Lè yon silab fèmen gen yon vwayèl, anjeneral li gen yon vwayèl kout.
   Egzanp: scandal - scan + dal

   Lè yon silab fèmen gen de vwayèl, premye vwayèl la se nòmalman yon vwayèl long pandan dezyèm vwayèl la an silans.
   Egzanp: sailor - sail + or

2. Yon silab louvri fini ak yon vwayèl. Vwayèl nan fen silab la se nòmalman yon vwayèl long.
   Egzanp: sofa - so + fa

3. Silab "vwayèl + konsòn + e" se nan fen yon mo. Premye vwayèl nan modèl silab sa a se nòmalman yon vwayèl long pandan y ap "e" final la an silans.
   Egzanp: salute - sa + lute

Multisyllable Word Lists

2 syllable words	3 syllable words	4 syllable words
safety	saxophone	salutation
sandy	scholarship	stationery
science	September	secondary
season	smothering	separation
sixteen	sophomore	serenity
social	strawberry	simplicity
special	submission	simulation
status	subtraction	stimulation
struggle	suggestion	stipulation
sugar	sycamore	subjugation
summer	sympathy	supermarket
sweater	symphony	supernova
system	symmetry	symposium

Lesson 19.10
Reading Proper and Common Nouns and Adjectives
Capitalization Rules

Mo yo ekri ak lèt majiskil ak/oswa miniskil. Non pwòp ak adjektif apwopriye kòmanse ak lèt majiskil. Non komen ak adjektif komen kòmanse ak lèt miniskil.

Yon **non pwòp** se yon mo ki nonmen yon moun espesifik, yon kote, yon bagay oswa yon konsèp.

Yon **non komen** se yon mo ki nonmen yon moun jeneral, kote, bagay oswa konsèp.

	Proper Noun	Common Noun
Person	Sammy	singer
Place	Singapore	slum
Thing	September	snowman
Concept		sensation

Yon **adjektif apwopriye** se yon mo ki dekri yon moun espesifik, yon kote, yon bagay oswa yon konsèp.

Yon **adjektif komen** se yon mo ki dekri yon moun jeneral, kote, bagay oswa konsèp.

Proper Adjective:	Common Adjective:
Person: Senegalese citizen	Person: successful salesperson
Thing: Spanish food	Thing: six seals

Capitalization Rules
Uppercase Letter – "S"

- Premye lèt yon mo ki kòmanse yon fraz ap ekri majiskil.

- Premye lèt yon mo ki bay non yon moun espesifik, yon kote, yon bagay oswa yon konsèp ekri majiskil.

- Premye lèt tit yon moun nan lèt majiskil.

- Premye lèt chak mo nan yon tit oswa yon sous-tit yo ekri majiskil.

- Kòm yon pwonon, lèt "I" nan lèt majiskil.

? Nòt: Lèt miniskil yo jeneralman itilize pou tout lòt mo.

Lowercase Letter – "s"

- Premye lèt yon mo ki pa nonmen yon moun espesifik, yon kote, yon bagay oswa konsèp ekri ak yon lèt miniskil.

- Premye lèt yon mo ki pa kòmanse yon fraz ekri ak yon lèt miniskil.

- Tout lèt ki anndan ak nan fen mo yo ekri ak lèt miniskil.

The Letter "s" at a Glance		
Letter	**Sounds**	**Anchor Words**
"s"	/s/	sun
"s"	/z/	his
"s"	/sh/	sugar
"s"	/zh/	vision
"s"	silent "s"	island

Unit S
Lesson 19.10

T/t

Lesson 20.0
Introduction of the Letter T/t

Lèt "t" la se yon konsòn. Li se 20yèm lèt nan alfabè Women lang angle a. Lèt yo ekri kòm lèt majiskil ak miniskil.

	Uppercase Letter	Lowercase Letter
Print	T	t
Cursive	𝒯	𝓉

Lesson 20.1
Reading Words with the Letter T/t

Lèt "t" pwononse nan senk fason diferan.
- Li reprezante son /t/, tankou nan mo ten.
- Li reprezante son mou /th/, tankou nan mo <u>this</u>.
- Li reprezante son /th/ difisil, tankou nan mo <u>the</u>.
- Li reprezante son /sh/, tankou nan mo <u>education</u>.
- Li reprezante son /ch/, tankou nan mo <u>mutual</u>.
- Pafwa li an silans, tankou nan mo <u>castle</u> la.

High Frequency, One Syllable Letter "t" Words
tab, take, talk, tall, tap, tape, teach, team, tear, tease, teeth, tell, text, than, that, the, their, them, theme, then, there, they, thing, think, this, though, time, to, too, tree, trick, trip, true, try, turn, two, type

Nan kòmansman an, nan ak nan fen yon mo, lèt "t" reprezante son /t/, tankou nan mo <u>tent</u>, <u>history</u> ak <u>coat</u>.

Beginning	Within	End
/t/	/t/	/t/
taking	ability	coat
temple	capital	crescent
tender	central	elephant
tribal	greater	prohibit
teasing	history	resident
tunnel	meeting	support
turkey	setting	without

✢ Reading Words with the Letter T/t

Short Vowel Blending Table for the Letter T/t

/ă/ apple	/ĕ/ egg	/ĭ/ insect	/ŏ/ octopus	/ŭ/ up
t a p	t e n t	t i p	t o p	t u b
ta p	ten t	ti p	to p	tu b
tap	tent	tip	top	tub

Long Vowel Blending Table for the Letter T/t

/ā/ ape	/ē/ eagle	/ī/ ice	/ō/ open	/ōō/ glue
t a p e	t e a m	t i d e	t o a d	t u b e
ta pe	tea m	ti de	toa d	tu be
tape	team	tide	toad	tube

Letter "t" Parts of Speech Table

Nouns	Verbs	Adjectives
task	tacking	tailored
taxi	tackle	tainted
teacher	tagged	tangible
ticket	taking	tedious
timber	talked	teenage
tissue	tamper	thankful
toilet	taunting	thematic
token	terminate	thermal
tourist	testified	thirsty
tradition	thanking	timeless
tuition	ticking	tiresome
tunnel	timed	tolerant
turban	toasted	traumatic
tycoon	touching	tropical
typhoon	tumbled	typical

Unit T Lesson 20.1

Lekti Evalyasyon
Devwa: Li fraz yo.

1. Mrs. Tripp has three thick textbooks.
2. The tourists are having fun in Thailand.
3. The two teenagers play tennis together.
4. My teacher, Mrs. Tent, traveled to Texas.
5. Troy trembles every time he hears thunder.

Lesson 20.2
Reading Words with the "th" and "thm" Letter Combinations

Konbinezon "th" lèt la pwononse nan de fason diferan.
- Li reprezante son mou /th/, tankou nan mo this.
- Li reprezante son /th/ difisil, tankou nan mo the.
- Pafwa li an silans, tankou nan mo clothes la.

"th" represents the soft /th/ sound

Konbinezon lèt "th" a ka reprezante son mou /th/, tankou nan mo math la. Li enpòtan sonje ke de lèt yo gen yon sèl son san vwa.

Word Box	athlete, bath, birth, booth, bother, broth, cloth, fifth, math, moth, north, path, teeth, thank, theme, third, though, threat, thrift, thrive, throw, thunder

"th" represents the hard /th/ sound

Konbinezon "th" lèt la ka reprezante son /th/ difisil, tankou nan mo the. Li enpòtan sonje ke de lèt yo gen yon sèl son vwa.

Word Box	brother, father, gather, mother, rather, smooth, together, than, that, the, their, them, then, there, these, they, this, those, though, thus, weather, whether

"th" is silent

Konbinezon "th" lèt la ka an silans, tankou nan mo clothes.

Word Box	asthma, asthmatic, clothes, clothing, isthmus, northeaster

"thm" represents the soft /th/ + /ə/ + /m/ sounds

Lè konbinezon "thm" lèt la nan fen yon mo, li reprezante son ki mou /th/ + /ə/ + /m/, tankou nan mo rhythm.

Word Box	algorithm, antilogarithm, biorhythm, logarithm, rhythm, rhythms

"thm" represents the soft /th/ + /m/ sounds

Lè konbinezon lèt "thm" divize an de silab, li reprezante son mou /th/ + /m/, tankou nan mo bathmat ak birthmark.

"thm" has a silent "th" + /m/ sound

Nan konbinezon lèt "thm", lèt "t" ak "h" ka an silans, tankou nan mo asthma.

Word Box	asthma, asthmatic, asthmatically, isthmian, isthmus

Lesson 20.3
Reading Words with the "tion," "tial" and "tious" Suffixes

"tion" represents the /sh/ + /ə/ + /n/ sounds

Nan sifiks "tion", lèt "t" reprezante son /sh/, tankou nan mo education.

Word Box	addition, action, ambition, caption, celebration, composition, condition, definition, direction, function, operation, nation, revolution, tradition

"tion" represents the /ch/ + /ə/ + /n/ sounds

Nan sifiks "tion", lèt "t" reprezante son /ch/, tankou nan mo question epi suggestion.

"tion" represents the /zh/ + /ə/ + /n/ sounds

Nan sifiks "tion", lèt "t" reprezante son /zh/, tankou nan mo equation.

"tial" represents the /sh/ + /ə/ + /l/ sounds

Nan sifiks "tial", lèt "t" reprezante son /sh/, tankou nan mo partial la.

Word Box	confidential, credential, deferential, essential, experiential, impartial, initial, martial, partial, potential, quintessential, sequential, substantial

"tious" represents the /sh/ + /ə/ + /s/ sounds

Nan sifiks "tious" la, lèt "t" reprezante son /sh/, tankou nan mo ambitious la.

Word Box	ambitious, bumptious, cautious, conscientious, contentious, facetious, fictitious, flirtatious, infectious, nutritious, pretentious

Bonus Lesson
Reading Words with the "tience" and "tient" Suffixes

"tience" represents the /sh/ + /ə/ + /n/ + /s/ sounds

Nan sifiks "tience", lèt "t" ka reprezante son /sh/, tankou nan mo patience.

Word Box	impatience, insentience, patience, sentience

"tient" represents the /sh/ + /ə/ + /n/ + /t/ sounds

Nan sifiks "tient", premye lèt "t" ka reprezante son /sh/, tankou nan mo patient.

Word Box	impatient, insentient, patient, quotient, sentient

Lesson 20.4
Reading Words with the "tr" Letter Combination

"tr" represents the /t/ + /r/ sounds

Nan konbinezon lèt "tr", lèt "t" reprezante son /t/ ak lèt "r" reprezante son /r/, tankou nan mo <u>strawberry</u>.

Word Box	abstract, artistry, astray, betray, central, citrus, contract, control, construct, country, electric, entry, extra, extreme, instrument, metrics, metro, ministry, neutral, obstruct, ostrich, pastry, poetry, restrict, strap, straw, stream, striking, strip, strong, strongly, structure, struggle, subtract, ultra, waitress

Letter "tr" Parts of Speech Table

Nouns	Verbs	Adjectives
track	traced	traditional
tractor	tracking	transferred
trader	trades	transient
traffic	trailed	transitional
train	trailing	transpacific
transit	transcribed	transparent
tread	transform	traumatic
treadmill	transports	treacherous
treason	traveling	treatable
treasure	treasured	tree-lined
triangle	trembles	tremendous
tribunal	tricked	triumphant
tribute	triggered	troublesome
trimester	trimming	troubling
trophy	troubled	trustworthy
trumpet	trying	truthful

Lekti Evalyasyon
Devwa: Li fraz yo.

1. Preschoolers learn to trace letters.
2. The hairdresser will trim my hair.
3. Tran walks on the treadmill every day.
4. We had an exciting class trip to the zoo.
5. Troy received a trophy for winning the race.

Lesson 20.5
Reading Words with the "tle" Letter Combination

"tle" represents the /t'l/ sounds + silent "e"

Lè konbinezon "tle" lèt la nan fen yon mo, li ka reprezante son /t'l/ + silans "e", tankou nan mo bottle.

Word Box	battle, beetle, bottle, brittle, cattle, entitle, kettle, little, rattle, settle, shuttle, skittle, subtitle, subtle, title

"tle" represents the /t/ + /l/ sounds + silent "e"

Lè konbinezon "tle" lèt la nan fen yon mo, li ka reprezante son /t/ + /l/ + silans "e", tankou nan mo turtle.

Word Box	disgruntle, dismantle, gentle, hurtle, mantle, myrtle, turtle

"tle" represents the /t/ + /l/ + /ĭ/ sounds

Lè konbinezon "tle" lèt la nan yon mo, li ka reprezante son /t/ + /l/ + /ĭ/ tankou nan mo cutlet la.

Word Box	countless, cutlet, effortless, frontlet, gantlet, gauntlet, heartless, limitless, meatless, plantlet, rootlet, restless, spiritless, tartlet, thoughtless, wristlet

"tle" represents the /t/ + /l/ + /ĕ/ sounds

Lè konbinezon "tle" lèt la nan yon mo, li ka reprezante son /t/ + /l/ + /ĕ/, tankou nan mo bootleg ak outlet.

"tle" represents the /t/ + /l/ + /ē/ sounds

Lè konbinezon "tle" lèt la nan yon mo, li ka reprezante son /t/ + /l/ + /ē/, tankou nan mo motley ak Nutley.

"tler" represents the /t/ + /l/ + /ə/ + /r/ sounds

Lè konbinezon "tler" lèt la nan fen mo a, li ka reprezante son /t/ + /l/ + /ə/ + /r/, tankou nan mo antler ak settler.

"stle" represents the /s/ + silent "t" + /ə/ + /l/ sounds + silent "e"

Nan konbinezon lèt "stle" la, lèt "t" an silans. Konbinezon lèt la reprezante son /s/ + silans "t" + /ə/ + /l/ son + silans "e", tankou nan mo castle.

Word Box	apostle, bristle, bustle, castle, epistle, gristle, hustle, hustler, jostle, mistletoe, nestle, pestle, rustle, thistle, whistle, wrestle, wrestler

Lesson 20.6
Reading Words with the Letter "t" Sounds

Nan konbinezon lèt "tu", lèt "t" pwononse nan de fason diferan.
- Li reprezante son /t/, tankou nan mo tub la.
- Li reprezante son /ch/, tankou nan mo actual.

"tu" – "t" represents the /t/ sound

Nan konbinezon lèt "tu", lèt "t" ka reprezante son /t/, tankou nan mo tub.

Word Box	tub, tube, tuck, tuff, tuft, tulip, tumble, tumid, tumor, tundra, tune, tuner, tunic, turf, turkey, turn, turtle, tusk, tutor, tutu, stub, stuck, study, stump

"tu" – "t" represents the /ch/ sound

Nan konbinezon lèt "tu", lèt "t" ka reprezante son /ch/, tankou nan mo actual.

Word Box	century, congratulate, constituency, constituent, culturally, fortunate, fortune, futuristic, misfortune, natural, naturalist, perpetual, Portugal, Portuguese, statuary, statuesque, statuette, stature, statute, statutory

"tu" letter "t" represents /t/ sound	"tu" letter "t" represents /ch/ sound
tub	cultural
tug	habitual

"tuate" – "t" represents the /ch/ sound

Lè konbinezon lèt "tuate" nan fen yon mo, premye lèt "t" reprezante son /ch/, tankou nan mo fluctuate ak punctuate.

"ture" - "t" represents the /ch/ sound

Lè konbinezon "ture" lèt la nan fen yon mo, lèt "t" reprezante son /ch/, tankou nan mo picture.

Word Box	agriculture, aperture, architecture, culture, denture, feature, fixture, fracture, future, immature, legislature, mature, nature, nurture, pasture, rapture

♣ Reading Words with the Letter "t" Sounds

"tual" represents the /ch/ + /o͞o/ + /ə/ + /l/ sounds

Lè konbinezon "tual" lèt la nan fen yon mo, lèt "t" reprezante son /ch/, tankou nan mo <u>mutual</u>.

Word Box	accentual, actual, contextual, contractual, effectual, eventual, factual, habitual, intellectual, mutual, perceptual, punctual, ritual, spiritual, textual, virtual

"ctu" represents the /k/ + /ch/ + /o͞o/ sounds

Lè konbinezon lèt "t" nan yon mo, li reprezante son /k/ + /ch/ + /o͞o/, tankou nan mo <u>actual</u> la.

Word Box	actual, actually, actuality, actualization, actualize, actualized, actualizes, actualizing, actuarial, actuarially, actuaries, actuary, actuate, actuator

"ct" represents the /k/ + /t/ sounds

Nan konbinezon lèt "ct" la, lèt "c" ka reprezante son /k/ pandan ke lèt "t" reprezante son /t/, tankou nan mo <u>octuplet</u> la.

Word Box	adjunct, conflict, conjunct, connect, construct, contact, contract, direct, electricity, expect, fact, impact, indicted, pact, product, subject, suspect

"ct" represents the /k't/ sounds

Lè konbinezon "ct" lèt la nan yon mo, li ka reprezante sons /k't/, tankou nan mo <u>factor</u>.

Word Box	acting, actor, actress, cactus, connective, contractor, director, directory, electric, expectancy, factor, factories, factoring, factory, projector, tactics

"ct" has a silent "c" + /t/ sound

Nan konbinezon lèt "ct" la, lèt "c" ka an silans pandan ke lèt "t" reprezante son /t/, tankou nan mo <u>indict</u> la.

Word Box	Connecticut, indict, indictable, indicted, indictee, indicting, indictment, indicts, victual, victuals

Lekti Evalyasyon
Devwa: Li fraz yo.

1. In actuality, he was fired!
2. Stuart was indicted for securities fraud.
3. The actress is performing in Connecticut.
4. Tracy can differentiate between facts and opinions.
5. The instructor has high expectations for her students.

Lesson 20.7
Reading Words with a Silent Letter "t"

"t" is silent

Lèt "t" la ka an silans, tankou nan mo depo ak <u>castle</u>.

Word Box	acts, apostle, ballet, bouquet, buffet, castle, Christmas, clothes, crochet, debut, depot, fasten, glisten, gourmet, kitchen, listen, Margot, merlot, mortgage, often, rapport, ricochet, soften, sorbet, tsunami, whistle

"sten" – "t" is silent

Lè konbinezon "sten" lèt la nan fen yon silab, lèt "t" la ka an silans, tankou nan mo <u>listening</u>.

Word Box	chasten, chastener, fasten, fasteners, fastening, fastens, glisten, hasten, listen, listener, listeners, listening, listens, moisten, moistness, unfasten

"stle" – "t" is silent

Nan konbinezon lèt "stle" la, lèt "t" ka an silans, tankou nan mo <u>castle</u>.

Word Box	apostle, bristle, bustle, castle, epistle, gristle, hustle, hustler, jostle, mistletoe, nestle, pestle, rustle, thistle, whistle, whistler, wrestle, wrestler

"tt" represents the /t/ sound + silent "t"

Nan konbinezon lèt "tt", premye lèt "t" reprezante son /t/ pandan dezyèm lèt "t" an silans, tankou nan mo <u>butter</u>.

Word Box	attic, attorney, battery, better, bottle, cotton, cutting, fitted, glitter, hotter, kitten, little, matter, pattern, permitted, pottery, putting, rattle, settle, utterly

"tch" - "t" is silent

Nan konbinezon lèt "tch", lèt "t" an silans, tankou nan mo <u>catch</u>.

Word Box	batch, catch, clutch, dispatch, ditch, Dutch, hatch, hitch, itch, kitchen, match, matching, patch, pitch, sketch, snatch, snitch, stretch, swatch, switch, watch

Lekti Evalyasyon
Devwa: Li fraz yo.

1. Wrestling is a challenging Olympic sport.
2. The antique watches are stored in the attic.
3. The royal family resides in the medieval castle.
4. A cat's litter usually consists of two to five kittens.
5. The 911 dispatcher speaks English and Dutch fluently.

The Reading Challenge
Lesson 20.8
Reading Multisyllable Words

Ou ka li yon mo long lè w divize l an ti pati ki rele silab. Chak silab gen yon son vwayèl epi anjeneral youn oswa plizyè son konsòn.

Three Ways to Divide Words into Syllables

1. Yon silab fèmen fini ak yon konsòn. Lè yon silab fèmen gen yon vwayèl, anjeneral li gen yon vwayèl kout.

   Egzanp: timber - tim + ber

   Lè yon silab fèmen gen de vwayèl, premye vwayèl la se nòmalman yon vwayèl long pandan dezyèm vwayèl la an silans.

   Egzanp: teapot - tea + pot

2. Yon silab louvri fini ak yon vwayèl. Vwayèl nan fen silab la se nòmalman yon vwayèl long.

   Egzanp: tuna - tu + na

3. Silab "vwayèl + konsòn + e" se nan fen yon mo. Premye vwayèl nan modèl silab sa a se nòmalman yon vwayèl long pandan y ap "e" final la an silans.

   Egzanp: turnstile - turn + stile

Multisyllable Word Lists

2 syllable words	3 syllable words	4 syllable words
tablet	tastefully	Tajikistan
teacher	tapestry	tarantula
thankful	technical	taxonomy
thirteen	teenager	technology
thirty	teenagers	telegraphy
thousand	telephone	television
Thursday	temperate	temporary
tiger	tenderness	tenderizer
timber	terminal	tentatively
today	terminate	terminated
trophy	thanksgiving	terrarium
trumpet	together	thermometer
Tuesday	tolerance	timidity
turtle	tomatoes	totality
twelve	tropical	tropically
twenty	tutoring	tubercular

Lesson 20.9
Reading Proper and Common Nouns and Adjectives
Capitalization Rules

Mo yo ekri ak lèt majiskil ak/oswa miniskil. Non pwòp ak adjektif apwopriye kòmanse ak lèt majiskil. Non komen ak adjektif komen kòmanse ak lèt miniskil.

Yon **non pwòp** se yon mo ki nonmen yon moun espesifik, yon kote, yon bagay oswa yon konsèp.

Yon **non komen** se yon mo ki nonmen yon moun jeneral, kote, bagay oswa konsèp.

	Proper Noun	Common Noun
Person	Mrs. Tipps	teacher
Place	Tanzania	town
Thing	Twitter	teapot
Concept		tranquil

Yon **adjektif apwopriye** se yon mo ki dekri yon moun espesifik, yon kote, yon bagay oswa yon konsèp.

Yon **adjektif komen** se yon mo ki dekri yon moun jeneral, kote, bagay oswa konsèp.

Proper Adjective:	Common Adjective:
Person: Togolese citizen Thing: Twi language	Person: tall man Thing: tiny beans

Capitalization Rules

Uppercase Letter – "T"

- Premye lèt yon mo ki kòmanse yon fraz ap ekri majiskil.

- Premye lèt yon mo ki bay non yon moun espesifik, yon kote, yon bagay oswa yon konsèp ekri majiskil.

- Premye lèt tit yon moun nan lèt majiskil.

- Premye lèt chak mo nan yon tit oswa yon sous-tit yo ekri majiskil.

- Kòm yon pwonon, lèt "I" nan lèt majiskil.

✎ Nòt: Lèt miniskil yo jeneralman itilize pou tout lòt mo.

Lowercase Letter – "t"

- Premye lèt yon mo ki pa nonmen yon moun espesifik, yon kote, yon bagay oswa konsèp ekri ak yon lèt miniskil.

- Premye lèt yon mo ki pa kòmanse yon fraz ekri ak yon lèt miniskil.

- Tout lèt ki anndan ak nan fen mo yo ekri ak lèt miniskil.

The Letter "t" at a Glance		
Letter	Sounds	Anchor Words
"t"	/t/	ten
"th"	soft /th/	this
"th"	hard /th/	the
"t"	/sh/	education
"t"	/ch/	mutual
"t"	silent "t"	castle

U/u

Lesson 21.0
Introduction of the Letter U/u

Lèt "u" a se yon vwayèl. Li se 21yèm lèt nan alfabè Women lang angle a. Lèt yo ekri kòm lèt majiskil ak miniskil.

	Uppercase Letter	Lowercase Letter
Print	U	u
Cursive	𝒰	𝓊

Lesson 21.1
Reading Words with the Letter U/u

Lèt "u" pwononse nan onz fason diferan.
- Li reprezante son vwayèl kout /ŭ/, tankou nan mo tub.
- Li reprezante son vwayèl long /o͞o/, tankou nan mo rule.
- Li reprezante son vwayèl schwa /ə/, tankou nan mo circus.
- Li reprezante son vwayèl /o͝o/, tankou nan mo put.
- Li reprezante son vwayèl long /yo͞o/, /, tankou nan mo cube.
- Li reprezante sons vwayèl /y/ + /ə/, tankou nan mo occupy.
- Li reprezante son vwayèl /û/, tankou nan mo burn.
- Li reprezante son vwayèl /yo͝o/ tankou nan mo pure.
- Li reprezante son /w/, tankou nan mo queen.
- Li reprezante son vwayèl kout /ĕ/, tankou nan mo bury.
- Li reprezante son vwayèl kout /ĭ/, tankou nan mo busy.
- Pafwa li an silans, tankou nan mo building.

High Frequency, One Syllable Letter "u" Words
Short vowel words: bug, bun, bus, but, club, cup, cut, drum, fun, gum, hug, jug, jump, lump, mud, mug, nut, rug, run, rush, sun
Long vowel words: blue, clue, cube, cute, due, duke, dune, fluke, flute, fuse, huge, juke, mule, mute, prune, puke, rule, tune, use

Lesson 21.2
Reading Words with the Short Vowel "u" Sound

"u" represents the short vowel /ŭ/ sound

Nan kòmansman yon mo, lèt "u" anjeneral reprezante son vwayèl kout /ŭ/, tankou nan mo up.

Lèt "u" anjeneral reprezante son vwayèl kout /ŭ/ lè li se sèl vwayèl nan yon mo oswa yon silab.

Lè yon konsòn vini anvan ak apre lèt "u", anjeneral li reprezante son vwayèl kout /ŭ/, tankou nan mo tub ak luck.

Beginning	Within	End
/ŭ/	/ŭ/	/ŭ/
up	tub	

✎ Nòt: Nan fen yon mo, lèt "u" a pa reprezante son vwayèl kout /ŭ/.

✣ *Short Vowel "u" Word Families*

"ub" - "u" represents the short vowel /ŭ/ sound

Vwayèl "u" nan fanmi mo "ub" reprezante son vwayèl kout /ŭ/, tankou nan mo tub.

Word Box	chub, club, cub, dub, grub, hub, pub, rub, sub, scrub, shrub, snub, stub, tub

"uck" - "u" represents the short vowel /ŭ/ sound

Vwayèl "u" nan fanmi mo "uck" reprezante son vwayèl kout /ŭ/, tankou nan mo luck.

Word Box	buck, chuck, cluck, duck, luck, muck, pluck, puck, struck, stuck, suck, truck, tuck, yuck

"ud" - "u" represents the short vowel /ŭ/ sound

Vwayèl "u" nan fanmi mo "ud" reprezante son vwayèl kout /ŭ/, tankou nan mo mud.

Word Box	bud, crud, cud, dud, mud, spud, thud

"uff" - "u" represents the short vowel /ŭ/ sound

Vwayèl "u" nan fanmi mo "uff" reprezante son vwayèl kout /ŭ/, tankou nan mo <u>stuff</u>.

Word Box	bluff, buff, cuff, fluff, gruff, huff, muff, puff, scuff, snuff, stuff

"ug" - "u" represents the short vowel /ŭ/ sound

Vwayèl "u" nan fanmi mo "ug" reprezante son vwayèl kout /ŭ/, tankou nan mo <u>tug</u>.

Word Box	bug, chug, drug, dug, hug, jug, lug, mug, plug, pug, rug, shrug, smug, snug, thug, tug

"ull" - "u" represents the short vowel /ŭ/ sound

Vwayèl "u" nan fanmi mo "ull" reprezante son vwayèl kout /ŭ/, tankou nan mo <u>null</u>.

Word Box	dull, lull, mull, null, skull

☞ Eksepsyon: pull - /o͞o/ son

"um" - "u" represents the short vowel /ŭ/ sound

Vwayèl "u" nan fanmi mo "um" reprezante son vwayèl kout /ŭ/, tankou nan mo <u>gum</u>.

Word Box	bum, chum, drum, glum, gum, hum, plum, rum, sum, swum

"ump" - "u" represents the short vowel /ŭ/ sound

Vwayèl "u" nan fanmi mo "ump" reprezante son vwayèl kout /ŭ/, tankou nan mo <u>jump</u>.

Word Box	bump, clump, dump, grump, hump, jump, lump, plump, pump, rump, slump, stump, thump

"un" - "u" represents the short vowel /ŭ/ sound

Vwayèl "u" nan fanmi mo "un" reprezante son vwayèl kout /ŭ/, tankou nan mo <u>sun</u>.

Word Box	bun, fun, nun, pun, run, shun, stun, sun

"unch" - "u" represents the short vowel /ŭ/ sound

Vwayèl "u" nan fanmi mo "unch" reprezante son vwayèl kout /ŭ/, tankou nan mo bunch.

Word Box	brunch, bunch, crunch, hunch, lunch, munch, punch, scrunch

"ung" - "u" represents the short vowel /ŭ/ sound

Vwayèl "u" nan fanmi mo "ung" reprezante son vwayèl kout /ŭ/, tankou nan mo sung.

Word Box	clung, dung, flung, hung, lung, rung, slung, sprung, strung, stung, sung, swung, wrung

"unk" - "u" represents the short vowel /ŭ/ sound

Vwayèl "u" nan fanmi mo "unk" reprezante son vwayèl kout /ŭ/, tankou nan mo junk.

Word Box	bunk, chunk, drunk, dunk, flunk, hunk, junk, plunk, punk, sunk, trunk

"unt" - "u" represents the short vowel /ŭ/ sound

Vwayèl "u" nan fanmi mo "unt" reprezante son vwayèl kout /ŭ/, tankou nan mo hunt.

Word Box	blunt, bunt, hunt, grunt, punt, runt, stunt

"up" - "u" represents the short vowel /ŭ/ sound

Vwayèl "u" nan fanmi mo "up" reprezante son vwayèl kout /ŭ/, tankou nan mo pup.

Word Box	cup, pup, sup, up

"ush" - "u" represents the short vowel /ŭ/ sound

Vwayèl "u" nan fanmi mo "ush" reprezante son vwayèl kout /ŭ/, tankou nan mo rush.

Word Box	blush, brush, crush, Cush, flush, gush, hush, lush, mush, plush, rush, shush, slush, thrush

Unit U
Lesson 21.2

"ust" - "u" represents the short vowel /ŭ/ sound

Vwayèl "u" nan fanmi mo "ust" reprezante son vwayèl kout /ŭ/, tankou nan mo <u>must</u>.

Word Box	bust, crust, dust, gust, just, must, rust, thrust, trust

"ut" - "u" represents the short vowel /ŭ/ sound

Vwayèl "u" nan fanmi mo "ut" reprezante son vwayèl kout /ŭ/, tankou nan mo <u>cut</u>.

Word Box	but, cut, glut, gut, hut, nut, rut, shut, strut

☞ Eksepsyon: put - /o͝o/ son

Bonus Lesson
Reading Letter "u" Words

"u" represents the short vowel /ĭ/ sound

Vwayèl "u" a ka reprezante son vwayèl kout /ĭ/, tankou nan mo <u>busy</u> ak <u>minute</u>.

"u" represents the vowel /o͝o/ sound

Vwayèl "u" a ka reprezante son vwayèl /o͝o/, tankou nan mo <u>brochure</u> and <u>put</u>.

Word Box	bull, bullet, bulletin, bullies, bullion, bully, bush, bushel, bushes, butcher, cushion, full, fullness, pudding, pull, pullet, pulley, pulpit, push, put, sugar

Reading Multisyllable Words

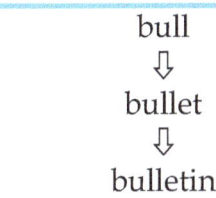
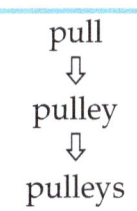

 **Lekti Evalyasyon**
Devwa: Li fraz yo.

1. Bruce rubbed mud on the rug.
2. Sue brushed her long, lush hair.
3. At lunch, the students ate cups of fruit.
4. The cubs dug a huge hole in the ground.
5. We jumped up at the sound of the drums.

Lesson 21.3
Reading Words with the Long Vowel "u" Sound

"u" represents the long vowel /yōō/ sound

Lèt "u" a ka reprezante son vwayèl long /yōō/, tankou nan mo cube. Yon vwayèl long pwononse pa non lèt li a.

Beginning	Within	End
/yōō/	/yōō/	/yōō/
unit	cube	menu

Lèt "u" a ka reprezante son vwayèl long /yōō/, tankou nan mo human.

Word Box	bugle, continue, community, computer, future, humanity, humerus, humid, humiliate, humor, humus, January, menu, museum, music, pupil, unit

Lèt "u" a ka reprezante son vwayèl long /ōō/, tankou nan mo rule. Yon vwayèl long pwononse pa non lèt li a.

Beginning	Within	End
/ōō/	/ōō/	/ōō/
use	rule	flu

Nan kèk mo, lèt "u" ka pwononse ak son vwayèl long /yōō/ oswa /ōō/, tankou nan mo tube.

Word List /yōō/ sound or /ōō/ sound
avenue
due
duty
numeral
reduce
tuna
tune

Lekti Evalyasyon
Devwa: Li fraz yo.

1. The snow tube glides along the icy slope.
2. At lunchtime, Luke ate a tuna fish sandwich.
3. This January, Sue plans to visit the art museum.
4. Gus' three bedroom apartment is located on Fifth Avenue.
5. The presidential candidate promised to reduce property taxes.

✣ "u" + consonant + silent "e" word families

Son vwayèl long /yōō/ ak son /ōō/ gen kat varyasyon modèl: VCe, CVCe, CCVCe ak CCCVCe. Modèl VCe a se nan fen anpil mo vwayèl long.

"vowel + consonant + silent e" patterns	Target Words
VCe	use
CVCe	rule
CCVCe	crude
CCCVCe	spruce

"uce" - "u" represents the long vowel /ōō/ sound

Lè modèl "u" + konsòn + "e" se nan fen yon mo, vwayèl "u" anjeneral reprezante son vwayèl long /ōō/, konsòn nan reprezante son li pandan vwayèl "e" an silans, tankou nan mo <u>produce</u>.

Word Box	Bruce, spruce, truce *Multisyllable Words:* induce, introduce, produce, reduce, seduce, traduce

☞ Eksepsyon: lettuce - /ə/ son

"ude" - "u" represents the long vowel /ōō/ sound

Lè modèl "u" + konsòn + "e" se nan fen yon mo, vwayèl "u" anjeneral reprezante son vwayèl long /ōō/, konsòn nan reprezante son li pandan vwayèl "e" an silans, tankou nan mo <u>include</u>.

Word Box	crude, dude, lude, nude, prude, rude *Multisyllable Words:* attitude, elude, exclude, include, intrude

"uke" - "u" represents the long vowel /ōō/ sound

Lè modèl "u" + konsòn + "e" se nan fen yon mo, vwayèl "u" anjeneral reprezante son vwayèl long /ōō/, konsòn nan reprezante son li pandan vwayèl "e" an silans, tankou nan mo <u>duke</u>.

Word Box	duke, juke, fluke, Luke

☞ Eksepsyon: puke - /yōō/ son

"ule" - "u" represents the long vowel /o͞o/ sound

Lè modèl "u" + konsòn + "e" se nan fen yon mo, vwayèl "u" anjeneral reprezante son vwayèl long /o͞o/, konsòn nan reprezante son li pandan vwayèl "e" an silans, tankou nan mo <u>capsule</u>.

Word Box	rule, Yule

☞ Eksepsyon: mule - /yo͞o/ son

"ume" - "u" represents the long vowel /o͞o/ sound

Lè modèl "u" + konsòn + "e" se nan fen yon mo, vwayèl "u" anjeneral reprezante son vwayèl long /o͞o/, konsòn nan reprezante son li pandan vwayèl "e" an silans, tankou nan mo <u>consume</u>.

Word Box	flume, plume *Multisyllable Words:* consume, costume, presume, resume

☞ Eksepsyons: fume, perfume, volume - /yo͞o/ son

"une" - "u" represents the long vowel /o͞o/ sound

Lè modèl "u" + konsòn + "e" se nan fen yon mo, vwayèl "u" anjeneral reprezante son vwayèl long /o͞o/, konsòn nan reprezante son li pandan vwayèl "e" an silans, tankou nan mo <u>tune</u>.

Word Box	dune, June, prune, rune, tune

☞ Eksepsyons: commune, immune - /yo͞o/ son; fortune - /y/ + /ə/ sons

"use" - "u" represents the long vowel /yo͞o/ sound

Lè modèl "u" + konsòn + "e" se nan fen yon mo, vwayèl "u" anjeneral reprezante son vwayèl long /o͞o/, konsòn nan reprezante son li pandan vwayèl "e" an silans, tankou nan mo <u>excuse</u>.

Word Box	fuse, muse, use *Multisyllable Words:* abuse, accuse, amuse, confuse, defuse, excuse, refuse

☞ Eksepsyon: ruse - /o͞o/ son

"ute" - "u" represents the long vowel /o͞o/ sound

Lè modèl "u" + konsòn + "e" se nan fen yon mo, vwayèl "u" anjeneral reprezante son vwayèl long /o͞o/, konsòn nan reprezante son li pandan vwayèl "e" an silans, tankou nan mo <u>chute</u>.

Word Box	brute, chute, flute, jute, lute
	Multisyllable Words:
	absolute, dilute, pollute, salute

"ute" - "u" represents the long vowel /yo͞o/ sound

Lè modèl "u" + konsòn + "e" se nan fen yon mo, vwayèl "u" anjeneral reprezante son vwayèl long /yo͞o/, konsòn nan reprezante son li pandan vwayèl "e" an silans, tankou nan mo <u>cute</u> ak <u>mute</u>.

Word Box	commute, dispute, execute, tribute

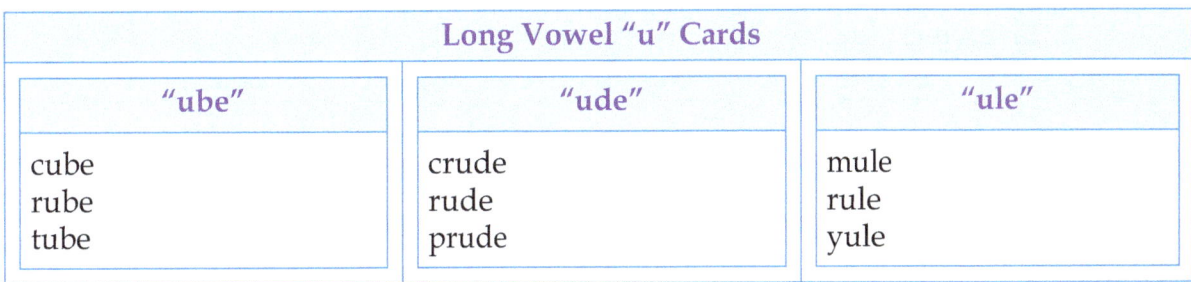

Long Vowel "u" Cards

"ube"	"ude"	"ule"
cube	crude	mule
rube	rude	rule
tube	prude	yule

 Bonus Lesson
Reading Letter "u" Words

"u" represents the long vowel /yo͞o/ sound

Lè "u" se premye ak sèl lèt nan silab la, li ka reprezante son vwayèl long /yo͞o/, tankou nan mo <u>unit</u>.

Word Box	Uganda, Ukraine, unicorn, uniform, unify, union, unit, unite, united, universal, university, usual, usurious, usurp, usury, Utah, utensil, utility

"u" represents the vowel /yo͝o/ sound

Lè "u" se premye ak sèl lèt nan silab la, li ka reprezante son vwayèl /yo͝o/, tankou nan mo <u>Uranus</u>.

Word Box	Ulysses, Uralic, uranium, Uranus, urea, uremia, ureter, urethra, uric, urinal, urinary, urinate, urinated, urination, urine, urology, Uruguay

Lesson 21.4
Reading Words with Letter "u" Vowel Pairs

Lè de vwayèl yo ansanm nan yon silab oswa yon mo, premye vwayèl la anjeneral reprezante son vwayèl long pandan y ap dezyèm vwayèl la an silans.

Lè de vwayèl divize an de silab, chak vwayèl reprezante yon son endividyèl.

"ua" represents the long vowel /o͞o/ + /ə/ sounds

Lè konbinezon vwayèl "ua" divize an de silab, lèt "u" reprezante son vwayèl long /o͞o/ ak lèt "a" ka reprezante son vwayèl schwa /ə/, tankou nan mo usual.

Word Box	conceptual, consensual, contractual, effectual, eventual, gradual, habitual, individual, spiritual, spiritually, truancy, truant, usually, virtual, virtually

"ue" represents the long vowel /o͞o/ sound + silent "e"

Lè konbinezon vwayèl "ue" ansanm nan yon mo oswa yon silab, lèt "u" ka reprezante son vwayèl long /o͞o/ pandan lèt "e" an silans, tankou nan mo glue.

Word Box	blue, clue, glue, rue

"ue" represents the long vowel /o͞o/ + /ĕ/ sounds

Lè konbinezon vwayèl "ue" divize an de silab, lèt "u" ka reprezante son vwayèl long /o͞o/ pandan ke lèt "e" reprezante son vwayèl kout /ĕ/, tankou nan mo statuette ak statuesque.

"ue" represents the long vowel /yo͞o/ sound + silent "e"

Lè konbinezon vwayèl "ue" ansanm nan yon mo oswa yon silab, lèt "u" ka reprezante son vwayèl long /yo͞o/ pandan lèt "e" an silans, tankou nan mo cue.

Word Box	cue, fuel, hue *Multisyllable Words:* argue, avenue, continue, rescue, value, venue

"ui" represents the long vowel /o͞o/ sound + silent "i"

Lè konbinezon vwayèl "ui" ansanm nan yon mo oswa yon silab, lèt "u" anjeneral reprezante son vwayèl long /o͞o/ pandan lèt "i" an silans, tankou nan mo cruise.

Word Box	bruise, bruiser, bruit, cruise, cruiser, cruising, fruitful, fruits, juice, juicer, juicing, juicy, nuisance, pursuit, recruit, suit, suitable, suitably, suitcase, suitor

❖ *Reading Words with Letter "u" Vowel Pairs*

"ui" has a silent "u" + short vowel /ĭ/ sound

Lè konbinezon "ui" lèt la ansanm nan yon mo oswa yon silab, lèt "u" an silans pandan ke lèt "i" reprezante son vwayèl kout /ĭ/, tankou nan mo built.

Word Box	build, builder, building, builds, built, circuit, circuited, circuiting, circuitry, circuits

"ui" represents the /w/ + /ē/ sound

Lè konbinezon lèt "ui" divize an de silab, lèt "u" ka reprezante son /w/ ak lèt "i" ka reprezante son vwayèl long /ē/, tankou nan mo acquiesce.

"ui" represents the /w/ + /ĭ/ sounds

Lè konbinezon lèt "ui" divize an de silab, lèt "u" ka reprezante son /w/ ak lèt "i" ka reprezante son vwayèl kout /ĭ/, tankou nan mo quiz.

Word Box	equipment, extinguish, inquisition, inquisitive, prerequisite, quibble, quick, quicken, quintillion, quintuple, quintuplet, quiz, requisite, requisition

"ui" represents the /w/ + /ī/ sounds

Lè konbinezon lèt "ui" divize an de silab, lèt "u" ka reprezante son /w/ ak lèt "i" ka reprezante son vwayèl long /ī/, tankou nan mo quiet.

Word Box	acquire, acquired, acquiring, inquire, inquiry, quiet, quietly, quietude, quinine, quire, quite, require, required, requirement, requiring, requite, squire

"uou" represents the long vowel /ōō/ + /ə/ sounds

Lè konbinezon lèt "uou" divize an de silab, li ka reprezante son vwayèl long /ōō/ ak son vwayèl schwa /ə/, tankou nan mo virtuous.

Word Box	arduous, arduously, assiduous, contemptuous, impetuous, presumptuous, sensuous, spirituous, sumptuous, superfluous, tempestuous, tortuous

"uu" represents the long vowel /yōō/ sound or /y/ + /ə/ sounds

Lè konbinezon "uu" lèt la ansanm nan yon mo oswa yon silab, li ka reprezante son vwayèl long /yōō/ oswa sons /y/ + /ə/, tankou nan mo vacuum.

"uu" represents the long vowel /yōō/ + /ə/ sounds

Lè konbinezon lèt "uu" divize an de silab, li ka reprezante son vwayèl long /yōō/ ak son vwayèl schwa /ə/, tankou nan mo continuum.

Lesson 21.5
Reading Words with the Final Letter "u"

"u" represents the long vowel /o͞o/ sound

Lè lèt "u" nan fen yon mo, anjeneral li reprezante son vwayèl long /o͞o/, tankou nan mo flu.

Word Box	Bantu, ecru, flu, guru, haiku, Hindu, Honolulu, impromptu, jujitsu, kudzu, kuru, lulu, Peru, thru, tofu, tutu, Urdu, zebu, Zulu

"u" represents the long vowel /yo͞o/ sound

Lè lèt "u" nan fen yon mo, li ka reprezante son vwayèl long /yo͞o/, tankou nan mo emu ak menu.

"u" represents the vowel /yə/ sound

Lè lèt "u" nan fen yon silab, li ka reprezante sons /y/ + /ə/, tankou nan mo mercury.

Word Box	argument, binocular, calculus, calculate, calculator, cellular, cellulose, circular, circulation, configuration, consecutive, kudos, simulate, stimulate, tutor

The Final Position of the Letter "u"

At the end of the first syllable, letter "u" represents the long vowel /yo͞o/ sound	At the end of the second syllable, letter "u" represents the long vowel /yo͞o/ sound	At the end of a word, letter "u" represents the long vowel /o͞o/ sound
bugle	communicate	flu
cubic	community	guru
future	February	haiku
human	impunity	Peru
humid	inhumane	thru
humor	January	tofu
music	lucubrate	Urdu
tulip	malnutrition	zebu

✓ **Lekti Evalyasyon**
Devwa: Li fraz yo.

1. Gustave and June had an intense argument.
2. On Saturday, Sue's attitude was quite crude.
3. Our new menu has Asian-inspired tofu dishes.
4. The prime minister held an impromptu press conference.
5. In June, Joshua and Udella had a fun-filled vacation in Peru.

Lesson 21.6
Reading Letter "u" Words with the Schwa Vowel Sound

"u" represents the schwa vowel /ə/ sound

Lèt "u" a ka reprezante son vwayèl schwa /ə/, tankou nan mo <u>circus</u>. Vwayèl schwa a son tankou vwayèl kout /ŭ/ + /h/.

Beginning	Within	End
/ə/	/ə/	/ə/
upon	circus	

Word Box	*First letter "u"* until, upon *Letter "u" within a word* album, asparagus, autumn, awful, beautiful, census, circus, difficult, difficulty, faculty, focus, industry, injure, lettuce, litmus, minimum, optimum, pitiful, platinum, playful, radius, stylus, subtract, suggest, surround, voluntary

"u" represents the /y/ + /ə/ sounds

Lèt "u" a ka reprezante sons /y/ + /ə/, tankou nan mo <u>formula</u>.

Word Box	calculate, failure, figure, insoluble, irregular, irrefutable, jocular, nebula, nebulae, nebulous, occupy, occupancy, opulent, particular, peculate, peninsula, penury, perambulate, perpendicular, populace, popular, vascular

"ful" - "u" represents the schwa vowel /ə/ sound

Nan konbinezon lèt "ful", lèt "u" reprezante son vwayèl schwa /ə/, tankou nan mo <u>joyful</u>.

Word Box	careful, carefully, colorful, gracefully, grateful, helpful, hopeful, joyful, lawful, painful, peaceful, peacefully, powerful, respectful, resourceful, skillfully, sorrowful, successful, thankful, useful, willfully, wonderful

Lekti Evalyasyon
Devwa: Li fraz yo.

1. Doctors and nurses are popular medical occupations.
2. The law requires everyone to complete the national census.
3. The Arabian Peninsula is the largest peninsula in the world.
4. Gus and Lucy ate delicious low-carb lettuce wrap sandwiches.
5. The university faculty members are world-renowned researchers.

Lesson 21.7
Reading Words with the "ur" Letter Combination

Nan konbinezon lèt "ur", lèt "u" pwononse nan sis fason diferan.
- Li reprezante son vwayèl /û/ + /r/, tankou nan mo burn.
- Li reprezante vwayèl schwa /ə/ + /r/ son, tankou nan mo surpass.
- Li reprezante son vwayèl /o͝o/ + /r/, tankou nan mo duress.
- Li reprezante son vwayèl /yo͝o/ + /r/, tankou nan mo fury.
- Li reprezante son vwayèl kout /ĕ/ + /r/, tankou nan mo bury.
- Li reprezante sons /y/ + /ə/ + /r/, tankou nan mo failure.

"ur" represents the vowel /û/ + /r/ sounds

Konbinezon lèt "ur" la ka reprezante son vwayèl /û/ + /r/, tankou nan mo burn.

Word Box	blur, burger, burst, church, curb, curl, curve, fur, furniture, hurt, lurk, murky, nurse, purple, purse, surf, surname, turkey, turnip, turtle, urge, urgent, urn

"ur" represents the schwa vowel /ə/ + /r/ sounds

Konbinezon "ur" lèt la ka reprezante son vwayèl schwa /ə/ + /r/, tankou nan mo surpass.

Word Box	Burmese, century, curriculum, curtail, purport, pursuance, pursue, surmise, surpassing, surprise, surrender, surround, surveillance, survey, survive

"ur" represents the vowel /o͝o/ + /r/ sounds

Konbinezon lèt "ur" la ka reprezante son vwayèl /o͝o/ + /r/, tankou nan mo duress.

Word Box	burrito, Burundi, Curacao, curare, durable, durance, duration, duress, during, durum, guru, hurrah, Jurassic, juridical, jury, lurid, Suriname, Ur, Urdu

"ur" represents the vowel /yo͝o/ + /r/ sounds

Konbinezon lèt "ur" la ka reprezante son vwayèl /yo͝o/ + /r/, tankou nan mo fury.

Word Box	bureau, bureaucracy, burette, curative, curator, curie, curious, fume, furious, furor, fury, mural, puree, purify, purulent, Uralic, urinary, urine, Uruguay

"ur" represents the short vowel /ĕ/ + /r/ sounds

Konbinezon lèt "ur" la ka reprezante son vwayèl kout /ĕ/ + /r/, tankou nan mo burial ak bury.

"ur" represents the /y/ + /ə/ + /r/ sounds

Konbinezon lèt "ur" la ka reprezante sons /y/ + /ə/ + /r/, tankou nan mo configuration ak failure.

Reading Words with the "ure" Letter Combination

"ure" represents the vowel /o͝o/ + /r/ sounds + silent "e"

Konbinezon lèt "ure" a ka reprezante vwayèl /o͝o/ + /r/ + /r/ son + silans "e", tankou nan mo <u>sure</u>.

Word Box	assurance, assure, couture, cure, brochure, insurance, insure, insured, literature, lure, miniature, overture, reinsure, temperature, sure, surely

"ure" represents the vowel /yo͝o/ + /r/ sounds + silent "e"

Konbinezon lèt "ure" a ka reprezante vwayèl /yo͝o/ + /r/ son + silans "e", tankou nan mo <u>pure</u>.

Word Box	manicure, manure, pedicure, procure, pure, purely, pureness, purer, purest, secure, secured, securely, securest, tenure, urea, uremia, uremic, ureter

"ure" represents the schwa vowel /ə/ + /r/ sounds + silent "e"

Konbinezon "ure" lèt la ka reprezante vwayèl schwa /ə/ + /r/ son + "e" an silans, tankou nan mo <u>nature</u>.

Word Box	adventure, architecture, composure, conjuncture, expenditure, foreclosure, horticulture, manufacture, nurture, pleasure, pressure, puncture, structure

"ure" represents the /y/ + /ə/ + /r/ sounds + silent "e"

Konbinezon "ure" lèt la ka reprezante /y/ + /ə/ + /r/ sons + silans "e", tankou nan mo <u>failure</u> ak <u>figure</u>.

 Bonus Lesson
Reading Letter "u" Words with the /w/ Sound

"u" represents the /w/ sound

Lèt "u" a ka reprezante son /w/, tankou nan mo <u>queen</u>.

Word Box	*"gu" represents the /g/ + /w/ sounds* anguish, bilingual, distinguish, extinguish, guacamole, Guadeloupe, Guam, guanine, Guatemala, guava, jaguar, language, languish, linguist, penguin *"qu" represents the /k/ + /w/ sounds* aquatic, consequence, equal, equity, frequent, liquid, quack, quail, queen, quench, question, quick, quiet, quill, quit, quiver, quiz, quota, tranquil *"su" represents the /s/ + /w/ sounds* dissuade, persuade, persuasion, persuasive, persuasively, suave, suede

Lesson 21.8
Reading Words with a Silent Letter "u"

"u" is silent

Vwayèl "u" a ka an silans, tankou nan mo build la.

Word Box	build, builder, building, built, buoy, buy, dough, doughy, guidance, guide, guidelines, guiding, guild, guile, guilt, guilty, Guinea, guise, guitar, guitarist

"u" is silent

Dezyèm vwayèl nan yon pè vwayèl anjeneral an silans, tankou nan mo soul.

Word Box	although, aunt, boulder, cough, coughed, coughing, coughs, gauge, gauged, gauging, laugh, laughed, laughing, laughs, laughter, shoulder, soul, though

"ue" - "u" is silent

Nan konbinezon lèt "ue", lèt "u" ka an silans, tankou nan mo guess.

Word Box	antique, guerilla, guerillas, guess, guessed, guesser, guesses, guessing, guest, lacquer, Portuguese, statuesque, technique, racquet

"guar" - "u" is silent

Nan konbinezon lèt "guar" la, lèt "u" ka an silans, tankou nan mo guard.

Word Box	guarantee, guaranteed, guarantor, guard, guarded, guardedly, guardian, guardianship, guarding, guards, vanguard, vanguardism, vanguardist

"gue" - "ue" is silent

Lè konbinezon "gue" lèt la nan fen yon mo, lèt "g" reprezante son /g/ pandan vwayèl "u" ak "e" yo an silans, tankou nan mo vogue.

Word Box	colleague, dialogue, fatigue, league, meringue, monologue, pedagogue, plague, prologue, rogue, synagogue, tongue, vague, vaguely, vogue

Silent Letter "u" at a Glance

Letter	Sounds	Anchor Words
"u"	silent "u"	soul
"u"	silent "u"	built
"u"	silent "u"	guard
"ue"	silent "ue"	vague

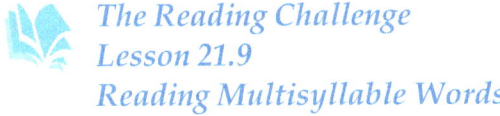

*The Reading Challenge
Lesson 21.9
Reading Multisyllable Words*

Ou ka li yon mo long lè w divize l an ti pati ki rele silab. Chak silab gen yon son vwayèl epi anjeneral youn oswa plizyè son konsòn.

Three Ways to Divide Words into Syllables

1. Yon silab fèmen fini ak yon konsòn. Lè yon silab fèmen gen yon vwayèl, anjeneral li gen yon vwayèl kout.

   Egzanp: tugboat - tug + boat

   Lè yon silab fèmen gen de vwayèl, premye vwayèl la se nòmalman yon vwayèl long pandan dezyèm vwayèl la an silans.

   Egzanp: suitor - suit + or

2. Yon silab louvri fini ak yon vwayèl. Vwayèl nan fen silab la se nòmalman yon vwayèl long.

   Egzanp: mutant - mu + tant

3. Silab "vwayèl + konsòn + e" se nan fen yon mo. Premye vwayèl nan modèl silab sa a se nòmalman yon vwayèl long pandan y ap "e" final la an silans.

   Egzanp: tribute - tri + bute

Multisyllable Word Lists

2 syllable words	3 syllable words	4 syllable words
ulcer	Ubangi	ubiquity
ulster	Uganda	Ukrainian
ultra	ulcerate	ulterior
uncle	ultimate	ultimatum
uncles	ultrasound	ultrasonic
union	umbrella	umbilical
unit	unable	unanimous
uproot	unadvised	unbearable
upset	unaware	unfamiliar
upward	unity	universal
urban	universe	unorganized
urgent	usable	unspeakable
usher	username	unsubstantial
usurp	utensil	unwarranted
utmost	utilized	upholstery
utter	utterance	Uzbekistan

Lesson 21.10
Reading Proper and Common Nouns and Adjectives
Capitalization Rules

Mo yo ekri ak lèt majiskil ak/oswa miniskil. Non pwòp ak adjektif apwopriye kòmanse ak lèt majiskil. Non komen ak adjektif komen kòmanse ak lèt miniskil.

Yon **non pwòp** se yon mo ki nonmen yon moun espesifik, yon kote, yon bagay oswa yon konsèp.

Yon **non komen** se yon mo ki nonmen yon moun jeneral, kote, bagay oswa konsèp.

	Proper Noun	Common Noun
Person	Udell	urologist
Place	Ukraine	university
Thing	United Airlines	umbrella
Concept	Universalism	uncertainty

Yon **adjektif apwopriye** se yon mo ki dekri yon moun espesifik, yon kote, yon bagay oswa yon konsèp.

Yon **adjektif komen** se yon mo ki dekri yon moun jeneral, kote, bagay oswa konsèp.

Proper Adjective:	Common Adjective:
Person: Ugandan citizen Thing: Uruguayan food	Person: unhappy boy Thing: unannounced visit

Capitalization Rules

Uppercase Letter – "U"

- Premye lèt mo ki kòmanse yon fraz ap ekri majiskil.

- Premye lèt mo ki bay non yon moun, yon kote, yon bagay oswa yon konsèp espesifik yo ekri majiskil.

- Premye lèt tit yon moun nan lèt majiskil.

- Premye lèt chak mo nan yon tit oswa yon sous-tit yo ekri majiskil.

- Kòm yon pwonon, lèt "I" nan lèt majiskil.

✎ Nòt: Lèt miniskil yo jeneralman itilize pou tout lòt mo.

Lowercase Letter – "u"

- Premye lèt yon mo ki pa nonmen yon moun espesifik, yon kote, yon bagay oswa konsèp ekri ak yon lèt miniskil.

- Premye lèt yon mo ki pa kòmanse yon fraz ekri ak yon lèt miniskil.

- Tout lèt ki anndan ak nan fen mo yo ekri ak lèt miniskil.

The Letter "u" at a Glance

Letter	Sounds	Anchor Words
"u"	/ŭ/	tub
"u"	/ō͞o/	rule
"u"	/ə/	circus
"u"	/o͝o/	put
"u"	/yo͞o/	cube
"u"	/y/ + /ə/	occupy
"u"	/û/	burn
"u"	/yo͝o/	pure
"u"	/w/	queen
"u"	/ĕ/	bury
"u"	/ĭ/	busy
"u"	silent "u"	building

Unit U
Lesson 21.10

Unit V

V/v

Lesson 22.0
Introduction of the Letter V/v

Lèt "v" la se yon konsòn. Li se 22yèm lèt nan alfabè Women lang angle a. Lèt yo ekri kòm lèt majiskil ak miniskil.

	Uppercase Letter	Lowercase Letter
Print	V	v
Cursive	𝒱	𝓋

Lesson 22.1
Reading Words with the Letter V/v

Lèt "v" pwononse nan yon sèl fason.
- Li reprezante son /v/, tankou nan mo <u>van</u>.
- Pafwa li an silans, tankou nan mo <u>divvy</u> ak <u>savvy</u>.

High Frequency, One Syllable Letter "v" Words
vague, vain, vale, valve, vamp, van, vane, vas, vase, vat, vault, veal, veep, veer, veil, vein, vent, verb, verge, verse, vest, vet, vex, vibe, vice, view, vile, vim, vine, vogue, voice, void, volt, vote, votes, vow

Nan kòmansman an, nan ak nan fen yon mo, lèt "v" reprezante son /v/, tankou nan mo <u>van</u>, <u>shovel</u> ak <u>Bev</u>.

Beginning	Within	End
/v/	/v/	/v/
van	average	Bev
vapor	believe	
vegan	develop	
visit	service	
visor	shovel	
volume	survey	
volute	travel	
vomit	turnover	
voting	weaving	

❖ Reading Words with the Letter V/v

Short Vowel Blending Table for the Letter V/v

/ă/ apple	/ĕ/ egg	/ĭ/ insect	/ŏ/ octopus	/ŭ/ up
v a n	v e s t	v i l l a	v o l l e y	v u l t u r e
va n	ve s t	vill a	voll ey	vul ture
van	vest	villa	volley	vulture

Long Vowel Blending Table for the Letter V/v

/ā/ ape	/ē/ eagle	/ī/ ice	/ō/ open	/yōō/ cube
v a n e	v e t o	v i c e	v o t e	v a l u e
va ne	ve to	vi ce	vo te	val ue
vane	veto	vice	vote	value

Lekti Evalyasyon
Devwa: Li fraz yo.

1. The volcanic eruptions are violent.
2. Val will attend Virginia University.
3. Valerie and Vinny have a violet van.
4. Victor gave me a red Valentine's heart.
5. I felt revitalized after taking my vitamins.

Letter "v" Parts of Speech Table

Nouns	Verbs	Adjectives
vaccine	vacate	vacant
vanilla	vacationing	vague
vehicle	vacuumed	valiant
vendor	validating	valuable
verdict	valued	vehement
vessel	vanished	vehicular
vibration	veered	venerable
vignette	ventilated	verbal
vineyard	verify	vibrant
visitor	vibrated	vicious
vitamin	vindicated	Victorian
volcano	visualizes	victorious
voltage	vocalize	vital
vulture	volunteered	vocational

Unit V
Lesson 22.1

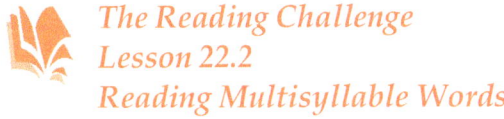

The Reading Challenge
Lesson 22.2
Reading Multisyllable Words

Ou ka li yon mo long lè w divize l an ti pati ki rele silab. Chak silab gen yon son vwayèl epi anjeneral youn oswa plizyè son konsòn.

Three Ways to Divide Words into Syllables

1. Yon silab fèmen fini ak yon konsòn. Lè yon silab fèmen gen yon vwayèl, anjeneral li gen yon vwayèl kout.
   Egzanp: victim - vic + tim

   Lè yon silab fèmen gen de vwayèl, premye vwayèl la se nòmalman yon vwayèl long pandan dezyèm vwayèl la an silans.
   Egzanp: vainest – vain + est

2. Yon silab louvri fini ak yon vwayèl. Vwayèl nan fen silab la se nòmalman yon vwayèl long.
   Egzanp: veto - ve + to

3. Silab "vwayèl + konsòn + e" se nan fen yon mo. Premye vwayèl nan modèl silab sa a se nòmalman yon vwayèl long pandan y ap "e" final la an silans.
   Egzanp: volume - vol + ume

Multisyllable Word Lists

2 syllable words	3 syllable words	4 syllable words
vacuum	vacancy	vaccination
valley	vanilla	valuable
vapor	various	valuation
vapors	vehicle	vandalism
vegan	verbally	vaporizer
veggie	veteran	velocity
Venice	vibration	vegetable
Venus	Vienna	vegetation
vibrate	vigilance	venerable
village	vinegar	ventilation
villain	vitally	victorious
virus	virtual	violation
vision	visual	visionary
volley	vitamin	visitation
volume	vocalize	vitality
voting	volunteer	vulnerable

Learn To Read English With Lessons In Haitian Creole

Lesson 22.3
Reading Proper and Common Nouns and Adjectives
Capitalization Rules

Mo yo ekri ak lèt majiskil ak/oswa miniskil. Non pwòp ak adjektif apwopriye kòmanse ak lèt majiskil. Non komen ak adjektif komen kòmanse ak lèt miniskil.

Yon **non pwòp** se yon mo ki nonmen yon moun espesifik, yon kote, yon bagay oswa yon konsèp.

Yon **non komen** se yon mo ki nonmen yon moun jeneral, kote, bagay oswa konsèp.

	Proper Noun	Common Noun
Person	Ms. Valerie	victim
Place	Versailles	vestibule
Thing	Valentine's Day	valentine
Concept	Vedanta	victory

Yon **adjektif apwopriye** se yon mo ki dekri yon moun espesifik, yon kote, yon bagay oswa yon konsèp.

Yon **adjektif komen** se yon mo ki dekri yon moun jeneral, kote, bagay oswa konsèp.

Proper Adjective:	Common Adjective:
Person: Viking warriors Thing: Victorian Era	Person: victorious player Thing: vivid color

Capitalization Rules
Uppercase Letter – "V"

- Premye lèt yon mo ki kòmanse yon fraz ap ekri majiskil.

- Premye lèt yon mo ki bay non yon moun espesifik, yon kote, yon bagay oswa yon konsèp ekri majiskil.

- Premye lèt tit yon moun nan lèt majiskil.

- Premye lèt chak mo nan yon tit oswa yon sous-tit yo ekri majiskil.

- Kòm yon pwonon, lèt "I" nan lèt majiskil.

? Nòt: Lèt miniskil yo jeneralman itilize pou tout lòt mo.

Lowercase Letter – "v"

- Premye lèt yon mo ki pa nonmen yon moun espesifik, yon kote, yon bagay oswa konsèp ekri ak yon lèt miniskil.

- Premye lèt yon mo ki pa kòmanse yon fraz ekri ak yon lèt miniskil.

- Tout lèt ki anndan ak nan fen mo yo ekri ak lèt miniskil.

The Letter "v" at a Glance		
Letter	Sound	
"v"	/v/	van
"v"	silent "v"	savvy

Unit V
Lesson 22.3

Unit W

W/w

 **Lesson 23.0**
Introduction of the Letter W/w

Lèt "w" se yon konsòn. Li se 23yèm lèt nan alfabè women lang angle a. Lèt yo ekri kòm lèt majiskil ak miniskil.

	Uppercase Letter	Lowercase Letter
Print	W	w
Cursive	*W*	*w*

 Lesson 23.1
Reading Words with the Letter W/w

Lèt "w" pwononse nan yon sèl fason.
- Li reprezante son /w/, tankou nan mo <u>wagon</u>.
- Pafwa li an silans, tankou nan mo <u>two</u>.

High Frequency, One Syllable Letter "w" Words
wait, walk, want, warm, wash, wax, way, we, web, well, went, were, west, wet, what, when, where, which, while, whole, why, wife, wig, wild, will, win, wipe, wise, wish, with, word, work

Nan kòmansman ak nan yon mo, lèt "w" reprezante son /w/, tankou nan mo <u>wagon</u> ak <u>network</u>. Nan fen yon mo, lèt "w" pa reprezante son /w/.

Beginning	Within	End
/w/	/w/	/w/
wagon	always	
whale	awake	
wheel	goodwill	
white	hardware	
whole	homework	
windy	network	
wolves	software	

Reading Words with the Letter W/w

Short Vowel Blending Table for the Letter W/w

/ă/ apple	/ĕ/ egg	/ĭ/ insect	/ŏ/ octopus	/ŭ/ up
w a g o n	w e t	w i n d	w o l f	sw u m
wa g on	we t	win d	wo l f	sw um
wagon	wet	wind	wolf	swum

Long Vowel Blending Table for the Letter W/w

/ā/ ape	/ē/ eagle	/ī/ ice	/ō/ open	/oō/ glue
w a d e	w e e p	w i d e	w o k e	
wa de	wee p	wi de	wo ke	
wade	weep	wide	woke	

Lekti Evalyasyon
Devwa: Li fraz yo.

1. We work at the Waterfront Diner.
2. Mrs. Wilson has a whiz kid in her class.
3. I am invited to Wilma and Will's wedding.
4. The wind blew the wastepaper basket over.
5. The waitress served two warm, fluffy waffles.

Letter "w" Parts of Speech Table

Nouns	Verbs	Adjectives
wagon	walked	warmer
wallet	washed	wasteful
wealth	weaning	watchful
weasel	wearied	weaker
wheat	wearing	weirdest
wheel	welcomed	welcome
whisper	withdraw	western
windmill	witnessed	wholesale
windshield	wondered	wholesome
windstorm	working	widespread
worksheet	wrapped	worthless
workshop	wrote	worthwhile

Lesson 23.2
Reading Words with a Vowel before the Letter "w"

✤ *Reading Words with the "aw" Letter Combination*

"aw" represents the vowel /ô/ sound

Lè konbinezon "aw" lèt la ansanm nan yon mo oswa yon silab, li reprezante son vwayèl /ô/, tankou nan mo law.

Word Box	awe, awful, brawny, caw, claw, dawn, draw, flaw, gnaw, jaw, law, lawless, lawn, lawyer, paw, pawl, pawn, raw, saw, slaw, straw, strawberry, thaw

"aw" represents the schwa vowel /ə/ + /w/ sounds

Lèt lèt "aw" divize an silab, li pèmèt son vwayèl schwa /ə/ + /w/, tankou nan mo await.

Word Box	await, awaiting, awake, awaken, awakening, awaking, award, aware, awash, away, aweigh, awhile, awhirl, awoke, awoken, Hawaii, Hawaiian, hawala

✤ *Reading Words with the "ew" Letter Combination*

"ew" represents the long vowel /o͞o/ sound

Lè konbinezon "ew" lèt la ansanm nan yon mo oswa yon silab, li ka reprezante son vwayèl long /o͞o/, tankou nan mo threw.

Word Box	bestrew, blew, brew, cashew, chew, crew, dew, Dewey, Hebrew, jewel, mews, nephew, new, news, renew, renewable, renewal, screw, shrew, stew, threw

"ew" represents the long vowel /ō/ sound

Lè konbinezon "ew" lèt la ansanm nan yon mo oswa yon silab, li ka reprezante son vwayèl long /ō/, tankou nan mo sew, sewing ak sewn.

"ew" represents the long vowel /yo͞o/ sound

Lè konbinezon "ew" lèt la ansanm nan yon mo oswa yon silab, li ka reprezante son vwayèl long /yo͞o/, tankou nan mo dew.

Word Box	askew, dew, ewe, ewer, hew, hewed, hewer, hewn, hewing, Hewlyn, pew, pewter, new, newbie, newborn, newly, newlywed, steward, stewardess

"ew" represents the short vowel /ĭ/ + /w/ sounds

Lè konbinezon lèt "ew" divize an de silab, li ka reprezante son vwayèl kout /ĭ/ + /w/, tankou nan mo beware ak rewards.

"ew" represents the long vowel /ē/ + /w/ sounds

Lè konbinezon lèt "ew" divize an de silab, li ka reprezante son vwayèl long /ē/ + /w/, tankou nan mo reword ak rewording.

✤ Reading Words with the "ow" Letter Combination

Konbinezon "ow" lèt la pwononse nan senk fason diferan.
- Li reprezante son vwayèl /ou/, tankou nan mo cow.
- Li reprezante son vwayèl long /ō/, tankou nan mo glow.
- Li reprezante son vwayèl kout /ŏ/, tankou nan mo knowledge.
- Li reprezante vwayèl schwa /ə/ + /w/ son, tankou nan mo toward.
- Li reprezante son vwayèl long /ō/ + /w/, tankou nan mo coworker.

"ow" represents the vowel /ou/ sound + silent "w"

Lè konbinezon "ow" lèt la ansanm nan yon mo oswa yon silab, li ka reprezante son vwayèl /ou/, tankou nan mo gown.

Word Box	Allow, bowels, brown, chowder, clown, cow, coward, crowd, crown, down, drowse, drowsy, endow, flowers, however, now, plow, powder, power, prowess, shower, towel, tower, town, township, vowel, vow, wow

"ow" represents the long vowel /ō/ sound + silent "w"

Lè konbinezon "ow" lèt la ansanm nan yon mo oswa yon silab, li ka reprezante son vwayèl long /ō/, tankou nan mo glow.

Word Box	arrow, below, bestow, blow, blown, borrow, crow, elbow, fellow, flow, flown, follow, grow, grown, grows, know, known, low, meadow, mow, mown, narrow, pillow, rainbow, row, shadow, shallow, show, shown, slow, sown, snow, throw, thrown, tomorrow, tow, widow, window, windows, yellow

"ow" represents the short vowel /ŏ/ sound + silent "w"

Lè konbinezon "ow" lèt la ansanm nan yon mo oswa yon silab, li ka reprezante son vwayèl kout /ŏ/, tankou nan mo knowledge.

"ow" represents the schwa vowel /ə/ + /w/ sounds

Lè konbinezon lèt "ow" divize an de silab, li ka reprezante son vwayèl schwa /ə/ + /w/, tankou nan mo toward.

Word Box	microwave, toward, towards

"ow" represents the long vowel /ô/ sound + silent "w"

Lè konbinezon "ow" lèt la ansanm nan yon mo oswa yon silab, li ka reprezante son /ô/, tankou nan mo toward.

"ow" represents the long vowel /ō/ + /w/ sounds

Lè konbinezon lèt "ow" divize an de silab, li ka reprezante son vwayèl long /ō/ + /w/, tankou nan mo coworker ak nowhere.

 *Lesson 23.3*
Reading Words with a Silent Letter "w" and "wr" Letter Combination

"w" is silent

Lèt "w" a ka an silans, tankou nan mo <u>answer</u>, <u>sword</u> ak <u>two</u>.

"wh" - "w" is silent

Nan konbinezon lèt "wh", lèt "w" an silans pandan ke lèt "h" reprezante son /h/, tankou nan mo <u>who</u>. Mo ki nan bwat mo yo pa gen son /hw/.

Word Box	who, whoever, whole, wholehearted, wholesale, wholesome, wholly, whom, whomever, who's, whose, whosoever

"wr" - "w" is silent

Nan konbinezon lèt "wr", lèt "w" an silans pandan ke lèt "r" reprezante son /r/, tankou nan mo <u>wrap</u>.

Word Box	awry, playwright, typewriter, wreath, wreck, wrench, wrestling, wriggle, wring, wrinkle, wrist, wristband, write, writers, writing, written, wrong, wrote

"ew" - "w" is silent

Nan konbinezon lèt "ew" a, lèt "w" ka an silans, tankou nan mo <u>rewrite</u>.

"ow" - "w" is silent

Nan konbinezon lèt "ow", lèt "w" ka an silans, tankou nan mo <u>yellow</u>.

Word Box	below, blow, crow, flow, glow, grow, know, low, mow, narrow, owe, own, pillow, row, rows, shadow, show, shown, sorrow, snow, throw, tow, window

 Bonus Lesson
Reading Words with the "wh" Letter Combination

Konbinezon lèt "wh" pwononse nan twa fason diferan.
- Li reprezante son /h/, tankou nan mo <u>who</u>.
- Li reprezante son /w/, tankou nan mo <u>whale</u>.
- Li reprezante son /hw/, tankou nan mo <u>whale</u>.

"wh" represents the /w/ sound + silent "h" or /hw/ sound

Nan konbinezon lèt "wh", lèt "w" reprezante son /w/ pandan ke lèt "h" an silans, tankou nan mo <u>whale</u>. Konbinezon "wh" lèt la ka reprezante tou son /hw/, tankou nan mo <u>whale</u>.

Word Box	whack, whale, wham, wharf, what, wheat, wheel, wheeze, whelm, when, where, whether, which, while, whim, whimper, whimsical, whimsy, whine, whip, whiplash, whirl, whirlpool, whirlwind, whisk, whisker, whisper, whistle, whit, white, whither, whiz, whole, whopper, whopping, why

*The Reading Challenge
Lesson 23.4
Reading Multisyllable Words*

Ou ka li yon mo long lè w divize l an ti pati ki rele silab. Chak silab gen yon son vwayèl epi anjeneral youn oswa plizyè son konsòn.

Three Ways to Divide Words into Syllables

1. Yon silab fèmen fini ak yon konsòn. Lè yon silab fèmen gen yon vwayèl, anjeneral li gen yon vwayèl kout.
   Egzanp: within - with + in

   Lè yon silab fèmen gen de vwayèl, premye vwayèl la se nòmalman yon vwayèl long pandan dezyèm vwayèl la an silans.
   Egzanp: weaving – weav + ing

2. Yon silab louvri fini ak yon vwayèl. Vwayèl nan fen silab la se nòmalman yon vwayèl long.
   Egzanp: woven - wo + ven

3. Silab "vwayèl + konsòn + e" se nan fen yon mo. Premye vwayèl nan modèl silab sa a se nòmalman yon vwayèl long pandan y ap "e" final la an silans.
   Egzanp: website - web + site

Multisyllable Word Lists

2 syllable words	3 syllable words	4 syllable words
waffle	wallflower	warm-bloodedness
water	wandering	warm-heartedness
wealthy	warrantee	watercolor
weather	watercress	watermelon
wedding	waterproof	waterpower
welcome	weathering	waterproofing
whisper	weatherman	wearisomely
window	whispering	whatsoever
without	wholehearted	weatherizing
woman	wilderness	whippersnapper
women	withdrawal	wholeheartedly
working	withholding	wonderworking
wrestling	workmanship	workaholic

Learn To Read English With Lessons In Haitian Creole

Lesson 23.5
Reading Proper and Common Nouns and Adjectives
Capitalization Rules

Mo yo ekri ak lèt majiskil ak/oswa miniskil. Non pwòp ak adjektif apwopriye kòmanse ak lèt majiskil. Non komen ak adjektif komen kòmanse ak lèt miniskil.

Yon **non pwòp** se yon mo ki nonmen yon moun espesifik, yon kote, yon bagay oswa yon konsèp.

Yon **non komen** se yon mo ki nonmen yon moun jeneral, kote, bagay oswa konsèp.

	Proper Noun	Common Noun
Person	Mr. Wells	waiter
Place	Wales	waiting room
Thing	Windows	water
Concept		wisdom

Yon **adjektif apwopriye** se yon mo ki dekri yon moun espesifik, yon kote, yon bagay oswa yon konsèp.

Yon **adjektif komen** se yon mo ki dekri yon moun jeneral, kote, bagay oswa konsèp.

Proper Adjective:	Common Adjective:
Person: Welsh resident Thing: Wisconsin glaciation	Person: wealthy man Thing: wholesome food

Capitalization Rules
Uppercase Letter – "W"

- Premye lèt yon mo ki kòmanse yon fraz ap ekri majiskil.

- Premye lèt yon mo ki bay non yon moun espesifik, yon kote, yon bagay oswa yon konsèp ekri majiskil.

- Premye lèt tit yon moun nan lèt majiskil.

- Premye lèt chak mo nan yon tit oswa yon sous-tit yo ekri majiskil.

- Kòm yon pwonon, lèt "I" nan lèt majiskil.

✎ Nòt: Lèt miniskil yo jeneralman itilize pou tout lòt mo.

Lowercase Letter – "w"

- Premye lèt yon mo ki pa nonmen yon moun espesifik, yon kote, yon bagay oswa konsèp ekri ak yon lèt miniskil.

- Premye lèt yon mo ki pa kòmanse yon fraz ekri ak yon lèt miniskil.

- Tout lèt ki anndan ak nan fen mo yo ekri ak lèt miniskil.

The Letter "w" at a Glance		
Letter	Sound	Anchor Words
"w"	/w/	wagon
"w"	silent "w"	two

X/x

Lesson 24.0
Introduction of the Letter X/x

Lèt "x" la se yon konsòn. Li se 24yèm lèt nan alfabè Women lang angle a. Lèt yo ekri kòm lèt majiskil ak miniskil.

	Uppercase Letter	Lowercase Letter
Print	X	x
Cursive	𝒳	𝓍

Lesson 24.1
Reading Words with the Letter X/x

Lèt "x" la pa gen son pwòp li yo. Li prete son nan lòt lèt.

Lèt "x" pwononse nan sèt fason diferan.
- Li reprezante son /k/ + /s/, tankou nan mo <u>box</u>.
- Li reprezante son /k/, tankou nan mo <u>excel</u>.
- Li reprezante son /z/, tankou nan mo <u>xylophone</u>.
- Li reprezante son /g/ + /z/, tankou nan mo <u>exist</u>.
- Li reprezante son /g/ + /zh/, tankou nan mo <u>luxury</u>.
- Li reprezante son /ĕ/ + /k/ + /s/, tankou nan mo <u>x-ray</u>.
- Li reprezante son /k/ + /sh/, tankou nan mo <u>anxious</u>.
- Pafwa li an silans, tankou nan mo <u>Sioux</u>.

Letter "x" Words
First letter "x"
xebec, xenon, xeric, xerography, x-ray, xylem, xylophone, xylophonist
Letter "x" within a word
axe, axis, axle, exercise, exist, expect, explain, express, extra, extreme, oxen
Final letter "x"
apex, ax, box, coax, fax, fix, flax, flex, fox, max, mix, ox, pox, tax, tux, wax

✣ Reading Words with the Letter X/x

"x" represents the /k/ + /s/ sound

Nan ak nan fen yon mo, lèt "x" reprezante son /k/ + /s/, tankou nan mo tèks, <u>exercise</u> ak <u>box</u>.

Beginning	Within	End
/k/ + /s/	/k/ + /s/	/k/ + /s/
	text	box

Word Box	annex, extra, boxer, climax, complex, detox, excite, fax, fix, fixing, fixture, flex, fox, mix, mixture, next, ox, oxen, paradox, prefix, sixty, suffix, tax, text, waxing

"x" represents the /z/ sound

Nan kòmansman yon mo, lèt "x" reprezante son /z/, tankou nan mo <u>xylophone</u>.

Beginning	Within	End
/z/	/z/	/z/
xylophone		

Word Box	Xanadu, xanthan, xanthene, Xavier, xenon, xenophobe, Xerox, Xerxes, xiphoid, xylan, xylem, xylene, xylitol, xylography, xyloid, xylophone, xylose

"x" represents the /k/ sound

Nan konbinezon lèt "exce", lèt "x" reprezante son /k/ ak "c" reprezante son /s/, tankou nan mo <u>excel</u>.

Word Box	*"exce" letter combination* exceed, excellence, excellent, excelsior, except, excepting, exception, excess *"exci" letter combination* excipient, excise, excitable, excitably, excitant, excite, excitement, exciting

Konbinezon lèt "xc" la reprezante son /k/ + /s/.

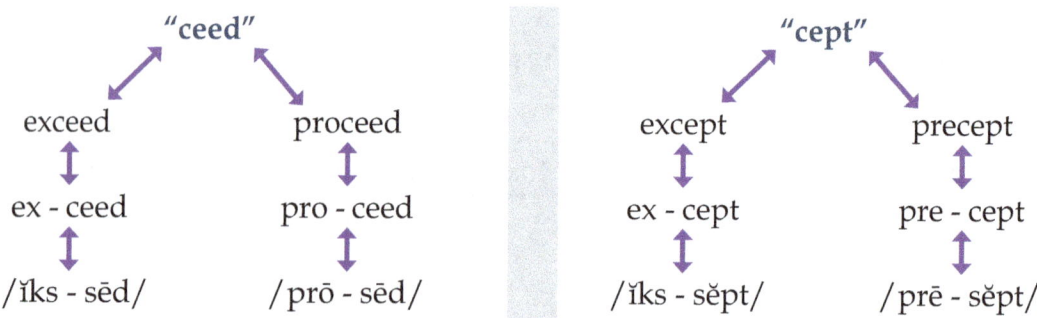

"x" represents the /g/ + /z/ sounds

Nan konbinezon lèt "ex", lèt "x" ka reprezante son /g/ + /z/, tankou nan mo examination.

Word Box	exact, exacting, exactitude, exactly, exacts, exaggerate, exasperate, exalt, exam, exams, example, exempt, exert, exhaust, exhibit, exhume, exile, exist, existence

"x" represents the /g/ + /zh/ sounds

Lèt "x" la ka reprezante son /g/ + /zh/, tankou nan mo luxury.

Word Box	luxuriance, luxuriant, luxuriantly, luxuriate, luxuriated, luxurious, luxury

"x" represents the /ĕ/ + /k/ + /s/ sounds

Lè "x" se sèl lèt nan silab la, li reprezante son vwayèl kout /ĕ/ + /k/ + /s/, tankou nan mo x-ray.

Word Box	x-axis, X-linked, x-radiation, x-ray, x-rayed, x-raying, x-rays, Malcolm X

"xious" represents the /k/ + /sh/ + /ə/ + /s/ sounds

Nan sifiks "xious", lèt "x" reprezante son /k/ + /sh/, tankou nan mo anxious.

Word Box	anxious, noxious, obnoxious

"xion" represents the /k/ + /sh/ + /ə/ + /n/ sounds

Nan sifiks "xion", lèt "x" reprezante son /k/ + /sh/, tankou nan mo reflexion.

Word Box	complexion, connexion, deflexion, flexion, fluxion, inflexion, reflexion, suffixion

"xle" represents the /k/ + /s/ + /ə/ + /l/ sounds + silent "e"

Lè konbinezon "xle" lèt la nan fen yon mo, li reprezante /k/ + /s/ + /ə/ + /l/ son + silans "e", tankou nan mo axle ak transaxle.

Bonus Lesson
Reading Words with a Silent Letter "x"

Lèt "x" la ka an silans, tankou nan mo Sioux.

Word Box	Bordeaux, faux, faux pas, roux, Sioux

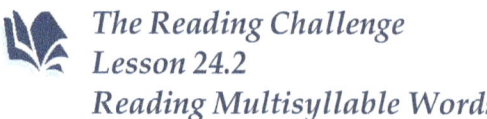

The Reading Challenge
Lesson 24.2
Reading Multisyllable Words

Ou ka li yon mo long lè w divize l an ti pati ki rele silab. Chak silab gen yon son vwayèl epi anjeneral youn oswa plizyè son konsòn.

Three Ways to Divide Words into Syllables

1. Yon silab fèmen fini ak yon konsòn. Lè yon silab fèmen gen yon vwayèl, anjeneral li gen yon vwayèl kout.
   Egzanp: xenophobe - xen-o-phobe

2. Lè yon silab fèmen gen de vwayèl, premye vwayèl la se nòmalman yon vwayèl long pandan dezyèm vwayèl la an silans.
   Egzanp: xenon - xe-non

3. Silab "vwayèl + konsòn + e" se nan fen yon mo. Premye vwayèl nan modèl silab sa a se nòmalman yon vwayèl long pandan y ap "e" final la an silans.
   Egzanp: xylophone - xy-lo-phone

Multisyllable Word Lists

2 syllable words	3 syllable words	4 syllable words
annex	appendix	approximate
boxing	complexion	exceedingly
climax	examine	excelsior
detox	example	exceptional
exalt	excellent	exclusively
exam	exception	executive
excess	exclusive	exemplify
excite	exercise	exhortation
expels	exhibit	expectation
express	explorer	expenditure
extra	explosion	experienced
fixture	extensive	experiment
index	external	expiration
pixels	extrinsic	exploration
perplex	flexible	exponential
relax	hexagram	exportation
sixteen	luxury	extravagant
taxing	oxygen	oxidation
vertex	paradox	oxidizer

Lesson 24.3
Reading Proper and Common Nouns and Adjectives
Capitalization Rules

Mo yo ekri ak lèt majiskil ak/oswa miniskil. Non pwòp ak adjektif apwopriye kòmanse ak lèt majiskil. Non komen ak adjektif komen kòmanse ak lèt miniskil.

Yon **non pwòp** se yon mo ki nonmen yon moun espesifik, yon kote, yon bagay oswa yon konsèp.

Yon **non komen** se yon mo ki nonmen yon moun jeneral, kote, bagay oswa konsèp.

	Proper Noun	Common Noun
Person	Xavier	xylophonist
Place	Xanthus	x-ray booth
Thing	Xerox	xylophone
Concept		

Yon **adjektif apwopriye** se yon mo ki dekri yon moun espesifik, yon kote, yon bagay oswa yon konsèp.

Yon **adjektif komen** se yon mo ki dekri yon moun jeneral, kote, bagay oswa konsèp.

Proper Adjective:	Common Adjective:
Person: Xanthian princess Thing: Xerox copy machine	Person: x-ray tech Thing: xerophytic plant

Capitalization Rules

Uppercase Letter – "X"

- Premye lèt yon mo ki kòmanse yon fraz ap ekri majiskil.

- Premye lèt yon mo ki bay non yon moun espesifik, yon kote, yon bagay oswa yon konsèp ekri majiskil.

- Premye lèt tit yon moun nan lèt majiskil.

- Premye lèt chak mo nan yon tit oswa yon sous-tit yo ekri majiskil.

- Kòm yon pwonon, lèt "I" nan lèt majiskil.

> Nòt: Lèt miniskil yo jeneralman itilize pou tout lòt mo.

Lowercase Letter – "x"

- Premye lèt yon mo ki pa nonmen yon moun espesifik, yon kote, yon bagay oswa konsèp ekri ak yon lèt miniskil.

- Premye lèt yon mo ki pa kòmanse yon fraz ekri ak yon lèt miniskil.

- Tout lèt ki anndan ak nan fen mo yo ekri ak lèt miniskil.

Lekti Evalyasyon
Devwa: Li fraz yo.

1. While in China, I plan to tour Xizang.
2. Malcolm X was a great civil rights leader.
3. Roman numeral XX has a value of twenty.
4. Alex is studying to be a skilled xylophonist.
5. Rex learned that xenon is a colorless element.

The Letter "x" at a Glance

Letter	Sounds	Anchor Words
"x"	/k/ + /s/	box
"x"	/k/	excel
"x"	/z/	xylophone
"x"	/g/ + /z/	exist
"x"	/g/ + /zh/	luxury
"x"	/ĕ/ + / + /k/ + /s/	x-ray
"x"	/k/ + /sh/	anxious
"x"	silent "x"	Sioux

Unit X
Lesson 24.3

Y/y

Lesson 25.0
Introduction of the Letter Y/y

Lèt "y" a se yon konsòn ak yon vwayèl. Li se 25yèm lèt nan alfabè Women lang angle a. Lèt yo ekri kòm lèt majiskil ak miniskil.

	Uppercase Letter	Lowercase Letter
Print	Y	y
Cursive	𝒴	𝓎

Lesson 25.1
Reading Words with the Letter Y/y

Lèt "y" pwononse nan sis fason diferan.
- Li reprezante son /y/, tankou nan mo yes.
- Li reprezante son vwayèl kout /ĭ/, tankou nan mo gym.
- Li reprezante son vwayèl long /ī/, tankou nan mo by.
- Li reprezante son vwayèl long /ē/, tankou nan mo baby.
- Li reprezante son vwayèl schwa /ə/, tankou nan mo syringe.
- Li reprezante son vwayèl /û/, tankou nan mo myrtle.
- Pafwa li an silans, tankou nan mo day.

High Frequency Letter "y" Words

yacht, yahoo, yak, yam, yammer, yams, yang, yank, Yankee, yanking, yap, yard, yardage, yards, yarn, yaw, yawn, year, yearling, yearly, years, yeast, yeasts, yell, yelled, yelling, yells, yellow, yellowish, yelp, Yemen, yes, yesterday, yet, yield, yielding, yip, yodel, yodeled, yodels, yoga, yogi, yogurt, yoke, yoked, yoking, yolk, yonder, Yoruba, York, you, young, younger, youngest, your, yours, yourself, youth, youthful, youthfully, youthfulness, youths, yo-yo, yucca, yummy, yuppie, yurt

✥ **Reading Words with the Letter Y/y**

Beginning of a word	Beginning of a syllable
/y/	/y/
yellow	lawyer

"y" represents the /y/ sound

Nan kòmansman yon mo, lèt "y" reprezante son /y/, tankou nan mo <u>yellow</u>.

Word Box	yacht, yahoo, yam, yank, yap, yard, yardage, yardstick, year, yeast, yell, yellow, yes, yesterday, yet, yoke, yolk, York, you, young, youngest, yucca

"y" represents the /y/ sound

Nan kòmansman yon silab, lèt "y" reprezante son /y/, tankou nan mo <u>lawyer</u>.

Word Box	backyard, banyan, barnyard, beyond, canyon, courtyard, Kenya, Kenyan, lawyer, lawyers, Malayalam, Maya, Mayan, papaya, vineyard, yo-yo

Short Vowel Blending Table for the Letter Y/y

/ă/ apple	/ĕ/ egg	/ĭ/ insect	/ŏ/ octopus	/ŭ/ up
y a n k	y e s	y i p	y o n	y u k
ya nk	ye s	yi p	yo n	yu k
yank	yes	yip	yon	yuk

Long Vowel Blending Table for the Letter Y/y

/ā/ ape	/ē/ eagle	/ī/ ice	/ō/ open	/ōō/ glue
	y i e l d	y i k e s	y o k e	y o u
	yie l d	yi ke s	yo ke	yo u
	yield	yikes	yoke	you

✓ **Lekti Evalyasyon**
Devwa: Li fraz yo.

1. Why were you yelling at Yardley?
2. Last year, I bought a yellow raincoat.
3. Yousef and his family are from Yemen.
4. Yvette is looking at her senior yearbook.
5. Yolanda said, "Three feet equal one yard."

Unit Y
Lesson 25.1

✤ Reading Letter "y" Words

"y" represents the short vowel /ĭ/ sound

Lè yon konsòn vini anvan ak apre lèt "y", anjeneral li reprezante son vwayèl kout /ĭ/, tankou nan mo Egypt, gym ak cyst.

Word Box	abyss, analysis, analytic, bicycle, calypso, catalyst, crypt, crystal, cynic, cyst, Egypt, gym, hymn, hypnosis, hyssop, hysteria, lyric, mystery, mystify, oxygen, physical, physician, platypus, symbolic, syntax, typical, tyranny

"y" represents the long vowel /ī/ sound

Nan modèl "y" + konsòn + "e", lèt "y" anjeneral reprezante son vwayèl long /ī/, konsòn nan reprezante son li pandan y ap vwayèl "e" an silans, tankou nan mo style.

Word Box	"yle" – argyle, freestyle, lifestyle, style "yme" – enzyme, rhyme, thyme "ype" – hype, Skype, stereotype, type "yre" – lyre, pyre, Tyre "yte" – byte, electrolyte, gigabyte, megabyte "yze" – analyze, catalyze, electrolyze, paralyze

"ya" represents the long vowel /ē/ + /ə/ sounds

Lè konbinezon "ya" lèt la nan fen yon mo, li ka reprezante son vwayèl long /ē/ + /ə/, tankou nan mo Libya.

"ya" represents the /y/ + /ə/ sounds

Lè konbinezon "ya" lèt la nan fen yon mo, li ka reprezante sons /y/ + /ə/, tankou nan mo Kenya ak papaya.

"ye" represents the long vowel /ī/ sound

Lè konbinezon "ye" lèt la nan fen yon mo, li reprezante son vwayèl long /ī/, tankou nan mo eye ak bye.

"yo" represents the long vowel /ē/ + /ō/ sounds

Lè konbinezon lèt "yo" nan fen yon mo, li ka reprezante son vwayèl long /ē/ + /ō/, tankou nan mo embryo ak Tokyo.

"yo" represents the long vowel /ē/ + /ŏ/ sounds

Lè konbinezon lèt "yo" nan yon mo, li ka reprezante son vwayèl long /ē/ + /ŏ/, tankou nan mo embryology.

"yo" represents the silent "y" + /ə/ sound

Nan konbinezon lèt "yo", lèt "y" ka an silans pandan ke lèt "o" reprezante son vwayèl schwa /ə/, tankou nan mo mayonnaise.

Lesson 25.2
Reading Words with a Vowel Before the Letter "y"

"ay" represents the long vowel /ā/ sound + silent "y"

Lè konbinezon "ay" lèt la nan fen yon mo oswa yon silab, lèt "a" ka reprezante son vwayèl long /ā/ pandan lèt "y" an silans, tankou nan mo payment.

Word Box	away, bay, clay, decay, delay, display, gray, holiday, jay, layers, may, okay, pay, play, pray, ray, relay, say, stay, stray, subway, sway, today, tray, way

☞ Eksepsyons: says - /ĕ/ son; kayak - /ī/ son

"ey" represents the long vowel /ā/ sound + silent "y"

Lè konbinezon "ey" lèt la nan fen yon mo oswa yon silab, li ka reprezante son vwayèl long /ā/, tankou nan mo they.

Word Box	convey, conveyor, disobey, grey, hey, obey, obeying, prey, survey, they, trey

"ey" represents the long vowel /ē/ sound + silent "y"

Lè konbinezon "ey" lèt la nan fen yon mo, lèt "e" ka reprezante vwayèl long la pandan y ap /ē/ lèt son "y" an silans, tankou nan mo key.

Word Box	attorney, barley, chimney, donkey, hockey, honey, jersey, jockey, journey, key, kidney, medley, money, monkey, parley, pricey, turkey, valley, volley

"oy" represents the vowel /oi/ sound

Konbinezon lèt "oy" la reprezante son vwayèl /oi/, tankou nan mo boy. Li enpòtan sonje ke de vwayèl yo gen yon sèl nouvo son.

Word Box	**"oy" at the beginning of a word** oyster, oystered, oystering, oysters **"oy" within a word** deployment, employment, enjoyment, joyful, loyal, royal, royalty, voyage **"oy" at the end of a word** annoy, boy, convoy, coy, decoy, deploy, employ, enjoy, joy, ploy, soy, toy

☞ Eksepsyon: coyotes - /ī/ son

"uy" represents the long vowel /ī/ sound

Konbinezon lèt "uy" la reprezante son vwayèl long /ī/, tankou nan mo guy.

Word Box	buy, buyback, buyer, buying, buys, guy, Guyana, Guyanese, guys

☞ Eksepsyon: soliloquy - /w/ + /ē/ sons

Lesson 25.3
Reading Words with the "cy" Letter Combination

Konbinezon "y" lèt la pwononse nan twa fason diferan.
- Li reprezante son /s/ + /ĭ/, tankou nan mo <u>cylinder</u>.
- Li reprezante son /s/ + /ī/, tankou nan mo <u>cycle</u>.
- Li reprezante son /s/ + /ē/, tankou nan mo <u>agency</u>.

"cy" represents the /s/ + /ĭ/ sounds

Lè konbinezon "cy" lèt la nan kòmansman oswa nan yon mo, lèt "c" reprezante son /s/ ak lèt "y" ka reprezante son vwayèl kout /ĭ/, tankou nan mo <u>cylinder</u>.

Word Box	bicycle, cygnet, Cygnus, cylinder, cylinders, cymbal, cymbalist, cymbals, cynic, cynical, cynically, cynicism, cynics, Cynthia, cyst, cystic, cystoscope, tricycle

"cy" represents the /s/ + /ī/ sounds

Lè konbinezon lèt "cy" a nan kòmansman oswa nan yon mo, lèt "c" reprezante son /s/ ak lèt "y" ka reprezante son vwayèl long /ī/, tankou nan mo <u>cycle</u>.

Word Box	cyan, cyanic, cyanide, cycle, cycled, cycles, cyclical, cycling, cyclist, cyclone, cypress, Cyprus, cytokine, cytologist, cytology, cytoplasm, encyclopedia

"cy" represents the /s/ + /ē/ sounds

Lè konbinezon "cy" lèt la nan fen yon mo, lèt "c" reprezante son /s/ ak lèt "y" ka reprezante son vwayèl long /ē/, tankou nan mo <u>agency</u>.

Word Box	bouncy, consistency, contingency, democracy, fancy, fluency, frequency, icy, infancy, juicy, lacy, legacy, mercy, Nancy, pregnancy, pricy, privacy, racy, regency, relevancy, saucy, spicy, sufficiency, tenancy, urgency, vacancy

Singular Nouns	→	Plural Nouns
agency	y ---- ies	agencies
currency	y ---- ies	currencies
policy	y ---- ies	policies
pregnancy	y ---- ies	pregnancies
vacancy	y ---- ies	vacancies

Lesson 25.4
Reading Words with the Final Letter "y"

Lèt final la "y" pwononse nan de fason diferan.
- Li reprezante son vwayèl long /ī/, tankou nan mo <u>dry</u>.
- Li reprezante son vwayèl long /ē/, tankou nan mo <u>baby</u>.

"y" represents the long vowel /ī/ sound

Lè lèt "y" nan fen yon mo yon sèl silab, anjeneral li reprezante son vwayèl long /ī/, tankou nan mo <u>dry</u>.

Word Box	by, cry, dry, fly, fry, my, ply, pry, shy, sky, sly, spy, try, why

"y" represents the long vowel /ī/ sound

Lè lèt "y" nan fen yon silab, li ka reprezante son vwayèl long /ī/, tankou nan mo <u>dynamic</u>.

Word Box	bylaw, bypass, byword, cycle, cyclone, dynamic, hyacinth, hybrid, hydrants, hydrate, hydro, hydrogen, hydrometer, hygiene, hyphen, gynecologist, gyros, myself, nylon, plywood, psychology, pylon, pyrite, python, tycoon, zygote

"y" represents the long vowel /ī/ sound

Lè lèt "y" nan fen yon mo miltisilab, li ka reprezante son vwayèl long /ī/, tankou nan mo <u>apply</u>.

2 syllable words		3 syllable words		4 syllable words	
apply	deny	classify	modify	dissatisfy	identify
awry	July	dignify	multiply	diversify	intensify
comply	reply	occupy	ratify	electrify	humidify
defy	supply	magnify	testify	exemplify	prequalify

"y" represents the long vowel /ē/ sound

Lè lèt "y" nan fen yon mo de silab, li ka reprezante son vwayèl long /ē/, tankou nan mo <u>baby</u>.

Word Box	any, belly, body, bony, candy, city, daddy, duty, easy, happy, icy, jelly, lady, mommy, penny, shiny, sticky, story, sunny, thirsty, tiny, tricky, very, windy

"y" represents the long vowel /ē/ sound

Lèt "y" a ka reprezante son vwayèl long /ē/, tankou nan mo <u>embryo</u>.

Word Box	already, community, company, country, difficulty, discovery, elementary, embryo, energy, faculty, healthy, January, melody, society, technology

Lesson 25.5
Reading Words with the "yr" Letter Combination

Konbinezon lèt "yr" la pwononse nan sèt fason diferan.
- Li reprezante son vwayèl /û/ + /r/, tankou nan mo myrtle.
- Li reprezante son vwayèl kout /ĭ/ + /r/, tankou nan mo pyramid.
- Li reprezante son vwayèl long /ī/ + /r/, tankou nan mo gyro.
- Li reprezante vwayèl schwa /ə/ + /r/ son, tankou nan mo martyr.
- Li reprezante son vwayèl /î/ + /r/, tankou nan mo Syria.
- Li reprezante son vwayèl long /ē/ + /r/, tankou nan mo copyright.
- Li gen yon silans "y" + /r/ son, tankou nan mo playroom.

"yr" represents the vowel /û/ + /r/ sounds

Konbinezon lèt "yr" la ka reprezante son vwayèl /û/ + /r/, tankou nan mo myrtle.

Word Box	gyrfalcon, myrrh, myrtle, syrup, syrupy

"yr" represents the short vowel /ĭ/ + /r/ sounds

Konbinezon lèt "yr" la ka reprezante son vwayèl kout /ĭ/ + /r/, tankou nan mo pyramid.

Word Box	lyric, lyrical, lyricist, myriad, pyramid, pyramidal, tyrannical, tyrannies, tyrannize, tyrannosaur, tyrannous, tyranny

"yr" represents the long vowel /ī/ + /r/ sounds

Konbinezon lèt "yr" la ka reprezante son vwayèl long /ī/ + /r/, tankou nan mo gyro.

Word Box	Byron, Cyrus, gyrate, gyro, hyrax, lyre, papyrus, pyre, Pyrex, pyrite, pyrites, pyrometer, pyrotechnics, skyrocket, Styrofoam, tyrant, tyro

"yr" represents the schwa vowel /ə/ + /r/ sounds

Konbinezon lèt "yr" la ka reprezante son vwayèl schwa /ə/ + /r/, tankou nan mo martyr ak syringe.

"yr" represents the vowel /î/ + /r/ sounds

Konbinezon lèt "yr" la ka reprezante son vwayèl /î/ + /r/, tankou nan mo Syria ak Syracuse.

"yr" represents the long vowel /ē/ + /r/ sounds

Konbinezon lèt "yr" la ka reprezante son vwayèl long /ē/ + /r/, tankou nan mo copyright.

"yr" has a silent "y" + /r/ sound

Nan konbinezon lèt "yr" la, lèt "y" a ka an silans pandan ke lèt "r" reprezante son /r/, tankou nan mo payroll ak playroom.

Lesson 25.6
Reading Letter "y" Words with the Schwa Vowel Sound

"y" represents the schwa vowel /ə/ sound

Lèt "y" a ka reprezante son vwayèl schwa /ə/, tankou nan mo <u>syringe</u>. Vwayèl schwa a son tankou vwayèl kout /ŭ/ + /h/.

Schwa it!	Beginning	Within	End
	/ə/	/ə/	/ə/
		syringe	

Word Box	etymological, etymologist, etymology, syringe

"ly" - "y" represents the schwa vowel /ə/ sound

Nan konbinezon lèt "ly", lèt "y" a ka reprezante son vwayèl schwa /ə/, tankou nan mo <u>Polynesia</u>.

Word Box	polymer, polymerize, polymerase, Polynesia, Polynesian

"yl" - "y" represents the schwa vowel /ə/ sound

Nan konbinezon lèt "yl", lèt "y" ka reprezante son vwayèl schwa /ə/, tankou nan mo <u>ethyl</u>.

Word Box	beryl, berylline, ethyl, ethylene, methyl, methylated, Pennsylvania, Pennsylvanian

"yl" - "y" represents the long vowel /ī/ sound

Nan konbinezon lèt "yl" la, lèt "y" ka reprezante son vwayèl long /ī/, tankou nan mo <u>style</u>.

Word Box	argyle, asylum, bylaws, byline, lifestyle, nylon, skylark, skylight, skyline, style, styled, styles, stylish, stylist, stylize, stylus

"yl" - "y" represents the short vowel /ĭ/ sound

Nan konbinezon lèt "yl" la, lèt "y" ka reprezante son vwayèl kout /ĭ/, tankou nan mo <u>cylinder</u>.

Word Box	cylinders, syllabi, syllabic, syllable, syllabus, sylph, sylvan

"yl" - "y" is silent

Nan konbinezon lèt "yl" la, lèt "y" a ka an silans, tankou nan mo <u>daylight</u> ak <u>playlist</u>.

Lesson 25.7
Reading Words with a Silent Letter "y"

"ay" represents the long vowel /ā/ sound + silent "y"

Lè konbinezon "ay" lèt la nan fen yon mo, lèt "y" a anjeneral an silans, tankou nan mo <u>day</u>.

Word Box	away, bay, birthday, clay, day, display, essay, everyday, gray, hay, holiday, lay, may, pay, play, portray, ray, repay, say, spray, sway, way, yesterday

"ay" represents the long vowel /ā/ sound + silent "y"

Lè konbinezon "ay" lèt la nan fen yon silab, lèt "y" a anjeneral an silans, tankou nan mo <u>playing</u>.

Word Box	crayons, daycare, daylight, delayed, layer, maybe, mayflower, mayonnaise, paycheck, paying, payment, player, playful, playground, playing, taxpayer

"ey" represents the long vowel /ē/ sound + silent "y"

Lè konbinezon "ay" lèt la nan fen yon mo oswa yon silab, lèt "y" a anjeneral an silans, tankou nan mo <u>valley</u>.

Word Box	alleyway, attorney, chimney, donkey, key, honey, honeycomb, journey, keyboard, keypad, medley, money, monkey, pricey, pulley, trolley, volleyball

"ey" represents the long vowel /ā/ sound + silent "y"

Lè konbinezon "ey" lèt la nan fen yon mo oswa yon silab, lèt "y" a anjeneral an silans, tankou nan mo <u>conveyor</u>.

Word Box	convey, conveyance, conveying, disobey, disobeying, grey, greyhound, hey, heyday, obey, prey, purvey, survey, surveying, surveyor, they, trey, whey

Lekti Evalyasyon
Devwa: Li fraz yo.

1. Young people enjoy sailing on yachts.
2. My friend, Yousef, was born in Yemen.
3. Yul said, "New York is my favorite city."
4. I learned Yiddish at Yeshiva University.
5. Yesterday, I ate four cups of yummy yogurt.

The Reading Challenge
Lesson 25.8
Reading Multisyllable Words

Ou ka li yon mo long lè w divize l an ti pati ki rele silab. Chak silab gen yon son vwayèl epi anjeneral youn oswa plizyè son konsòn.

Three Ways to Divide Words into Syllables

1. Yon silab fèmen fini ak yon konsòn. Lè yon silab fèmen gen yon vwayèl, anjeneral li gen yon vwayèl kout.
   Egzanp: yesterday - yes + ter + day

   Lè yon silab fèmen gen de vwayèl, premye vwayèl la se nòmalman yon vwayèl long pandan dezyèm vwayèl la an silans.
   Egzanp: yeasty – yeast + y

2. Yon silab louvri fini ak yon vwayèl. Vwayèl nan fen silab la se nòmalman yon vwayèl long.
   Egzanp: yogurt - yo + gurt

3. Silab "vwayèl + konsòn + e" se nan fen yon mo. Premye vwayèl nan modèl silab sa a se nòmalman yon vwayèl long pandan y ap "e" final la an silans.
   Egzanp: Yuletide - Yule + tide

Multisyllable Word Lists

2 syllable words	3 syllable words	4 syllable words
birthday	agency	absolutely
country	blackberry	consequently
crystal	currency	contingency
friendly	cylinder	delinquency
healthy	elderly	dependency
journey	energy	discrepancy
keyword	family	effectively
largely	imagery	especially
lawyer	industry	hysterical
monkey	nursery	mysterious
monthly	secondly	polytechnic
systems	scholarly	presidency
yachting	yesterday	proficiency
yardage	yodeling	respectively
yearbook	Yoruba	technology
youngest	symphony	ultimately

Lesson 25.9
Reading Proper and Common Nouns and Adjectives Capitalization Rules

Mo yo ekri ak lèt majiskil ak/oswa miniskil. Non pwòp ak adjektif apwopriye kòmanse ak lèt majiskil. Non komen ak adjektif komen kòmanse ak lèt miniskil.

Yon **non pwòp** se yon mo ki nonmen yon moun espesifik, yon kote, yon bagay oswa yon konsèp.

Yon **non komen** se yon mo ki nonmen yon moun jeneral, kote, bagay oswa konsèp.

	Proper Noun	Common Noun
Person	Mrs. Yearwood	youngster
Place	Yemen	yard
Thing	Youtube	yeast
Concept		youth

Yon **adjektif apwopriye** se yon mo ki dekri yon moun espesifik, yon kote, yon bagay oswa yon konsèp.

Yon **adjektif komen** se yon mo ki dekri yon moun jeneral, kote, bagay oswa konsèp.

Proper Adjective:	Common Adjective:
Person: Yoruba Thing: Yiddish language	Person: young student Thing: yummy dish

Capitalization Rules
Uppercase Letter – "Y"

- Premye lèt yon mo ki kòmanse yon fraz ap ekri majiskil.

- Premye lèt yon mo ki bay non yon moun espesifik, yon kote, yon bagay oswa yon konsèp ekri majiskil.

- Premye lèt tit yon moun nan lèt majiskil.

- Premye lèt chak mo nan yon tit oswa yon sous-tit yo ekri majiskil.

- Kòm yon pwonon, lèt "I" nan lèt majiskil.

? Nòt: Lèt miniskil yo jeneralman itilize pou tout lòt mo.

Lowercase Letter – "y"

- Premye lèt yon mo ki pa nonmen yon moun espesifik, yon kote, yon bagay oswa konsèp ekri ak yon lèt miniskil.

- Premye lèt yon mo ki pa kòmanse yon fraz ekri ak yon lèt miniskil.

- Tout lèt ki anndan ak nan fen mo yo ekri ak lèt miniskil.

The Letter "y" at a Glance

Letter	Sounds	Anchor Words
"y"	/y/	yes
"y"	/ĭ/	gym
"y"	/ī/	by
"y"	/ē/	baby
"y"	/ə/	syringe
"y"	/û/	myrtle
"y"	silent "y"	day

Z/z

Lesson 26.0
Introduction of the Letter Z/z

Lèt "z" la se yon konsòn. Li se 26yèm lèt nan alfabè Women lang angle a. Lèt yo ekri kòm lèt majiskil ak miniskil.

	Uppercase Letter	Lowercase Letter
Print	Z	z
Cursive	*Z*	*z*

Lesson 26.1
Reading Words with the Letter Z/z

Lèt "z" pwononse nan kat fason diferan.
- Li reprezante son /z/, tankou nan mo <u>zip</u>.
- Li reprezante son /s/, tankou nan mo <u>pretzel</u>.
- Li reprezante son /zh/, tankou nan mo <u>azure</u>.
- Li reprezante son /t/ + /s/, tankou nan mo <u>pizza</u>.
- Pafwa li an silans, tankou nan mo <u>puzzle</u>.

One Syllable Letter "z" Words
zags, zap, zaps, zeal, zest, zinc, zip, zoo, zoom, zone

Nan kòmansman an, nan ak nan fen yon mo, lèt "z" reprezante son /z/, tankou nan mo <u>zero</u>, <u>frozen</u> ak <u>topaz</u>.

Beginning	Within	End
/z/	/z/	/z/
zealous	citizen	blitz
zenith	frozen	buzz
zero	horizon	hertz
zillion	gazelle	pizzazz
zipper	itemize	quartz
zucchini	puzzle	topaz
zygote	tweezer	waltz

273

✥ Reading Words with the Letter Z/z

Short Vowel Blending Table for the Letter Z/z

/ă/ apple	/ĕ/ egg	/ĭ/ insect	/ŏ/ octopus	/ŭ/ up
z a p	z e s t	z i p	z o n k	
za p	zes t	zi p	zo nk	
zap	zest	zip	zonk	

Long Vowel Blending Table for the Letter Z/z

/ā/ ape	/ē/ eagle	/ī/ ice	/ō/ open	/oō/ glue
z a n y	z e b r a	Z i o n	z o n e	Z u l u
za ny	zeb ra	Zi o n	zo ne	Zu l u
zany	zebra	Zion	zone	Zulu

"z" represents the /z/ sound

Lèt "z" anjeneral reprezante son /z/, tankou nan mo <u>amazing</u>.

Word Box	agonize, blaze, Brazil, bronze, Byzantine, cadenza, capitalize, centralize, citizen, colonize, computerize, craze, crazy, criticize, daze, doze, economize, emphasize, energize, fuze, hazard, haze, hazel, influenza, lazy, lizard, magnetize, normalize, quiz, squeeze, verbalize, whiz, zillion, zip, zone, zoo

"z" represents the /s/ sound

Lèt "z" la ka reprezante son /s/, tankou nan mo <u>pretzel</u>.

Word Box	bar mitzvah, Biarritz, blitz, chutzpah, ersatz, futz, intermezzo, klutz, Lutz, matzo, mezzo-soprano, pretzel, quartz, quetzal, Ritz, waltz

"z" represents the /zh/ sound

Lèt "z" la ka reprezante son /zh/, tankou nan mo <u>azure</u>.

Word Box	azure, azurite, brazier, seizure

"zle" represents the /z/ + /ə/ + /l/ sounds + silent "e"

Lè konbinezon "zle" lèt la nan fen yon mo, li reprezante /z/ + /ə/ + /l/ son + silans "e", tankou nan mo <u>puzzle</u>. Li enpòtan pou sonje son vwayèl schwa /ə/ la antre ant son /z/ ak /l/.

Word Box	dazzle, drizzle, embezzle, fizzle, frazzle, frizzle, grizzle, guzzle, muzzle, nozzle, nuzzle, puzzle, sizzle, swizzle

Lesson 26.2
Reading Words with a Silent Letter "z"

"zz" represents the /z/ sound + silent "z"

Nan konbinezon lèt "zz" la, yon lèt "z" reprezante son /z/ pandan lòt lèt "z" la an silans, tankou nan mo puzzle.

| Word Box | blizzard, buzz, buzzard, buzzer, dazzle, dazzled, dizzy, drizzle, drizzling, embezzle, fizz, fizzle, fizzy, fuzz, fuzzy, gizzard, grizzly, guzzle, Jacuzzi, jazz, mezzanine, muzzle, nozzle, nuzzle, nuzzling, piazza, pizzazz, puzzling, quizzical, sizzle, sizzled, sizzling, swizzle, whizzing |

Bonus Lesson
Exploring an Exception to the "zz" Letter Combination

Konbinezon lèt "zz" la ka reprezante son /t/ + /s/, tankou nan mo pizza, pizzeria ak mozzarella.

Lekti Evalyasyon
Devwa: Li fraz yo.

1. In Zimbabwe, Zoe's hotel room had a Jacuzzi.
2. Yesterday, Zelma and Zoey completed the puzzle.
3. Buzzards are typically seen soaring in wide circles.
4. In New Zealand, bridges are closed during blinding blizzards.
5. The British commanders were puzzled by the zeal of the Zulu warriors.

The Position of the Letter "z"

At the beginning of a word, the letter "z" represents the /z/ sound	Within a word, the letter "z" represents the /z/ sound	At the end of a word, the letter "z" represents the /s/ or /z/ sound
Zaire	customize	blintz
zealot	energize	blitz
zealous	freezing	glitz
zebra	garbanzo	hertz
zenith	generalize	jazz
zestful	influenza	quartz
zinger	magazine	quiz
zipline	organized	topaz
zoology	tweezers	waltz
zucchini	vitalize	whiz

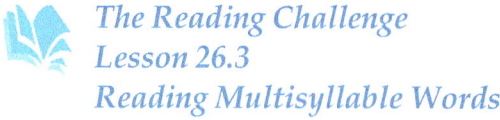

The Reading Challenge
Lesson 26.3
Reading Multisyllable Words

Ou ka li yon mo long lè w divize l an ti pati ki rele silab. Chak silab gen yon son vwayèl epi anjeneral youn oswa plizyè son konsòn.

Three Ways to Divide Words into Syllables

1. Yon silab fèmen fini ak yon konsòn. Lè yon silab fèmen gen yon vwayèl, anjeneral li gen yon vwayèl kout.
   Egzanp: zinger - zing + er

2. Yon silab louvri fini ak yon vwayèl. Vwayèl nan fen silab la se nòmalman yon vwayèl long.
   Egzanp: zero - ze + ro

3. Silab "vwayèl + konsòn + e" se nan fen yon mo. Premye vwayèl nan modèl silab sa a se nòmalman yon vwayèl long pandan y ap "e" final la an silans.
   Egzanp: zygote - zy + gote

Multisyllable Word Lists

2 syllable words	3 syllable words	4 syllable words
amaze	amazing	accessorize
bizarre	antifreeze	capitalize
blizzard	citizen	categorize
buzzard	civilized	citizenship
calzone	customize	computerize
dozen	crystallized	disorganized
emblaze	emphasize	externalize
enzyme	fertilize	generalized
freezing	horizon	hospitalize
frenzy	magazine	internalized
frozen	mobilize	personalized
gazelle	organize	pizzeria
gazette	recognize	metabolize
plaza	socialize	mobilizing
pretzel	stabilize	mozzarella
puzzle	standardize	nationalize
seizure	summarize	stabilizer
tweezers	sympathize	tranquilizer
wheezing	synchronize	uncivilized
zealous	tranquilize	unorganized

Lesson 26.4
Proper and Common Nouns and Adjectives
Capitalization Rules

Mo yo ekri ak lèt majiskil ak/oswa miniskil. Non pwòp ak adjektif apwopriye kòmanse ak lèt majiskil. Non komen ak adjektif komen kòmanse ak lèt miniskil.

Yon **non pwòp** se yon mo ki nonmen yon moun espesifik, yon kote, yon bagay oswa yon konsèp.

Yon **non komen** se yon mo ki nonmen yon moun jeneral, kote, bagay oswa konsèp.

	Proper Noun	Common Noun
Person	Mrs. Zelman	zoologist
Place	Zimbabwe	zoo
Thing	Zoom Inc.	zebra
Concept	Zodiac	zealous

Yon **adjektif apwopriye** se yon mo ki dekri yon moun espesifik, yon kote, yon bagay oswa yon konsèp.

Yon **adjektif komen** se yon mo ki dekri yon moun jeneral, kote, bagay oswa konsèp.

Proper Adjective:	Common Adjective:
Person: Zambian citizen Thing: Zimbabwean food	Person: zealous citizen Thing: zesty sauce

Capitalization Rules

Uppercase Letter – "Z"

- Premye lèt yon mo ki kòmanse yon fraz ap ekri majiskil.

- Premye lèt yon mo ki bay non yon moun espesifik, yon kote, yon bagay oswa yon konsèp ekri majiskil.

- Premye lèt tit yon moun nan lèt majiskil.

- Premye lèt chak mo nan yon tit oswa yon sous-tit yo ekri majiskil.

- Kòm yon pwonon, lèt "I" nan lèt majiskil.

✎ Nòt: Lèt miniskil yo jeneralman itilize pou tout lòt mo.

Lowercase Letter – "z"

- Premye lèt yon mo ki pa nonmen yon moun espesifik, yon kote, yon bagay oswa konsèp ekri ak yon lèt miniskil.

- Premye lèt yon mo ki pa kòmanse yon fraz ekri ak yon lèt miniskil.

- Tout lèt ki anndan ak nan fen mo yo ekri ak lèt miniskil.

The Letter "z" at a Glance

Letter	Sounds	Anchor Words
"z"	/z/	zip
"z"	/s/	pretzel
"z"	/zh/	azure
"zz"	/t/ + /s/	pizza
"zz"	/z/ + silent "z"	puzzle

Your Next Step
Learn To Read English Vowels With Lessons In Haitian Creole

www.ingramcontent.com/pod-product-compliance
Lightning Source LLC
Chambersburg PA
CBHW080801300426
44114CB00020B/2789